商标代理合规实务

李 静 段晓梅 赖 莹 ◎主编

知识产权出版社
全国百佳图书出版单位
—北京—

图书在版编目（CIP）数据

商标代理合规实务/李静，段晓梅，赖莹主编． —北京：知识产权出版社，2024.12
ISBN 978－7－5130－8532－8

Ⅰ.①商… Ⅱ.①李… ②段… ③赖… Ⅲ.①商标—代理（法律）—研究—中国 Ⅳ.①D923.434

中国国家版本馆 CIP 数据核字（2024）第 099598 号

内容提要

本书系统讲解了商标代理中的合规实务问题，内容涵盖了商标代理业务程序、商标纠纷解决路径、境外商标布局规划等多个方面，在深入解析了相关法律法规及伦理的基础上，提供了商标代理中的实战技巧和细节处理总结，为商标代理人提供了全面的业务指导与操作指南。

责任编辑：张利萍　　　　　　　　　　　责任校对：王　岩
封面设计：杨杨工作室·张冀　　　　　　责任印制：刘译文

商标代理合规实务

李　静　段晓梅　赖　莹　主　编

出版发行：	知识产权出版社有限责任公司	网　　址：	http://www.ipph.cn
社　　址：	北京市海淀区气象路50号院	邮　　编：	100081
责编电话：	010－82000860 转 8387	责编邮箱：	65109211@qq.com
发行电话：	010－82000860 转 8101/8102	发行传真：	010－82000893/82005070/82000270
印　　刷：	三河市国英印务有限公司	经　　销：	新华书店、各大网上书店及相关专业书店
开　　本：	720mm×1000mm　1/16	印　　张：	22
版　　次：	2024 年 12 月第 1 版	印　　次：	2024 年 12 月第 1 次印刷
字　　数：	345 千字	定　　价：	98.00 元

ISBN 978－7－5130－8532－8

出版权专有　侵权必究
如有印装质量问题，本社负责调换。

编 委 会

主　任：郭　鹏

副主任：李　静　段晓梅　赖　莹　杨　畔

成　员：高颖怡　张　晨　肖少杨　司昆鹏

　　　　王晓燕　莫雪铭　鲍润雨

引 言

在当今快速迭代的商业环境中，商标作为企业的无形资产和市场竞争力的核心要素，其重要性日益凸显。商标作为品牌识别与市场竞争的关键要素，其商标管理合规性日益成为企业法律战略的核心议题。商标代理实务的诸多问题迫切需要甄别与明晰。为应对这一现状，本书应运而生。本书编者均在商标研究和实务领域深耕多年，具备扎实的专业理论基础，还积累了丰富的实务经验。编者在高等院校、政府主管部门、司法机关或社会组织任职，审理或参与过众多国内外商标案件，对商标法律法规、商标注册、审查和评审、司法保护等领域有着深刻的理解和独到的见解。本书求真务实，旨在成为商标代理合规领域的实用指南，通过系统化的章节安排和深入浅出的内容讲解，帮助读者全面了解商标代理的各个环节。

本书一共七章，第一章从理论层面深入剖析商标代理的法律依据，系统梳理国内相关法律法规，同时探讨商标代理职业伦理的构建与规范，为商标代理合规奠定坚实的理论基础。第二章对商标注册申请的各个环节进行细致入微的剖析，包括申请前的准备、申请中的注意事项以及网上申请的流程与要求，揭示其背后的法律逻辑与制度设计，并对商标无效宣告环节，进行了详尽分析。第三章针对集体商标、证明商标等商标类型，从法律特性、申请要求、审查标准等方面进行深入总结，分析其在实践中的难点，并明确对应的处理方式。第四章通过对商标驳回复审、异议及不予注册复审、撤销及撤销复审等程序的法律构造进行提炼，揭示其制度设计的理念与思路，同时总结现有制度下审查的重点与疑难，并对商标变更、续展、转让到注销等商标全生命周期的各个环节，进行了详尽分析，点出各环节中的实操要点与合规要求。第五章从调解、诉讼到仲裁，全方位解析商标纠纷解决途径，提供实战技巧与细节。第六章聚焦三维标志、声音商标等新型商标类型，介绍其申请流程并着重讲解其特殊要求，帮助规避因其类别的特殊性而引起的专属问题。第七章从国际商标布局的视角，详细分析了境外商标规划布局的法律策略、马德里体系与逐一国家注册的法律差异及适用条件，为企业出海提供了全方位的法律指导。

本书的一大特色是不仅阐述了商标代理的基本法律法规和职业伦理，更从战略规划上指出商标布局的重要性，从国内到国际的全球商标战略进行整体规划，将商标代理工作从简单的实务提升到战略高度。本书的另一大特色在于通过大量案例分析、流程图解及注意事项提醒，帮助读者快速掌握商标代理的核心技能，侧重于实操中的细节与难点，有效避免操作失误和法律风险。特别是在商标注册后的管理、商标纠纷的解决以及非传统商标申请等前沿领域，提供了详尽的指导和实用的建议。

本书极具实用性和针对性。编写人员结合自己多年的工作经验，对商标实务中常见的问题和难点进行了深入剖析，并提供了切实可行的解决方案。同时征求了国内优秀的商标从业人员的专业建议，如刘敏、谢有林、王萍萍等，并组织多场论证会和讨论会，邀请了国内知名的知识产权服务机构对本书的框架、内容提出建议，并提供部分典型案例。这些使本书更具针对性。无论是初入行业的从业者，还是经验丰富的商标代理人，都能从本书中获得有益的启发和帮助。

最后，编者深知商标代理实务领域的复杂性和多变性，因此通过理论分析、规律总结、趋势分析、案例讲解等多种方式进行论述和解析，以期举一反三，融会贯通，真正为商标代理人和代理机构提供既适合当下商标代理实务的需要，又能满足未来工作的发展需要。当然，本书虽经编写人员反复推敲和精心打磨，但难免挂一漏万，存在不足之处。在此诚挚地邀请广大读者提出宝贵意见，共同推动商标代理实务的进步与发展。希望通过本书的出版，帮助商标从业者进一步明晰商标代理合规实务中的重点与难点，为我国商标代理事业的繁荣贡献一份力量，助力企业品牌战略的成功实施，助力我国商标体系的构建与完善。

目 录

第一章 商标代理合规概述 ·············· 1
 第一节 商标代理相关法律及职业伦理 ·············· 1
  一、商标代理相关法律法规 ·············· 1
  二、商标代理职业伦理 ·············· 10
 第二节 商标品牌创新和战略规划 ·············· 15
  一、商标的选择战略 ·············· 15
  二、商标的运用战略 ·············· 20
  三、商标的保护战略 ·············· 25
 第三节 商标代理机构合规 ·············· 29
  一、商标代理机构概述 ·············· 29
  二、商标代理机构合规具体内容 ·············· 31
 第四节 商标代理人考核评估标准 ·············· 39
  一、商标代理人考核评估概述 ·············· 39
  二、商标代理人考核评估标准 ·············· 40

第二章 商标申请具体业务合规 ·············· 45
 第一节 商标注册申请代理 ·············· 45
  一、商标注册申请前事务 ·············· 45
  二、商标注册申请中的注意事项 ·············· 61
 第二节 商标注册网上申请 ·············· 69
  一、注册、激活与维护账号 ·············· 69
  二、商标注册网上申请填写要求 ·············· 70
 第三节 商标变更、续展、转让代理 ·············· 71
  一、商标变更代理 ·············· 71

二、商标续展代理 ·· 74
　　三、商标转让、移转代理 ··· 76
第四节　商标注销代理 ·· 81
　　一、商标注销的法律依据 ··· 81
　　二、商标注销申请的书件要求及注意事项 ··················· 82

第三章　集体商标、证明商标申请代理业务合规 ············· 84
第一节　集体商标、证明商标的注册申请 ······················· 86
　　一、申请材料清单 ·· 86
　　二、申请注意事项 ·· 92
第二节　集体商标、证明商标的变更申请 ······················· 101
　　一、申请材料清单 ·· 102
　　二、申请注意事项 ·· 103
第三节　集体商标、证明商标的转让申请 ······················· 104
　　一、申请材料清单 ·· 104
　　二、申请注意事项 ·· 106

第四章　商标授权确权程序业务合规 ···························· 113
第一节　商标驳回复审代理 ··· 113
　　一、商标驳回复审代理的法律法规 ···························· 113
　　二、商标驳回复审的制度设计理念 ···························· 114
　　三、商标驳回复审代理的操作流程 ···························· 115
　　四、商标驳回复审代理的特别注意事项 ····················· 120
第二节　商标异议及不予注册复审代理 ·························· 127
　　一、法律法规的相关规定 ··· 127
　　二、商标异议制度的构建理念和基本思路 ·················· 129
　　三、商标异议及不予注册复审代理的具体操作 ············ 130
　　四、商标异议及不予注册复审代理的难点 ·················· 139
第三节　商标撤销及撤销复审代理 ································· 145
　　一、商标撤销相关法律法规 ····································· 145
　　二、商标撤销制度设计的理念和基本思路 ·················· 147
　　三、商标撤销的具体要求 ··· 149
　　四、撤销和撤销复审程序的重点和难点 ····················· 154

第四节　商标无效宣告代理 …………………………………… 190
　　　一、法律法规的相关规定 ………………………………… 190
　　　二、无效宣告制度的设计理念与基本思路 ……………… 192
　　　三、注册商标无效宣告代理的具体流程 ………………… 193
　　　四、注册商标无效宣告中的重点和难点 ………………… 197

第五章　商标纠纷解决代理合规 …………………………………… 209
　　第一节　商标调解代理 ………………………………………… 210
　　　一、商标纠纷调解 ………………………………………… 210
　　　二、商标纠纷诉讼调解 …………………………………… 213
　　　三、商标调解代理 ………………………………………… 218
　　第二节　商标诉讼代理 ………………………………………… 219
　　　一、适格的诉讼主体 ……………………………………… 220
　　　二、管辖法院的选择 ……………………………………… 225
　　　三、商标侵权案件证据的收集 …………………………… 226
　　　四、索赔数额的确定 ……………………………………… 229
　　　五、诉讼时效 ……………………………………………… 230
　　第三节　商标仲裁代理 ………………………………………… 230
　　　一、商标仲裁概述 ………………………………………… 230
　　　二、商标仲裁的流程 ……………………………………… 233

第六章　非传统商标代理业务合规 ………………………………… 235
　　第一节　三维标志商标申请 …………………………………… 235
　　　一、三维标志商标的可注册性 …………………………… 235
　　　二、立体商标申请应当提交的材料 ……………………… 250
　　第二节　声音商标申请 ………………………………………… 252
　　　一、声音商标概述 ………………………………………… 252
　　　二、声音商标的特殊要求 ………………………………… 254
　　　三、声音商标申请应当提交的材料 ……………………… 262
　　第三节　其他特殊商标申请 …………………………………… 264
　　　一、颜色组合商标概述 …………………………………… 264
　　　二、颜色组合商标的特殊要求 …………………………… 265
　　　三、颜色组合商标相同、近似的判断 …………………… 269

四、颜色组合商标申请时所需的特殊材料 …………………… 274
第七章　境外商标注册申请代理合规 ……………………………… 277
　第一节　境外商标布局与规划 …………………………………… 277
　　一、境外商标布局与规划的重要性 …………………………… 277
　　二、境外商标布局的可行性 …………………………………… 282
　　三、境外商标布局国家或地区的选择 ………………………… 284
　　四、境外商标注册申请程序的启动 …………………………… 286
　　五、境外商标注册的执行 ……………………………………… 286
　第二节　境外商标注册申请代理 ………………………………… 287
　　一、马德里商标国际注册代理 ………………………………… 287
　　二、逐一国家商标注册代理 …………………………………… 299
　　三、区域性商标注册 …………………………………………… 302
　　四、境外商标转让、续展、变更代理 ………………………… 303
广东省重点商标保护名录管理规范 ………………………………… 307
广东高价值商标品牌评价规范 ……………………………………… 323

第一章 商标代理合规概述

第一节 商标代理相关法律及职业伦理

一、商标代理相关法律法规

有关商标代理的法律法规较多，同时涉及商标代理、商标评审、国际注册、商标诉讼、驰名商标、商标许可、商标转让、商标质押、展会保护、海关保护、域名争议等多方面。在此，本节将对较为重要的法律法规进行详细介绍，以便在商标代理实务中更好地加以运用。（相关法律法规见本章结尾处表1-1）

（一）商标法及实施条例

商标代理相关法律法规中最重要，也是最基本的法律就是《中华人民共和国商标法》（以下简称《商标法》）。《商标法》在有关商标的法律法规中处于统领地位，有关商标的各类法律法规均需遵循《商标法》中确立的原则与规则。我国第一部专门的《商标法》制定于1982年[1]，之后为适应时代的发展与商标实务的需要，经历了4次修正。2023年1月13日，国家知识产权局发布了《关于〈中华人民共和国商标法修订草案（征求意

---

[1] 《商标法》于1982年8月23日经过第五届全国人大常务委员会第二十四次会议审议通过，自1983年3月1日起施行。并在1993年、2001年、2013年和2019年进行了4次修正。

见稿)》公开征求意见的通知》,《商标法》的第五次修正也已经在进行中。《商标法》的历次修改与完善可以说都是为了顺应时代的发展与立足我国商标实务需要。本文将对《商标法》的颁布与历次修改进行简单介绍,而作为配套的《中华人民共和国商标法实施条例》(以下简称《商标法实施条例》)的制定与修改亦与《商标法》的修改息息相关,故一同介绍。

1. 《商标法》的制定

改革开放以后,我国经济领域的变化日新月异,经济的飞速发展需要法律制度的保驾护航,当时急需一部全面的、专门的商标法来完善识别生产者、保护企业商誉。在考察各国的商标立法后,又经过十几次的易稿,最终,《商标法》于1982年8月23日经过第五届全国人大常务委员会第二十四次会议审议通过。1982年《商标法》共8章43条,在商标事务的主管机构上,规定国务院工商行政管理部门商标局主管全国商标注册和管理工作❶,同时为了保护新法颁布前注册的商标,强调新法实行以前已经注册的商标继续有效。❷ 总的来说,1982年《商标法》为日后我国商标法律制度的发展与完善奠定了基础,它的颁行意味着我国商标法律制度迈上了一个新的起点。此外,为配合1982年《商标法》的贯彻实施,原国家工商行政管理局论证并起草了《中华人民共和国商标法实施细则》(以下简称《商标法实施细则》),经国务院批准于1983年3月10日颁布实施。该细则对商标注册所需文件、商标侵权等细节进行了规定,为日后制定《商标法实施条例》奠定了基础。之后,该细则又进行了部分修改。1988年1月13日,原国家工商行政管理局发布并实施了经国务院批准修订的《商标法实施细则》。

2. 《商标法》的第一次修改

随着我国加入《保护工业产权巴黎公约》和《商标国际注册马德里协定》,国际社会对我国的商标法律制度提出了更高的要求。同时,为适应中国市场经济发展对商标保护提出的新挑战,1993年2月22日,第七届全国人大常务委员会第三十次会议审议并通过了国务院关于《中华人民共

---

❶ 1982年《商标法》第2条。
❷ 1982年《商标法》第43条。

和国商标法修正案》的议案，对《商标法》做出了修改。此次修改不仅完善了商标注册制度，例如，规定了县级以上行政区划的地名或者公共知晓的外国地名不得作为商标等，而且对商标注册后的事项也进行了完善，例如，完善了侵犯商标权的行为和犯罪行为的种类、规定了商标局可以依职权撤销违反禁用条款或者以欺骗的手段取得的商标等。❶ 同年 7 月 15 日，国务院批准国家工商行政管理局依据修改后的《商标法》修改的《中华人民共和国商标法实施细则》，7 月 28 日国家工商行政管理局发布实施。

3. 《商标法》的第二次修改

为适应加入世界贸易组织的需要，全面履行《与贸易有关的知识产权协定》（简称 TRIPs 协定）规定的义务，2001 年 10 月 27 日，第九届全国人民代表大会常务委员会第二十四次会议审议并通过了《关于修改〈中华人民共和国商标法〉的决定》，对我国《商标法》进行了第二次修改。这次修改新增 23 条、修改 23 条。主要内容包括：第一，完善驰名商标的法律保护制度，首次将驰名商标认定正式写入法律、明确规范认定驰名商标应当考虑的因素等。第二，增加了商标的类型，增加了立体商标、颜色组合商标、地理标志商标。第三，增加了商标确权程序中的司法审查以及扩大了工商行政管理部门查处商标侵权行为的手段。《商标法》第二次修改后，根据《立法法》和《行政法规制定程序条例》的有关规定，由原国家工商行政管理局制定，报国务院批准，国家工商行政管理局发布施行的《商标法实施细则》改为由国务院制定的《商标法实施条例》。2002 年 8 月 3 日由国务院公布，于 9 月 15 日开始实施。

4. 《商标法》的第三次修改

2013 年 8 月 30 日，第十二届全国人民代表大会常务委员会第四次会议《关于修改〈中华人民共和国商标法〉的决定》完成了《商标法》的第三次修改，于 2014 年 5 月 1 日起施行。国务院依据《商标法》修订后的《商标法实施条例》同日实施。

此次修改立足于国内商标实践的需要，借鉴国际先进做法，结合商标实践中的问题，做出符合我国国情的修改。此次修法主要内容有：第一，

---

❶ 王艳新，祁巨嫒.《商标法》第三次修改综述 [J]. 长春理工大学学报（社会科学版），2014，27（09）：33-35.

完善商标注册制度，包括增加声音商标、开放线上申请、允许一标多类、规定商标审查与审理工作时限等。第二，完善驰名商标的保护制度，例如规定了权利人申请驰名商标认定的条件、有关部门认定驰名商标的具体程序、市场主体对"驰名商标"字样的使用规范等。第三，加强对商标专用权的保护，例如扩大了商标侵权行为的范围、引进惩罚性赔偿制度。第四，强化对商标代理的监管，设专条规定商标代理的总体性要求、不得接受委托的情形等。

5. 《商标法》的第四次修改

2019年4月23日，第十三届全国人大常务委员会第十次会议决定对《中华人民共和国商标法》进行修改，修改条款自2019年11月1日起施行。此次修法的背景是，国家提倡"大众创业，万众创新"，市场主体对注册商标的需求日益增长。但随着商标需求快速增长，部分市场主体损害他人在先权利的恶意申请和不以使用为目的大量囤积也屡禁不止，这严重扰乱了市场经济秩序和商标管理秩序。此次修法意使商标申请注册回归以使用为目的的制度理念，这次修改从源头上制止恶意申请注册行为，并将规制恶意注册行为贯穿于整个商标申请注册和保护程序。例如，规定不以使用为目的的恶意商标注册申请，应当予以驳回。

（二）规范商标代理的法律法规

1. 《商标代理监督管理规定》

自2018年国务院实施机构改革、组建国家市场监督管理总局以来，第一部以国家市场监督管理总局名义发布的规范商标代理行业的规章《商标代理监督管理规定》从多方面对商标代理提出了较高的要求。作为商标代理合规中重要的法规，其以5章43条，分别对商标代理的总体性要求、商标代理机构备案、商标代理行为规范、商标代理监管、商标代理违法行为进行了规制。其重点内容包括：第一，对商标代理事宜、商标代理机构和商标代理从业人员等基本概念作出了界定。第二，明确商标代理机构备案制度。第三，对商标代理行为进行规范，明确商标代理机构应为、能为、不可为的事项。第四，强化对商标代理的监管，规定了商标代理机构的年度报告义务、商标代理机构和商标代理从业人员信用档案制度等。第五，完善对商标代理违法行为的处理措施，包括界定了相关违法行为的内涵与外延、明晰了处罚标准等。

2. 《规范商标申请注册行为若干规定》

2019年《商标法》的修改为规制恶意商标申请注册行为提供了直接、明确的上位法依据。为有效规制恶意商标申请注册行为，同时配合2019年《商标法》的修改，国家市场监督管理总局制定了《规范商标申请注册行为若干规定》。《规范商标申请注册行为若干规定》以实际需要与诚实信用为原则，以商标申请人和商标代理机构为规制对象，贯穿商标注册申请的各个阶段，对商标注册申请行为作出了较为全面的规制，不仅明确了申请商标注册和从事商标代理的要求，而且细化了《商标法》中关于规范商标注册行为的规定。

鉴于《商标法》中关于违背诚实信用原则申请商标注册的规定散见于多个条款，《规范商标申请注册行为若干规定》结合司法实践，将申请人、商标代理机构违反诚实信用原则的商标申请注册行为作了集中规定，提高了判断此类违法行为的效率。为提高《商标法》第4条"不以使用为目的的恶意商标注册申请"在实践过程中的可操作性，《规范商标申请注册行为若干规定》增加了多种判断恶意申请商标注册的因素，这种列举+兜底的规制方式不仅提高了商标注册部门判断商标注册申请是否违反《商标法》第4条时的便利性、统一性，也为后续的实践判断留下了解释空间。此外，为更好地执行《商标法》第68条所规定的对商标代理机构的处罚措施，《规范商标申请注册行为若干规定》细化了《商标法》第68条行政处罚的适用情形和处罚幅度，并明确了县级以上市场监督管理部门拥有针对恶意申请商标注册的申请人、商标代理机构的执法权力。

（三）有关商标审查的法律法规

1. 《商标审查审理指南》

2021年11月国家知识产权局发布了《商标审查审理指南》。该指南根据《商标法》及《商标法实施条例》，并在《商标审查及审理标准》（原国家工商行政管理总局商标局、商标评审委员会共同制定）的基础上制定而成。其将商标审查实务理论和实践中的宝贵经验与商标各项业务指南、说明、内部规程整合在一起，不仅是指导商标审查审理工作的重要依据，也是商标申请人、商标代理机构等主体办理商标注册申请或者其他商标事务的具体指引。

从结构上看，《商标审查审理指南》总体分为上、下两编。上编为"形式审查和事务工作编"，共5个部分，总计25章，内容包括商标申请形式审查、商品服务和商标检索要素的分类、其他商标业务审查、马德里商标国际注册审查、商标申请事务处理，可以说基本涵盖了所有形式审查和事务。在各章节的编纂结构上，都将法律依据作为首先阐述的内容。这不仅是为各章节的形式审查和实务提供了法律依据，也便于各类主体查阅。值得注意的是，为了统一相关用词，该编还对商标审查审理涉及的用词、用语进行了全面的梳理和规范。

下编"商标审查审理编"共19章。在编纂体例上，《商标审查审理指南》按照商标法条文顺序排列各章节，明确审查审理不同环节考虑因素的差异。在各章内容编排上，该指南也将法律依据作为首先列明的内容，并在法律依据部分后，设立"释义"部分，通过释义的方式帮助各类主体正确理解法律依据的正确内涵。而且下编各章基本都会列举典型指导案例，以更好地说明相关条款的适用。所以，通过法律依据、释义、典型案例的结合，下编可以更好地诠释商标审查审理的实体性标准。

2.《商标注册申请快速审查办法（试行）》

为了服务国家高质量发展，落实知识产权领域"放管服"改革决策部署，依法快速审查涉及国家利益、社会公共利益或者重大区域发展战略的商标注册申请，2022年1月14日，国家知识产权局发布了《商标注册申请快速审查办法（试行）》。

《商标注册申请快速审查办法（试行）》主要内容包括：第一，对适用快速审查的情形作出明确规定。即以下4种情形可以请求快速审查：(1) 涉及国家或省级重大工程、重大项目、重大科技基础设施、重大赛事、重大展会等名称，且商标保护具有紧迫性的；(2) 在特别重大自然灾害、特别重大事故灾难、特别重大公共卫生事件、特别重大社会安全事件等突发公共事件期间，与应对该突发公共事件直接相关的；(3) 为服务经济社会高质量发展，推动知识产权强国建设纲要实施确有必要的；(4) 其他对维护国家利益、社会公共利益或者重大区域发展战略具有重大现实意义的。第二，明确快速审查申请的提交材料，包括商标注册申请快速审查请求书、推荐意见、审核意见等。第三，提交快速审查申请的后续程序，例如规定了审查期限等。第四，终止快速审查程序的情形。

（四）有关商标诉讼的司法解释

1. 《最高人民法院关于审理商标授权确权行政案件若干问题的规定》（2020年修正）

为指导各级人民法院在商标授权确权行政诉讼中正确处理相关问题，对争议较大的部分热点问题的审判予以规范，最高人民法院根据《商标法》《中华人民共和国行政诉讼法》等法律，结合审判实践，参考2010年颁布的《最高人民法院关于审理商标授权确权行政案件若干问题的意见》（法释〔2010〕12号），制定了《最高人民法院关于审理商标授权确权行政案件若干问题的规定》（法释〔2017〕2号），于2017年1月11日公布。

《最高人民法院关于审理商标授权确权行政案件若干问题的规定》共31条，主要内容包括：第一，法院审理的程序要求。例如，明确了商标授权确权行政案件的内涵和外延、明确了此类案件的审查范围。第二，违反《商标法》第10条相关规定的认定。第三，完善了商标显著性的判断。第四，完善了对于驰名商标的保护。第五，完善了在先权利的保护、地理标志的保护、"商品化权"的保护。第六，对商标恶意注册、商标使用作出了规制。第七，对评审行为进行了规范。

2020年12月23日，最高人民法院审判委员会第1823次会议通过《最高人民法院关于修改〈最高人民法院关于审理侵犯专利权纠纷案件应用法律若干问题的解释（二）〉等十八件知识产权类司法解释的决定》，对《最高人民法院关于审理商标授权确权行政案件若干问题的规定》作出了修改。此次修改并未大幅度地修改内容，仅就条文中的相关术语作出修改。

2. 《最高人民法院关于审理商标民事纠纷案件适用法律若干问题的解释》（2020年修正）

2002年10月12日，最高人民法院审判委员会第1246次会议通过了《最高人民法院关于审理商标民事纠纷案件适用法律若干问题的解释》（以下简称《若干解释》)。《若干解释》进一步解释和明确了《商标法》中对侵权行为的认定等重要法律问题。

《若干解释》共24条，主要涉及以下内容：(1)明确了3种属于《商标法》第57条第（七）项所规定给他人注册商标专用权造成其他损害的行为；(2)完善了对驰名商标的保护；(3)完善了商标侵权相关制度，对实践中长期使用但是一直没有明确规定的一些基本概念作出了解释；(4)明晰了商标侵权纠纷案件的地域管辖，并对相关概念进行了界定；(5)规范了侵犯注册商标专用权的损害赔偿；(6)完善了对注册商标的使用许可制度。

2020年12月23日最高人民法院审判委员会第1823次会议通过的《最高人民法院关于修改〈最高人民法院关于审理侵犯专利权纠纷案件应用法律若干问题的解释（二）〉等十八件知识产权类司法解释的决定》对《若干解释》作出了修改。此次主要修改内容是为顺应《商标法》的修改、《民法典》的颁行。

3. 《最高人民法院关于审理涉及驰名商标保护的民事纠纷案件应用法律若干问题的解释》（2020年修正）

2001年修改的《商标法》首次将驰名商标的认定写入法律，开启了驰名商标保护的新纪元。经过数年的法律实践，驰名商标的法律保护取得了新的成效。但同时，由于部分市场主体试图通过司法认定驰名商标达到其不适当的商业目的，使驰名商标司法保护出现了异化的倾向，有偏离《商标法》根本之趋势。因此，为了加强保护符合法定条件的驰名商标，同时防止不正当地将驰名商标认定当作单纯追逐荣誉称号等消极现象的发生，最高人民法院制定了《最高人民法院关于审理涉及驰名商标保护的民事纠纷案件应用法律若干问题的解释》（法释〔2009〕3号）（以下简称《解释》）。

《解释》共14条，主要内容分为3个方面：第一，界定了驰名商标的概念，并对驰名商标认定的条件和范围作出了规制。第二，认定驰名商标的考虑因素及举证责任。第三，驰名商标的保护。

2020年12月23日最高人民法院审判委员会第1823次会议通过的《最高人民法院关于修改〈最高人民法院关于审理侵犯专利权纠纷案件应用法律若干问题的解释（二）〉等十八件知识产权类司法解释的决定》对

《解释》作出了部分修改。修改的内容并不多，包括将第 1 条中关于驰名商标概念中的"相关公众广为知晓"修改为"相关公众所熟知"、第 7 条中的"国务院工商行政管理部门"改为"行政管理部门"等。

（五）关于商标行政保护的法律法规

1.《商标侵权判断标准》

为加强商标执法指导工作，统一执法标准，提升执法水平，强化商标专用权保护，2020 年 6 月，国家知识产权局发布了《商标侵权判断标准》（以下简称《标准》）。

《标准》适用于商标执法相关部门处理、查处商标侵权案件，也可作为各类市场主体判断商标侵权之参考。《标准》共计 38 条，主要内容包括以下几个方面：第一，对商标使用作出规定，例如规定了判断商标使用的原则、商标使用的含义及意义、商标使用的具体形式。第二，明晰了相同商品与相同服务、类似商品与类似服务、相同商标与近似商标的概念和外延，并释明了同一商品与同一服务、类似商品与类似服务、商标近似与商标相同的判断标准。第三，就商标法中的容易混淆作出规定，包括明晰容易导致混淆的外延与判断是否容易导致混淆的考量因素。第四，对商标侵权相关问题作出细化，例如对属于《商标法》第 57 条所规定的商标侵权行为作出界定，对销售商免除责任的相关要件进行了细化规定，明确了查处商标侵权案件中相关主体的职责。

2.《展会知识产权保护指引》

为了进一步落实全面加强知识产权保护工作部署，规范展会知识产权保护管理，2022 年 7 月 20 日国家知识产权局发布了《展会知识产权保护指引》（以下简称《指引》）。《指引》明晰了相关知识产权管理部门保护展会知识产权的职责，指引相关主体在展会中更好地保护自身的知识产权。

《指引》共 4 章 22 条，除去第一章总则，分别以展前保护、展中保护、展后保护 3 章详细规定了展会知识产权的保护工作。展前保护部分，主要规定了展会举办地知识产权管理部门应加强展会知识产权保护宣传、提供知识产权保护法律和相关技术咨询、帮助参展方提升知识产权保护意识、设立保护站等工作职责。展中保护部分，主要规定了展会举办地知识产权管理部门应指导展会主办方建立知识产权信息公示制度、工作站处理知识产权投诉等事项。展后保护及其他管理部分，主要规定展会举办地知识产权管理部门在展后的知识产权保护职责，包括可以根据投诉处理情况，将相关材料移送参展商注册地的知识产权管理部门进行处理，指导展会主办方记录侵权、投诉等信息。

二、商标代理职业伦理

在许多高度专业化的工作领域，尤其是当专业工作者与接受其服务者有高度的信任关系存在时，都会发生专业伦理的探讨。作为高度专业化的商标代理职业，自然也需要商标代理职业伦理来规范商标代理从业者的行为。

与"伦理"密切相关的词语是"道德"。虽然伦理与道德有着千丝万缕的关系，但在某种程度上"伦理"与"道德"并不能等同，我们通常把伦理视为群体规范，而道德指个人修养。当我们谈到道德规范时，强调道德是个人内心对自己行为所作的要求，是由内而外的；当谈及伦理规范时，则更多意味着由群体所加的约束，是由外而内的。[1] 也就是说，职业伦理不是由个人来决定"什么是对的"之类的问题，它不是关乎于个人的事务，而是职业共同体为了职业更好地发展所设定的群体性规范。因此，在这里我们所说的商标代理职业伦理就是商标代理职业这个群体集体所决定的共同准则，它是商标代理职业群体对其成员提出的特殊规范性要求。

（一）商标代理职业伦理的特征

商标代理职业伦理是一个统一的标准，是一套独特的规范。这种职业伦理规范是以服务更高的社会目标和福祉为目的的，具有以下特征：

1. 法定性

商标代理职业伦理的法定性不仅指商标代理职业伦理中的所有原则与

---

[1] 苏新建. 法律职业伦理：历史、价值与挑战 [J]. 河南财经政法大学学报，2021，36 (06)：147-154.

规则不得违反法律，也指法律法规亦是商标代理职业群体必须遵循的职业伦理。《商标法》第 7 条所规定的"申请注册和使用商标，应当遵循诚实信用原则"、第 32 条所规定的"申请商标注册不得损害他人现有的在先权利，也不得以不正当手段抢先注册他人已经使用并有一定影响的商标"等，都是商标代理职业群体在商标代理业务中必须遵循的职业伦理。

2. 专业性

道德判断有利于商标代理职业群体恪守商标代理职业伦理，但道德性并不属于商标代理职业伦理。商标代理镶嵌在复杂的社会分工体系之中，发挥着自身的专业性功能。也即商标代理职业群体在代理业务时不能被道德判断所干扰，应当在职业伦理的约束下，将专业性摆在前列，充分发挥自身的专业技能为社会解决矛盾。只有这样，商标代理职业群体才能得到发展。

3. 自治性

商标代理职业伦理是商标代理职业群体为了发展商标代理职业而自觉发展出的行为准则，虽然其具有法定性的特征，但并不是外部所强加的，是群体自主选择的结果。如果商标代理职业群体内部有人不遵循职业伦理，破坏了商标代理职业的发展，商标代理行业组织可以对其进行惩戒。❶

4. 主体的特定性

遵循商标代理职业伦理的主体是特定的，主要包括依法登记从事商标代理业务的服务机构和以从事商标代理业务的律师事务所为代表的商标代理机构，以及商标代理机构的负责人、受商标代理机构指派承办商标代理业务的本机构工作人员等商标代理从业人员。

5. 发展性

商标代理职业伦理不是一成不变的，时代的发展、社会的需要总会对商标代理职业群体提出新的要求。而为了群体的利益，商标代理职业群体会发展自身的职业伦理，以维护群体的稳定。

（二）商标代理职业伦理的主要内容

遵守《商标法》《商标法实施条例》等法律法规是商标代理职业伦理

---

❶ 《中华人民共和国商标法》第 68 条。

的主要内容。商标代理职业伦理以诚实信用原则为主旨，可大概分为内外两个方面。

1）对外是指商标代理职业群体在面对职业共同体之外的社会公众时，应当秉持诚实、恪守承诺，以委托人的利益为重。具体内容包括：

①商标代理机构、商标代理人在执业中对知悉的委托人的商业秘密或委托人不愿透露的其他信息负有保密义务。

②商标代理机构、商标代理人不得利用知悉的委托人信息与他人串通或以不正当手段损害委托人的利益。

③委托人申请注册的商标可能存在商标法规定不得注册情形的，商标代理机构应当明确告知委托人。

④商标代理机构知道或者应当知道委托人申请注册的商标属于《商标法》第15条和第32条规定情形的，不得接受其委托。

⑤商标代理机构除对其代理服务申请商标注册外，不得申请注册其他商标。

⑥商标代理人不得以个人名义自行接受委托或超越委托权限利用委托关系从事与委托无关的活动。

⑦商标代理机构、商标代理人不得在办理商标事宜过程中伪造、变造或者使用伪造、变造的法律文件、印章、签名；不得隐瞒事实，提供虚假证据，或者威胁、诱导他人隐瞒事实，提供虚假证据。

⑧商标代理机构接受委托代理商标业务，应当进行利益冲突审查，在同一商标案件中不得接受有利益冲突的双方当事人的委托。利益冲突是指商标代理或者商标代理从业人员在办理商标代理业务时，受自身利益或委托人之间关系的影响，可能损害委托人利益的情形。商标代理职业伦理与法律职业伦理存在许多相似之处，不少商标代理从业人员都是律师，因此《律师法》、中华全国律师协会《律师执业行为规范（试行）》中关于防止利益冲突的规定都值得商标代理行业借鉴。《广东省律师协会防止利益冲突规则》就详细地规定了利益冲突的内涵和外延，要求商标代理从业人员应当参照《广东省律师协会防止利益冲突规则》，自觉增强商标代理利益冲突的审查。

⑨商标代理机构、商标代理人不得以获利等为目的，用不正当手段抢先注册他人在相关领域中已经使用并有一定影响的商标、域名或商号等权益。

第一章　商标代理合规概述

| 典型案例 1-1 | 北京佐行知识产权代理有限公司伪造申请材料案❶ |

【主要违法事实】

经查，当事人于 2020 年 8 月 18 日与印江土家族苗族自治县洋溪镇农业服务中心签订《商标代理委托书》，委托当事人代理"洋溪贡米"地理标志商标注册申请。2020 年 9 月 4 日当事人向国家知识产权局提交"洋溪贡米"地理标志证明商标申请材料。国家知识产权局于 2021 年 12 月 20 日发出商标驳回通知书，商标驳回通知书注明："经核实，申请人提交的《印江土家族苗族自治县志》（方志出版社，2017 年 10 月出版）复印件所记载的关于'洋溪贡米'的内容与国家图书文献收藏机构的上述书籍中所记载的内容不一致，国家图书文献收藏机构收藏的上述书籍中并无'洋溪贡米'的记载，因此申请人提交的有关史料材料不真实，不能证明所报地理标志的客观存在及声誉。"经向国家知识产权局调取涉案"洋溪贡米"商标注册申请档案材料、向国家图书馆调取馆藏文献《印江土家族苗族自治县志》（方志出版社，2017 年 10 月出版）的复印件，当事人提交的《印江土家族苗族自治县志》（方志出版社，2017 年 10 月出版）第 135 页复印件有关"洋溪贡米"的文字内容与国家图书馆馆藏文献《印江土家族苗族自治县志》（方志出版社，2017 年 10 月出版）第 135 页相关段落内容不一致。国家图书馆馆藏文献《印江土家族苗族自治县志》（方志出版社，2017 年 10 月出版）第 135 页确无"洋溪贡米"相关内容，且当事人提交的第 135 页复印件部分段落文字存在字体大小、字符间距不均等、行间距大小不一、文字倾斜、段落边缘排列不整齐等明显差异，系伪造所得，属于虚假材料。当事人代理"洋溪贡米"商标注册申请收取了 1.8 万元代理费。

【行政处罚内容】

现责令当事人十五日内改正，并决定处罚如下：警告；罚款 20000 元。

---

❶ 北京市市场监督管理局. 北京市市场监督管理局公布 2023 民生领域案件查办"铁拳"行动典型案例（第三批）[EB/OL]. (2023-07-28) [2023-08-04]. https://scjgj.beijing.gov.cn/zwxx/scjgdt/202307/t20230728_3209840.html.

2）对内是指商标代理职业群体在面对群体内部竞争时，应当遵循诚信原则，避免不正当竞争。具体内容包括：

①对本人或者所在的商标代理机构的专业能力进行虚假宣传，或者在比较宣传中贬低其他商标代理人或者商标代理机构。

②恶意压低商标代理服务价格。

③明示或暗示与司法机关、行政机关或者其他工作人员具有特殊关系。

④就其他商标代理机构正在办理的案件主动联系其客户。

⑤以负面评价其他商标代理人或者商标代理机构的方式招揽业务。

⑥对所代理的商标作出不当承诺。

⑦以引人误解或者商业贿赂等不正当方式招揽业务。

⑧以提供或者承诺提供佣金、回扣、介绍费或者其他利益的方式招揽业务。

⑨以其他方式破坏行业竞争秩序。

（三）违反商标代理职业伦理的后果

任何职业伦理都具有强制性，违反职业伦理都会承担相应的后果，商标代理职业伦理也不例外。违反商标代理职业伦理的后果与商标代理职业伦理的特征密切相关。一方面，商标代理职业伦理具有法定性，所以违反商标代理职业伦理的后果由相关法律法规明文规定，这种后果便可以称为违反商标代理职业伦理的法律后果，例如，《商标法》第68条所规定的商标代理机构实施违法行为后的法律后果、《商标法实施条例》第90条所规定的停止受理实施违法行为的商标代理机构办理商标代理业务等。另一方面，商标代理职业伦理具有自治性，商标代理行业组织可以根据关于职业伦理的有关规定对实施不当行为的代理机构、从业人员实施惩戒，例如《中华商标协会商标代理行业协会道德规范》第19条至第21条所规定的罚则等。

值得注意的是，无论是违反商标代理职业伦理的法律后果还是行业组织给予的惩戒，都强调对失范行为的信用惩戒。例如，为进一步加大对商标代理违法违规和失信行为的打击力度，综合运用信用监管手段，强化商标代理监管工作，国家知识产权局制定了《商标代理信用评价管理办法（公开征求意见稿）》《商标代理机构信用评价指标体系及评价规则（公开征求意见稿)》《商标代理从业人员信用评价指标体系及评价规则(公开征求意见稿)》。这3部规章完善了商标代理领域信用监管,尤其是针对违反商标代理职业伦理的不当代理行为规定了相关的信用惩戒。

第二节　商标品牌创新和战略规划

商标品牌战略是指各类型市场主体将商标选择、使用、保护等贯穿于经营、运营的活动之中,以此带动和影响其自身的发展。各类市场主体可以根据市场的环境变化来调整商标品牌的塑造与规划,以此在竞争中占据优势。成功的商标品牌战略不仅可以对内带动技术、管理、文化等各项制度的革新,还可以对外赢得消费者的信任,增加产品的品牌附加值。

一、商标的选择战略

商标的选择是商标品牌战略的重中之重。市场主体应当将商标的选择上升为品牌选择战略,在商标的使用与注册前认真进行谋划。商标的选择战略应当考虑以下几个方面。

(一)合法性

市场主体选择的商标应当将合法性放在首位,即商标的选择不能违反法律的禁止性规定。《商标法》第10条规定了不得作为商标使用的标志,如果市场主体使用这些标志,不仅不能进行注册,还会因此受到处罚。商标代理机构、商标从业人员发现委托人欲使用的标志涉嫌违反《商标法》第10条规定的应当及时告知。

根据《商标法》第10条的规定,应当避免将以下标志作为商标使用:

1)同中华人民共和国的国家名称、国旗、国徽、国歌、军旗、军徽、军歌、勋章等相同或者近似的,以及同中央国家机关的名称、标志、所在地特定地点的名称或者标志性建筑物的名称、图形相同的。

例如:

2）同外国的国家名称、国旗、国徽、军旗等相同或者近似的，但经该国政府同意的除外。

例如：

3）同政府间国际组织的名称、旗帜、徽记等相同或者近似的，但经该组织同意或者不易误导公众的除外。

例如：

4）与表明实施控制、予以保证的官方标志、检验印记相同或者近似的，但经授权的除外。

例如：

5）同"红十字""红新月"的名称、标志相同或者近似的。

例如：

6）带有民族歧视性的。这里的带有民族歧视是指使用的商标的文字、图形或者其他构成要素带有对特定民族进行丑化、贬低或者其他不平等看

待该民族的内容。❶

蛮夷黑鸡　　南蛮之地

7）带有欺骗性，容易使公众对商品的质量等特点或者产地产生误认的。例如：

咳必康　　肺力长
KEBIKANG

（指定商品：人用药）　（指定商品：茶、蜂蜜）

8）有害于社会主义道德风尚。有害于社会主义道德风尚是指损害中国公众共同生活及其行为的准则、规范以及在一定时期内社会上流行的良好风气和习惯。❷ 商标由有害于社会主义道德风尚的标志构成，或者含有有害于社会主义道德风尚的要素的均不可作为商标使用。

例如：

爆发护　　王八蛋粉
TORTOISE EGGS RICE NOODLE

判断是否有害于社会主义道德风尚，一般以中国境内公众的常识作为判断标准❸，即使某些标志可以通过解释具有正常的含义，但中国境内公众的常识仍然认为其有违社会主义道德风尚的，也不得使用。例如，将"MLGB"作为商标注册，并主张其为"My life is getting better"的英文缩写并不能打消社会公众对于该缩写与低俗用语之间的对应关系。

9）有其他不良影响。有其他不良影响是指标志的文字、图形或者其他构成要素具有贬损含义，或者该标志本身虽无贬损含义但作为商标使用，易对中国政治、经济、文化、宗教、民族等社会公共利益和公共秩序产生消极、负面的影响。❹

---

❶ 《商标一般违法判断标准》第7条。
❷ 《商标一般违法判断标准》第10条。
❸ 但有合理充分的理由证明中国境内特定公众认为申请注册商标违反《商标法》第10条第1款第（六）项至第（八）项规定的除外。
❹ 《商标一般违法判断标准》第11条。

例如：

独台天下　希特乐

较为典型的有其他不良影响的情形包括：①对国家安全、国家统一有危害的；②对国家主权、尊严、形象有损害的；③有害于民族、种族尊严或者感情的；④有害于宗教信仰、宗教感情或者民间信仰的；⑤与恐怖主义组织、邪教组织名称相同或者近似的；⑥与突发公共事件特有名称相同或者近似的；⑦商标或者其构成要素与政治、经济、文化、宗教、民族等公众人物的姓名、肖像等相同或者近似，对社会公共利益和公共秩序产生消极、负面影响的；⑧其他对公共利益和公共秩序产生消极、负面影响的。

值得注意的是，市场主体可能会选择巧用公众耳熟能详的成语作为文字商标，但如果标志中含有对成语的不规范使用，容易误导社会公众，会对文化等社会公共利益产生负面影响的，也可能属于具有其他不良影响。

例如：

掌上明猪　　　　　**无中生油**

（成语"掌上明珠"的不规范使用）　　（成语"无中生有"的不规范使用）

同理，如果选择将汉字的再设计形象作为商标，也应当注意汉字的规范使用。判断商标中的汉字是否规范时，对采用较为常见字体的汉字要求会较为严格，笔画错误、自造字等会承担更高的被判定为不规范使用汉字的风险。而商标中的汉字采用艺术体、书法体等，且不易使公众产生误解的，则可以使用并获得注册保护。

例如：

绿宇　　　　　　　　**绿色心情**

（"绿"字笔画错误，易被　　（"绿"字采用艺术体，未误导
判定为不规范适用汉字）　　社会公众，可以获得注册保护）

与判断是否有害于社会主义道德风尚一样，判断是否属于有其他不良影响，一般也以中国境内公众的通常认识作为判断标准，有合理充分的理由证明中国境内特定公众认为申请注册商标有其他不良影响的也可以以特定公众的认识为准。例如，据壮族创世经诗《布洛陀》记述，布洛陀是壮族的"祖公"，是一个无所不知、无所不能的创世神，在壮族人心中具有极高的地位，但其他民族的公民并不知晓"布洛陀"的含义，因此如果将"布洛陀"作为商标使用可能对宗教信仰或者民间信仰、民族情感造成伤害。

（二）显著性

显著性之于商标，就好像新颖性之于发明。之所以显著性如此重要，是因为其关乎商标最基本、最主要的作用，即区分商品和服务。通常认为，显著性强的商标便于消费者识别，更能发挥商标的作用，而显著性较弱的商标则不易被消费者所认知。因此，在商标选择阶段，设计一个显著性较强[1]的商标，会减少企业以后在品牌宣传上的投入，加快市场知名度的提升。故选择商标可以从便于消费者认知与记忆的角度，多考虑以下因素：

1）发音。显著性较强的商标读起来应当朗朗上口，读起来通顺，更能易于口口相传。

2）形象。商标的形象设计不宜太过简单，也不宜太过绚丽，像古驰、LV等世界知名的品牌，其商标都不会太过复杂，都是处于一种复杂与简单的衡平。本文暂且将这种衡平概括为简洁，简洁的商标不仅便于消费者记忆，而且可以使得商标的通用性增强，避免出现商标在某些类别的商品上不适用的情形，或者避免商标在不同国家不同民族不宜使用的情形。

3）寓意。商标的文字、图形如果能使人产生美好的联想，不仅可以便于记忆，还能承载广告、宣传的作用。选择商标时，如果能巧妙利用美好的寓意，向消费者传递有关商品的信息，那就会事半功倍。

---

[1] 此处指固有显著性。

（三）预先性

选择商标要有一定的前瞻性和全局性。正常情况下，企业在成立的同时就应当选择好商标，在产品生产或者服务推出之前就预先设计、注册好商标。

二、商标的运用战略

商标的运用战略是指以商标的运用为核心，为适应市场变化和取得竞争优势做出的行动。对于不同的企业而言，应当根据自身的资源优势，去选择适合自己的道路。商标代理机构、商标代理从业人员也可以根据委托人的经营状况、市场预期等，理性建议委托人采用、变更商标运用策略。

（一）单一商标策略

单一商标策略，是指一个企业所生产的所有产品、所提供的所有服务都使用同一件商标。较为典型的案例包括苹果公司在其生产的所有电子设备上都使用""商标，耐克公司在其生产的所有服饰上都使用""商标。

1. 单一商标策略的优点

1）加快凝结商誉。商标不仅承载了识别来源的功能，也承载着商品生产者、服务提供者的商誉。所有产品共用同一件商标，不同消费者对不同产品的信任都可以汇聚到此唯一的商标上，可以大大加快此商标背后良好商誉的凝结，同时良好商誉共同凝结在同一件商标上，又反过来惠泽所有产品。

2）利于扩大市场占有率。在单一商标策略下，对一件商标的宣传同时可以惠泽所有产品，有利于发挥商标名牌的辐射效应。这种辐射效应不仅有利于新产品的推出，即如果商标已经具有一定的市场地位，新产品的推出无须过多宣传便会得到消费者的信任，而且有利于产品向不同市场的扩张。跨国公司在向国外扩张时经常使用这种策略，利用已有的品牌知名度打开市场，节约进入市场的费用和时间。

2. 单一商标策略存在的问题

1)并非所有领域都适用单一商标策略。它适用于产品或业务单元之间能产生协同效应的领域,无法共享核心定位和基本品牌识别的产品,并不适合单一商标策略。例如,"金龙鱼"是食用油领域著名的商标,大米因与食用油同属于食品,可以共享品牌的核心定位和基本理念,因此使用单一商标战略并无不妥。但如果在洗涤剂等产品上使用"金龙鱼"商标,可能并不会使消费者产生良好的信任。

2)问题的蔓延与影响力的衰退。与便于商誉凝结相对的是,单一商标战略易造成问题的蔓延,如同一商标下某一产品出现问题,便会产生连锁反应,容易失去消费者的信任。例如,因"3·15"晚会曝光某商标下老坛酸菜牛肉面中酸菜包的食品安全问题,消费者对此商标下其他速食食品也产生了怀疑。此外,如果实施单一商标战略不当,还会导致品牌影响力的减弱,品牌的影响力会随着不当运用范围的扩大而下降。将单一商标使用在不同档次的产品上,可能会导致原本产品的定位被动摇。例如,"南极人"曾经是优质内衣的代名词。但随着商业模式转变为"品牌授权",大量的经营者在不同种类、不同品质的产品上使用"南极人"商标,导致其质量优异的口碑有所动摇。

(二)多商标策略

多商标策略是指一个企业对所生产的不同产品分别使用不同商标的情形。

1. 多商标策略的优点

多商标策略有助于企业全面占领一个大市场,扩大市场覆盖面。一个大市场是由许多具有不同期望和需求的消费者群组成的,且绝大部分消费者对特定品牌的忠诚度是有限的,往往不同程度地受到其他品牌的影响。若根据不同消费者群的不同特点,推出不同品牌的产品,有利于实现总体市场占有率的最大化。而且当细分市场产品差别不太明显时,赋予不同产品独立品牌有助于形成人为的产品差异,拉长产品线,增加企业收入。例如,厨房洗涤用品的主要成分相差不大,有的企业就会根据洗碗、擦洗桌面、洗油烟机的不同创设不同的商标,从而提高商标的风险防御性。

2. 多商标策略的缺点

与采用单一商标策略相比，采用多商标策略的缺点包括不能加速凝结商誉、共享商标所承载的商誉，各自独立的商标需要独自维护。维护不同的商标要求付出高昂的宣传成本，使得部分生产规模较小的企业难以负担。

（三）主副商标策略

主副商标策略是指以一个成功品牌作为主品牌，涵盖企业的系列产品，同时又给不同产品起一个生动活泼、富有魅力的名字作为副品牌，以突出产品的个性形象。例如，伊利的"伊利—优酸乳""伊利—安慕希"等；联想的"联想—小新""联想—拯救者"等。

正如上文所述，无论单一商标策略还是多商标策略，都各有利弊，而实施主副商标策略是取上述商标运用策略之优点的好方法。生产企业可以注册主商标，以主商标展示良好的商业信誉。而同时又可以根据不同的产品注册不同的副商标，以副商标凸显各个产品不同的经营理念，迎合不同的消费者群体。

（四）联合商标品牌策略

联合商标品牌策略是指两个或更多的商标品牌合并为一个联合产品和（或）以某种方式共同销售。在经济全球化的大背景下，联合品牌有较大的优势。联合品牌双方的合作有助于一方迅速地被另一方原有的顾客所接受，从而直接获得另一方的市场，大大降低联名双方的宣传费用。

例如，2023年爆火的瑞幸咖啡与贵州茅台联名的咖啡"酱香拿铁"，不仅使瑞幸咖啡得到了现象级的宣传，茅台也收到了不错的反响，高话题度下，股价应声上涨。瑞幸与茅台，一个是"国民级咖啡"，一个是"白酒知名度中的绝对王者"。两者的携手合作可以说是自带流量，不但吸引了自身的目标用户，更是实现了人群"破圈"。对于茅台而言，通过酱香拿铁能趁势吸引年轻消费群体的注意，助力茅台围绕白酒进行产品延伸，建立不同类型的产品矩阵，推动企业年轻化转型。对于瑞幸而言，通过借力茅台的品牌效应，有效拔高自身品牌形象，俘获了更多潜在消费人群，为品牌拓展了商业空间，把联合商标品牌策略的优势发挥到了极致。

(五) 商标、商号和域名一体化战略措施

商号又称字号，是指生产经营厂商的字号，与厂商名称、企业名称含义相近，与商标同属知识产权的范畴受到法律保护。商号在识别产品来源、产品质量保证等方面与商标具有一定程度的类似，而且也具有一定的宣传作用。一方面，厂商可用商号向商标管理部门申请核准注册商标，如我国的知名品牌"张小泉""全聚德"等文字商标都来自商号；另一方面，企业亦可以将自己的商标向市场监督管理部门核准登记为自己的商号。例如，我国的"健力宝""万宝"等商号则是来自商标；国外的"可口可乐""丰田""松下""波音"等也成为商号与商标统一的典型范例。

域名是指互联网上用于标识主机或路由器的唯一层次结构名称。❶ 随着时代的发展，社会也开始依赖网络来查询一个企业的相关信息，除了去国家企业信用信息公示系统查询相关注册信息，公众还会去相关企业自己的官方网站查询相关经营信息。

商标、商号和域名相结合可以寻求效益的最大化。由于商标权受法律保护的范围广，所以通过将商号注册为商标，纳入《商标法》的保护，既达到了商号与商标的统一，也使得对商号的保护纳入《商标法》的保护范畴，不失为一种良策。❷ 将商号、商标、域名统一起来，也可以防止他人恶意抢注。所以，企业实行商标、商号和域名一体化战略，维护三者的统一，有利于对三者的共同保护，还可以增强企业形象，加强对商标的宣传力度，也有利于树立企业的统一形象。

典型案例1-2	欧普照明股份有限公司诉深圳市欧普实业有限公司、山景科创网络技术（北京）有限公司侵害商标权及不正当竞争纠纷案

【案情概述】

原告欧普照明股份有限公司于2000年7月21日成为"欧普"及

---

❶ 参见谢希仁. 计算机网络 [M]. 7版. 北京：电子工业出版社，2017：253.
❷ 胡珺. 关于企业商标战略措施的研究 [D]. 武汉：武汉理工大学，2010.

"OPPLE"商标合法所有人,"欧普OPPLE"及其商标等在2007年9月被认定为中国驰名商标。

深圳市欧普实业有限公司晚于原告注册其商标,使用欧普照明股份有限公司驰名商标类似域名"olppe.cn.alibaba.com"及"olppe.1688.com"。原告认为其域名会在消费者中造成严重混淆,侵害了欧普照明股份有限公司的涉案商标权,应承担相应责任。一审法院判决被告深圳市欧普实业有限公司于本判决生效后立即停止使用"olppe.1688.com"域名。宣判后,欧普照明股份有限公司、深圳市欧普实业有限公司均不服原审判决,提起上诉。北京知识产权法院于2018年1月16日驳回上诉,维持原判。

【裁判要点】

一审法院认为,本案中,欧普照明股份有限公司在涉案域名注册之前已经获准注册第1424486号"欧普opple及图"商标及第4983580号"OPPLE"商标,且第1424486号"欧普opple及图"商标被评为驰名商标。涉案域名的主要部分"olppe"与原告的上述在先商标中的英文"OPPLE"在字母构成上相近,足以造成相关公众误认为涉案域名与原告存在某种关联。由于深圳市欧普实业有限公司未提交任何证据证明其对涉案域名中的"olppe"享有任何权益,也无证据显示其注册、使用该域名具有正当理由,故法院认定深圳市欧普实业有限公司注册涉案域名"olppe.1688.com"系出于恶意,构成不正当竞争。欧普照明实业有限公司未提交证据证明"olppe.cn.alibaba.com"域名属于深圳市欧普实业有限公司,故对其要求深圳市欧普照明实业有限公司停止使用上述域名的诉讼请求,法院不予支持。

二审法院认为,一审法院认定事实清楚,证据充分,于2018年1月16日驳回上诉,维持原判。[1]

---

[1] 中国裁判文书网. 深圳市欧普实业有限公司等与山景科创网络技术(北京)有限公司二审民事判决书[EB/OL]. (2020-08-31)[2023-12-04]. https://wenshu.court.gov.cn/website/wenshu181107ANFZ0BXSK4/index.html?docId=tLWwykCoBI4l3eZuKoqoqi7QoXl9hmz44KXqQupLhWu1lgfMGj0uzJO3qNaLMqsJNZRBgF45e0nziQncJNI58Wqabk V6qJjSZ/KW85z0Xz4YQvR+kTSsbB2bJq0OqEYn.

| 典型案例 1-3 | 第 59471675 号 "龙门济民" 商标无效宣告案 |

【案情概述】

申请人何某业在广东省惠州市龙门县从事牙科医师工作 30 年，其个人及其开设的"济民口腔诊所"在当地均已具有一定知名度和美誉度，为相关公众所熟知。后他人将"龙门济民"注册为商标。申请人委托专业的代理机构申请"龙门济民"商标无效。

【法律分析】[1]

企业应当建立一个全方位、立体化的知识产权体系，优化自己的品牌保护格局。针对侵权行为，老字号的经营主体要积极地运用大数据、互联网等手段，通过实时监测，提高市场识别能力，对域内外的知识产权侵权行为能够进行一个及时的预警和维权的活动，能够依法维护自身的合法权益。

争议商标第 59471675 号"龙门济民"商标的注册侵犯了申请人的在先字号权，属于以不正当手段抢注他人已经使用并有一定影响商标的恶意抢注行为，违反了《商标法》第 32 条的规定，理应予以无效。

【代理结果】

争议商标第 59471675 号"龙门济民"商标在"医疗诊所服务；医院；牙科；整形外科；医疗设备出租；牙齿正畸服务；上门护理；康复中心"服务上予以无效宣告，在其余服务上予以维持。

三、商标的保护战略

（一）企业应当及时注册

企业要提高商标意识，清晰地认识到商标在企业发展中的战略地位，商标确定以后要及时申请注册。一般情况下，商标不注册就不能受到法律保护，甚至可能会丧失取得商标专用权的机会，流失已经开拓的商品销售

---

[1] 这两个案例为广东商标协会发通知后代理机构申报的案例，本节内容引自代理机构写的代理建议。

市场。等到商标使用达到一定知名度后再办理商标注册，可能已被他人抢注。

典型案例 1-4　广州奥比亚公司的全球商标注册战略[1]

广州奥比亚公司在执行 SUSEN 和 CHRISBELLA 两大品牌的全球化战略中，十分注重商标的注册，在面临多元法律体系和不同文化背景的挑战下，依然选择全球商标注册。广州奥比亚公司的全球商标注册战略涉及在107个国家/地区通过马德里系统申请和58个国家/地区进行单一申请。在欧盟市场广州奥比亚公司的商标注册面临着类别混淆的问题，在印度尼西亚的25类商标遭到了驳回，在非洲市场受限于审查进程的缓慢和不透明的法律环境。但广州奥比亚公司通过委托专业的商标代理机构，在多数国家和地区成功注册了商标，最终成功获得商标权的国家总数达150个。广州奥比亚公司的全球商标注册战略不仅仅保护了商标权益，还提升了奥比亚公司品牌的全球知名度，为中国品牌的国际化提供了可供借鉴的经验。可见，商标代理机构应当帮助企业提高商标及时注册的意识，要让企业认识到商标在企业发展中的战略地位，帮助企业及时注册商标。

（二）注册防御性商标策略

1. 注册联合商标的策略

联合商标，是指同一商标所有人在同一种或类似商品上注册的若干近似商标。与普通商标不同，联合商标其实是几个互相近似商标的组合，在这些商标中有一个商标是主商标或称正商标，而其他则为联合商标。联合商标的存在是为了保护正商标不被变相抄袭使用。联合商标的使用扩大了注册商标专用权的范围，有利于防止他人的商标与自己商标的近似而在市场上被消费者误认。

2. 注册防御性商标的策略

防御性商标，是指商标权利人在原注册商标使用的商品或服务类别

---

[1] 这两个案例为广东商标协会发通知后代理机构申报的案例，本节内容引自代理机构写的代理建议。

外，跨行业申请注册若干相同商标。即在不同类别的商品上注册了同一个商标，将其已注册的商标覆盖更多商品和服务类别，其中最先注册使用的是主商标，其余的为防御性商标。注册防御性商标有利于企业的长远发展，阻止他人在其他商品（服务）上进行抢注。

《与贸易有关的知识产权协定》将驰名商标的保护扩大到非类似商品和服务，但我国《商标法》对驰名商标主要通过司法或者行政两种途径予以事后救济、个案认定。如果企业的商标无法被认定为驰名商标就无法实现跨类别保护，会造成商标"搭便车"行为的泛滥。因此，企业在商标注册阶段，可以采用注册防御性商标的方式对自己的商标进行跨类别的预防性保护。

3. 注册防御性商标的必要限度

在中国目前的商标注册环境下，防御性注册具有一定的合理性，但防御性注册必须限定在必要、正当的限度内，不然会走向另一个极端。

《商标法》第4条规定："不以使用为目的的恶意商标注册申请，应当予以驳回。"因此，实践中如果企业大量注册防御性商标可能会引发关于《商标法》第4条的审查。其次，以防御性注册为名的大量注册行为会大量浪费行政资源，产生负面示范效应。例如，近年来国内注册申请量前十名中的个别大厂，申请量与其品牌知名度、经营状况、多元化经营的可能性等相比，远超合理限度。而且为获得注册引发大量异议、无效案件。为克服"撤三"（撤销连续三年不使用的注册商标申请）而每三年再注册一轮，造成行政资源的巨大浪费。这种虚高的注册数量、膨胀的案件数量也与高质量发展严重不符。再比如，某些企业所谓防御性注册选择的商标标识将本不应纳入商标保护的要素与其主商标组合注册；或者自己"山寨"自己，反而可能拉低品牌形象，如各种"底捞"。

（三）合规使用

商标使用是商标制度的核心，商标代理机构应当协助商标权利人合规使用商标，保存好商标使用的证据，并且要防范被"撤三"。

实践中，不少企业使用商标的行为并不规范，超出核定使用范围使用、自行改变注册商标的构成要素等现象都较为常见。但这些不规范的使用行为存在较大的风险，商标代理机构应及时告知委托人规范使用商标，例如商标代理机构可以采用召开交流会、发放宣传册等方式告知委托人不得实施以下不规范行为：

1）随意更改商标图样。注册商标的专用权以核准注册商标为限，不能擅自更改商标文字、字体、图形、颜色等构成要素。可以在保持与核准注册的商标标志图样一致的情况下，等比例放大或缩小。

2）超范围使用注册商标。注册商标专用权以核准使用的商品和服务为限，超出核准使用的范围使用商标，不仅不受法律保护，还容易侵犯他人的商标。

3）随意组合商标或拆分组合商标。商标使用人随意将注册的组合商标进行拆分使用，不仅无法受到法律的保护，还可能与他人注册商标构成近似。同理，如果商标使用人随意将注册的多件商标组合使用也可能构成侵权。

4）自行更改商标注册事项。商标使用人可能缺乏商标保护意识或是贪图一时方便，在商标使用过程中，自行改变注册人名义、注册人地址等而未依法向商标局提出变更申请。这种行为违反了《商标法》第49条，可能会遭到行政处罚。

商标使用人在合规使用商标的过程中，应当注重保存商标使用的证据，因为商标的使用证据不仅在商标知名度的判定、商标显著性的判断中至关重要，而且在各种商标案件和纠纷的判决中都起着至关重要的作用。例如，在同日注册申请确权中，商标局可能会要求各申请人提供商标使用的证据来证明商标权属；在三年不使用撤销的答辩中，答辩人需要提供商标在过去三年中使用的证据。此外，在商标驳回复审、商标异议或无效宣告的答辩、驰名商标的认定与保护中商标使用的证据都发挥着不可替代的作用。相关市场主体缺乏保存商标使用证据的意识，造成在商标保护中的被动。所以，商标代理机构应当告知委托人商标使用证据的重要性，协助委托人收集、保存商标使用的证据。

商标使用的证据指能够准确有效地反映一段时间内商标的使用人在商品或服务上合规使用商标的各类材料，包括但不限于各类买卖合同、服务合同、出货单、发票、宣传推广材料、产品外包装、参加展会的材料、商标许可使用合同、被许可人使用商标的证明材料等。这些材料商标代理机构并不能随意接触，需要依赖商标权利人的自行收集。所以，商标代理机构应当告知商标权利人收集证据时的注意事项：第一，注重保存证明材料的原件，原始证据往往对商标的保护更有利。第二，要注重构建证明材料的"三性"，许可使用合同、出货单等要加盖公章以证明其合法性与真实性，销售合同、款项收据等要附上准确的商标信息以证明其关联性。第三，要注重构建完整的证据链，单一的买卖合同等并不能完整地证明商品实际的售出，需要将出货单、物流单据、签收单据等一并保存，形成完整的证据链。

（四）谨防被"撤三"与及时续展

1. 谨防被"撤三"

《商标法》第49条规定："没有正当理由连续三年不使用的，任何单位或者个人可以向商标局申请撤销该注册商标。"如果企业商标被撤销，将是巨大的损失。所以，在日常经营中企业就应当重视防范被"撤三"，具体措施包括上述中的持续使用商标、规范商标使用行为，注重保存合同、发票等能证明商标使用的证据。

2. 依法、及时续展

注册商标的有效期为十年，如不及时续展，可能导致注册商标被注销。实践中，部分商标权人会误以为商标一次注册后就可以高枕无忧了。所以，商标代理机构应当将商标及时续展的事项告知委托人，履行告知义务。

第三节 商标代理机构合规

一、商标代理机构概述

商标代理机构是指接受被代理人的委托，以被代理人的名义办理商标注册或者其他商标事宜的法律服务机构。《商标法实施条例》第84条第1款规定，《商标法》所称商标代理机构，包括经工商行政管理部门登记从事商标代理业务的服务机构和从事商标代理业务的律师事务所。

（一）商标代理机构的成立条件

商标代理机构作为从事商标代理的法律服务机构，必须依法成立，符合相应的条件。商标代理机构主要包括两类：一类是经工商行政管理部门登记的从事商标代理业务的公司或其他组织，另一类是依法设立的律师事务所。商标代理实践中，经工商行政管理部门登记的商标代理机构主要采用有限责任公司和合伙企业形式。由于现有商标法律法规没有对商标代理机构成立条件进行特别限制，因此经工商行政管理部门登记的商标代理机构只需要满足《中华人民共和国公司法》或《中华人民共和国合伙企业法》有关企业成立的条件即可。

但是，不管是经工商行政管理部门登记的从事商标代理业务的公司或其他组织，还是律师事务所，都必须向商标局备案才可以从事商标代理业务。《商标法实施条例》第84条第2款规定，商标代理机构从事商标局、商标评审委员会主管的商标事宜代理业务的，应当按照下列规定向商标局备案：①交验工商行政管理部门的登记证明文件或者司法行政部门批准设立律师事务所的证明文件并留存复印件；②报送商标代理机构的名称、住所、负责人、联系方式等基本信息；③报送商标代理从业人员名单及联系方式。2022年施行的《商标代理监督管理规定》第二章专章对商标代理机构的备案事项进行了规定，第36条对商标代理机构未依法办理备案、变更备案、延续备案或者注销备案等违规行为的法律后果作出了规定。

为规范商标代理行业，满足《商标代理监督管理规定》中对商标代理机构备案要求的需要，国家知识产权局要求备案主体已消亡但仍未注销备案、信息不准确不完备等不符合新要求的商标代理机构进行调整和更新。国家知识产权局于2022年发布了关于商标代理机构重新备案的公告，对商标代理机构的重新备案提出了要求，对于未在规定时间完成重新备案的，商标局将在商标网上服务系统、商标代理系统中进行标注，不再受理其提交的商标代理业务申请。

（二）商标代理机构的业务范围

商标代理机构的业务范围可以分为狭义和广义两种。狭义的商标代理业务是指代理商标局或商标评审委员会主管的商标事务。广义的商标代理业务还包括其他行政部门或司法部门主管的商标事务，例如商标海关备案、商标民事诉讼、商标行政诉讼和商标刑事诉讼等。

《商标代理监督管理规定》第 2 条对商标代理机构的业务范围进行了界定，该条规定商标代理机构接受委托人的委托，可以以委托人的名义在代理权限范围内依法办理以下事宜：①商标注册申请；②商标变更、续展、转让、注销；③商标异议；④商标撤销、无效宣告；⑤商标复审、商标纠纷的处理；⑥其他商标事宜。

在商标代理实践中，大多数商标代理机构从事广义的商标代理业务，业务范围不仅包括国内商标服务，还包括涉外商标综合服务、著名商标和驰名商标的指导代理、商标稽核、商标战略分析、商标托管服务等。

二、商标代理机构合规具体内容

商标代理机构合规是指商标代理机构的经营活动与法律、规则和准则相一致，且遵守上文所述的商标代理职业伦理。根据商标代理机构遵守准则的抽象程度，本节在此将其归纳为两大类，第一类是商标代理机构应遵守的原则，第二类是商标代理机构应遵守的规则。

（一）商标代理机构应遵守的原则

1. 遵守法律、行政法规

守法是商标代理机构所有活动中都应当承担的基本义务，合规的基本内涵就是遵守规则。履行这一义务不仅要求商标代理机构遵守《商标法》的规定，还要遵守现行有效的法律、行政法规，如《民法典》《商标法实施条例》《商标代理监督管理规定》等。

2. 遵循诚实信用原则

《商标法》第 19 条规定："商标代理机构应当遵循诚实信用原则。"《商标代理监督管理规定》第 10 条同样规定："商标代理机构从事商标代理业务不得采取欺诈、诱骗等不正当手段。"这都要求商标代理机构在接受、办理商标注册申请或其他商标事宜的过程中，必须意图诚实、善意、讲信用、相互协作、履行义务、信守承诺。

当然，《商标法》及其实施条例，以及《商标代理监督管理规定》中所规制的多数行为都是违反诚实信用原则的，例如"办理商标事宜过程中，伪造、变造或者使用伪造、变造的法律文件、印章、签名的"或者"以诋毁其他商标代理机构等手段招徕商标代理业务或者以其他不正当手段扰乱商标代理市场秩序的"等行为。《规范商标申请注册行为若干规定》更是采用列举的方式，明确了违反诚实信用原则的行为。❶

（二）商标代理机构应遵守的义务

1. 按照委托办理商标注册申请或者其他商标事宜的义务

《商标法》第 19 条规定，商标代理机构应当"按照被代理人的委托办理商标注册申请或其他商标事宜"。实践中，部分商标代理机构未接受委托而以他人的名义从事商标代理业务是严重的违规行为。

2. 保密的义务

《商标法》第 19 条规定，商标代理机构应当"对在代理过程中知悉的被代理人的商业秘密负有保密义务"。《商标代理监督规定》第 15 条第 1 款也规定商标代理机构"在代理过程中应当遵守关于商业秘密和个人信息保护的有关规定"。

3. 告知义务

商标代理机构作为办理商标事宜的法律服务机构，具备商标方面的专业知识，熟悉商标事宜的办理业务，了解法律规定商标不得注册的情形。为使委托人在清楚了解相关情形的基础上，作出是否委托商标代理机构办理注册申请的决定，避免委托人产生不必要的损失，法律规定了告知义务。《商标法》第 19 条第 2 款规定："委托人申请注册的商标可能存在本法规定不得注册情形的，商标代理机构应当明确告知委托人。"《商标代理监督管理规定》第 15 条第 2 款规定："委托人申请注册的商标可能存在商标法规定不得注册情形的，商标代理机构应当以书面通知等方式明确告知委托人。"

---

❶ 《规范商标申请注册行为若干规定》第 3 条、第 4 条。

4. 办理业务中的义务

商标代理机构在办理业务中不能使用以下不正当的手段：

1）办理商标事宜过程中，伪造、变造或者使用伪造、变造的法律文件、印章、签名。

2）隐瞒事实，提供虚假证据，或者威胁、诱导他人隐瞒事实，提供虚假证据的。

3）以欺诈、虚假宣传、引人误解或者商业贿赂等方式招徕业务的。

4）以诋毁其他商标代理机构等手段招徕商标代理业务或者以其他不正当手段扰乱商标代理市场秩序的。

5. 日常管理中的义务

1）商标代理机构的管理职责。《商标代理监督管理规定》第 11 条规定，商标代理机构应当积极履行管理职责，规范本机构商标代理从业人员职业行为，建立健全质量管理、利益冲突审查、恶意申请筛查、投诉处理、保密管理、人员管理、财务管理、档案管理等管理制度，对本机构商标代理从业人员遵守法律法规、行业规范等情况进行监督，发现问题及时予以纠正。

商标代理机构应当加强对本机构商标代理从业人员的职业道德和职业纪律教育，组织开展业务学习，为其参加业务培训和继续教育提供条件。

2）商标代理机构应公示经营信息。《商标代理监督管理规定》第 12 条规定，商标代理机构应当在其住所或者经营场所醒目位置悬挂营业执照或者律师事务所执业许可证。

商标代理机构通过网络从事商标代理业务的，应当在其网站首页或者从事经营活动的主页面显著位置持续公示机构名称、经营场所、经营范围等营业执照或者律师事务所执业许可证记载的信息，以及其他商标代理业务备案信息等。

3）商标代理机构应与委托人签订书面代理委托合同。《商标代理监督管理规定》第 13 条规定，商标代理机构从事商标代理业务，应当与委托人以书面形式签订商标代理委托合同，依法约定双方的权利义务以及其他事项。商标代理委托合同不得违反法律法规以及国家有关规定。

4）商标代理机构文件管理要求。《商标代理监督管理规定》第 17 条规定，商标代理机构向国家知识产权局提交的有关文件，应当加盖本代理机构公章并由相关商标代理从业人员签字。

商标代理机构和商标代理从业人员对其盖章和签字办理的商标代理业务负责。

《商标代理监督管理规定》第 18 条规定，商标代理机构应当对所承办业务的案卷和有关材料及时立卷归档，妥善保管。

商标代理机构的记录应当真实、准确、完整。

6. 业务禁止义务

1)《商标法》第 19 条、《规范商标申请注册行为若干规定》第 4 条都规定了商标代理机构不得从事代理的情形，主要内容是知道或者应当知道委托人申请注册的商标属于恶意抢注他人商标或者侵犯他人在先权利的，商标代理机构不得接受委托。具体情形如下：

①商标代理机构知道或者应当知道委托人申请注册的商标属于《商标法》第 4 条规定的不以使用为目的，不得接受其委托。

②商标代理机构知道或者应当知道委托人申请注册的商标属于《商标法》第 15 条规定情形的，不得接受其委托。

③商标代理机构知道或者应当知道委托人申请注册的商标属于《商标法》第 32 条规定情形的，不得接受其委托。

典型案例 1-5 　北京市亿捷顺国际知识产权代理有限公司为他人恶意注册提供代理服务案

【行政处罚决定书文号】京朝市监工罚〔2020〕166 号

【主要违法事实】

北京市亿捷顺国际知识产权代理有限公司于 2020 年 2 月 2 日与劳恩斯建材实业湖北有限公司签订商标注册服务合同，并于 2022 年 2 月 3 日为劳恩斯建材实业湖北有限公司代理注册申请名称为"火神山"，商品类别为第 1 类、第 2 类，申请号为 43983554、43983902 的商标和名称为"雷神山"，商品类别为第 1 类、第 2 类，申请号为 43983897、43986726 的商标；于 2020 年 2 月 11 日为劳恩斯建材实业湖北有限公司代理注册申请名称为"雷神山"，商品类别为第 16 类、第 17 类、第 19 类，申请号为 44047217、

44041752、44043199 的商标。

此外，北京市亿捷顺国际知识产权代理有限公司还于 2020 年 2 月 2 日与广州懿姿美容美发用品有限公司签订商标注册服务合同书；当事人于 2020 年 2 月 10 日为广州懿姿美容美发用品有限公司代理注册申请名称为"雷神山"，商品类别为第 3 类，申请号为 44027902 的商标和名称为"火神山"，商品类别为第 3 类，申请号为 44030404 的商标；于 2020 年 2 月 13 日为广州懿姿美容美发用品有限公司代理注册申请名称为"火神山"，商品类别为第 5 类，申请号为 44065002 的商标。

【处罚理由】

"火神山""雷神山"是武汉火神山医院、武汉雷神山医院的字号，是臆造词，具有较高的独创性和显著性。自 2020 年 1 月 23 日、25 日，武汉火神山医院、武汉雷神山医院分别被确立建设，就得到媒体大量报道，成为全社会的焦点，具有较大的知名度和影响力。故武汉火神山医院、武汉雷神山医院拥有"火神山""雷神山"字号权的在先权利。同时武汉火神山医院与武汉雷神山医院是专门用于接诊收治新型冠状病毒感染的肺炎确诊患者的医院，承载着全国人民对疫情感染人员早日康复的美好祝愿，象征着全国人民万众一心抗击疫情的坚定决心。武汉火神山医院、武汉雷神山医院以外的申请人，申请注册"火神山""雷神山"商标，不仅损害了武汉火神山医院、武汉雷神山医院的在先权利，更损害了社会公众利益，易造成重大社会不良影响。

劳恩斯建材实业湖北有限公司和广州懿姿美容美发用品有限公司将"火神山""雷神山"作为商标注册申请，损害了武汉火神山医院、武汉雷神山医院的在先权利，易造成社会不良影响，违反《商标法》第 32 条的规定。在疫情防控期间，北京市亿捷顺国际知识产权代理有限公司知道或应当知道上述情况，仍于 2020 年 2 月 2 日接受两位申请人代理注册申请"火神山""雷神山"商标的委托，并于 2020 年 2 月 3 日至 2 月 13 日，为申请人代理注册申请"火神山""雷神山"共计 10 件商标，违反了《商标法》第 19 条第 3 款的规定。

【处罚结果】

依据《商标法》第 68 条第 1 款第（三）项的规定，责令北京市亿捷顺国际知识产权代理有限公司立即停止违法行为，并作出行政处罚决定如下：一、给予警告；二、对当事人处以十万元罚款。

2）不得在同一商标案件中接受有利益冲突的双方当事人的委托。为防止利益冲突，商标代理机构应当建立利益冲突审查制度，并且在与委托人建立委托关系前，也应当以书面形式告知委托人可能产生利益冲突的情况。

3）不得自行注册商标。《商标法》第19条第4款规定："商标代理机构除对其他代理服务申请商标注册外，不得申请注册其他商标。"《商标代理监督管理规定》第10条第2款对此进行了细化："商标代理机构不得以其法定代表人、股东、合伙人、实际控制人、高级管理人员、员工等的名义变相申请注册或者受让其代理服务以外的其他商标，也不得通过另行设立市场主体或者通过与其存在关联关系的市场主体等其他方式变相从事上述行为。"法律作出如此规定主要是防止商标代理机构利用业务上的优势，恶意抢注他人商标谋利。

典型案例1-6　"LAB HERCULES"商标异议案[1]

【被异议商标】LAB HERCULES

【基本案情】

　　异议人：上海睿雅实业有限公司

　　被异议人：深圳我要发科技有限公司

　　异议人主要理由：被异议人的法定代表人同时是被异议商标的代理机构深圳好牌品牌管理有限公司的法定代表人，被异议商标的申请注册违反《商标法》第19条第4款的规定。

　　被异议人答辩理由：答辩人主要从事商品的批发销售，并非商标代理机构，未从事任何商标代理服务，不构成《商标法》第19条第4款的适用主体。

　　经审查，商标局认为，被异议商标"LAB HERCULES"指定使用商品

---

[1] 贾敏. 第33696336号"LAB HERCULES"商标异议案打击代理机构恶意抢注、囤积商标行为，规范商标代理行业秩序［N］. 中国市场监管报，2022-04-26（T6）.

为第5类"空气净化制剂、空气除臭剂"等。异议人提供了被异议人及其关联企业的企业信用信息、赫力仕（LAB HERCULES）系列产品介绍资料、天猫和京东旗舰店网页信息等证据。在案证据显示，被异议人的法定代表人卢某亮也是被异议商标的代理机构即深圳好牌品牌管理有限公司的法定代表人，还是深圳好多品牌管理有限公司的监事；深圳好牌品牌管理有限公司和深圳好多品牌管理有限公司为备案的商标代理机构，其营业范围均包括商标代理服务，且被异议人与上述两公司位于同一个小区。被异议人申请注册商标体现了其法定代表人的意志，被异议商标系商标代理机构假借关联公司之名申请注册，以达到规避法律之目的。被异议人申请注册被异议商标视为商标代理机构的行为，违反《商标法》第19条第4款之规定。依据《商标法》第19条第4款、第35条的规定，被异议商标不予注册。

【案件评析】

本案的焦点问题在于如何认定《商标法》第19条第4款适用的主体"商标代理机构"。《商标授权确权行政案件审理指南》14.1中规定，已经备案的从事商标代理业务的主体、营业执照中记载从事商标代理业务的主体以及虽未备案但实际从事商标代理业务的主体应当认定为商标代理机构，但这三种情形并非认定商标代理机构的必要条件。实践中，有些商标代理机构通过假借关联主体、从业人员近亲属名义等"挂名"方式，在非代理服务上申请注册商标，意图规避该条款。因此，需要根据案件的具体情况进行综合考量，与商标代理机构具有密切关联的主体可视为"商标代理机构"。

根据在案证据且经查，被异议人的法定代表人卢某亮既是被异议商标的代理机构深圳好牌品牌管理有限公司的法定代表人，也是深圳好多品牌管理有限公司的监事。深圳好牌品牌管理有限公司和深圳好多品牌管理有限公司均为备案的商标代理机构，且被异议人与上述两公司地址在同一个小区。异议人为在复合营养素领域处于领先地位的美国赫力仕集团（HERCULES LABORATORY GROUP）中国代表处，"赫力仕（LAB HERCULES）"商标经过长期宣传和推广，在中国保健食品市场具有一定知名度。"LAB HERCULES"商标固有显著性较强，而被异议商标与"LAB HERCULES"商标字母组合完全相同，难谓巧合。此外，被异议人申请注册了140

余件商标，仅 2018 年 9 月 25 日和 26 日两天就申请注册 139 件，主要集中在第 5 类和第 10 类商品上，包括"康纽莱""康普利特""美澳健""威莱斯"等众多与保健行业知名品牌相同或高度近似商标，且已有多个权利人对其商标提出异议。综合考虑上述因素，可以认定，被异议商标系商标代理机构假借关联公司之名申请注册，以规避法律的制约。

（三）商标代理机构违规的法律后果

1. 行政责任

由市场监督管理部门或有关知识产权部门负责对实施不当行为的商标代理机构处以行政处罚，行政处罚是常见的商标代理机构违规的法律后果。《商标法》第 68 条第 1 款、《规范商标申请注册若干行为规定》第 13 条等都直接规定了商标代理机构违规的行政责任。行政处罚的内容不仅包括对商标代理机构处以罚款、对直接负责的主管人员给予警告，而且还包括停止受理实施不当行为的商标代理机构办理商标代理业务，并予以公告。《商标代理监督管理规定》对此作出了较为详细的规定。《商标代理监督管理规定》第 34 条规定，国家知识产权局在收到市场监督管理部门对于商标代理机构违法行为查处的通报或者自行发现商标代理机构违反《商标法》第 68 条第 1 款规定，情节严重的❶，可以依法作出停止受理其办理商标代理业务六个月以上直至永久停止受理的决定，并予以公告。

2. 民事责任

商标代理机构实施不当行为造成他人损害的，除面临行政机关处以的行政处罚，还应当承担相应的民事责任。《商标法》对此做出了规制，第 68 条第 3 款规定，商标代理机构违反诚实信用原则，侵害委托人合法利益的，应当依法承担民事责任。

3. 刑事责任

违法行为侵害社会法益达到一定程度都可能构成犯罪，商标代理机构

---

❶ 《商标代理监督管理规定》第 34 条第 2 款规定："因商标代理违法行为，两年内受到三次以上行政处罚的，属于前款规定情节严重的情形。"

实施的不当行为亦如此。《商标法》第68条第1款明确规定，商标代理机构的违法行为构成犯罪的，依法追究刑事责任。

第四节　商标代理人考核评估标准

一、商标代理人考核评估概述

商标代理人是指掌握商标代理专业知识，并在商标代理机构中执业的从业人员。已失效的《商标代理管理办法》第9条曾规定，商标代理人应当符合以下条件：①具有完全的民事行为能力；②熟悉商标法和相关法律、法规，具备商标代理专业知识；③在商标代理机构中执业。可见该法规并没有对商标代理人设置学历背景的要求。

我国曾经对商标代理人实行过资格准入制度，2000年颁布的《商标代理人资格考试办法》第4条规定，年满18周岁，具有完全民事行为能力，或者具有高等院校法学专科以上、其他专业本科以上学历或者同等学力的人员可以报名参加商标代理人资格考试。2000年颁布的《商标代理人资格考核办法》第4条规定，遵守《中华人民共和国宪法》，身体健康，具备完全民事行为能力，年龄在65岁以下，在省级以上学术刊物上发表过有关商标法律的文章，取得商标代理人资格后拟从事商标代理工作的中华人民共和国公民，具备下列条件之一的，经商标局考核批准，可以取得商标代理人资格：①具有法学研究生以上学历，从事商标注册或者商标行政管理工作五年以上；②具有大学本科以上学历，从事商标法律教学研究工作或者知识产权审判工作十年以上；③具有大学专科以上学历，从事商标注册工作八年以上或者从事商标行政管理工作十年以上，或者担任商标行政管理部门处级以上领导职务五年以上。但上述商标代理人资格审批很快被取消。

2022年施行的《商标代理监督管理规定》第3条也对商标代理从业人员的资格进行了规制，但没有设定准入制度。该条第3款规定，商标代理从业人员应当遵纪守法，有良好的信用状况，品行良好，熟悉商标法律法规，具备依法从事商标代理业务的能力。

实践中，由于没有对商标代理人设定准入门槛，商标代理人队伍素质参差不齐，不利于商标代理行业的发展。因此，适当提高商标代理人的准入条件是有必要的。《国家知识产权局关于商标代理机构重新备案的公告》（国家知识产权局公告第 507 号）第 4 条第（三）项中提出了对商标代理从业人员备案信息的要求，除了需要提交商标代理从业人员姓名、身份证号码，还需要填报联系方式、性别、学历、专业、从业年限、从业履历，可填报知识产权有关奖励情况（政府部门颁发）、从业培训经历以及商标代理业务能力证书情况，有相关奖励情况、培训经历、业务能力证书的应当提交证明材料。虽然不强制要求商标代理从业人员必须具有相关业务能力证书，但也表明了国家知识产权局商标局为了统计商标代理从业人员获取相关业务能力证书情况，以便更有针对性地制定有关提升服务能力的政策措施和计划，从而促进商标代理行业高质量发展。

二、商标代理人考核评估标准

2018 年 2 月，中共中央办公厅、国务院办公厅印发《关于分类推进人才评价机制改革的指导意见》，提出要"分类健全人才评价标准""加快推进重点领域人才评价改革"。《"十四五"国家知识产权保护和运用规划》也提出要"完善知识产权人才分类培训体系，健全人才保障机制"。因此，科学、全面地评价商标代理人的职业素质事关商标代理的良性发展。

中华商标协会曾于 2022 年 10 月发布了商标人才库《商标代理职业能力评价标准（试行）》（以下简称《标准》），并于 2023 年 1 月开展商标人才库首批入库工作。后随着商标人才入库工作的推进和业内人士的意见反馈，为了提高《标准》的科学性和适用性，中华商标协会对《标准》进行修订并于 2023 年 6 月 15 日予公布实施。该标准将商标代理职业能力分为 5 个等级，由低到高依次为三级、二级、一级、高级、特级。该标准从技能测验、服务能力、理论能力、管理能力、综合背景、商标代理机构评分等方面规定了商标代理人职业能力的考核标准，具有一定的参考性，可以为日后统一的商标代理人考核评估标准建设提供有益经验。

商标代理相关法律法规见表 1-1。

表 1-1 商标代理相关法律法规

项目	法律法规名称	制定机构	施行时间
《商标法》及《商标法实施条例》	中华人民共和国商标法（2019年修正）	全国人大常委会	2019.11.01
	中华人民共和国商标法实施条例（2014年修订）	国务院	2014.05.01
	国家工商总局关于执行修改后的《中华人民共和国商标法》有关问题的通知	国家工商行政管理总局	2014.04.15
商标代理	商标代理监督管理规定	国家市场监督管理总局	2022.12.01
	国家知识产权局办公室关于印发《专利、商标代理行业违法违规行为协同治理办法》的通知	国家知识产权局	2021.07.30
	国家知识产权局办公室关于印发《关于规范辞去公职、退休人员到专利或者商标代理机构任职的规定》的通知	国家知识产权局	2021.05.13
	规范商标申请注册行为若干规定	国家市场监督管理总局	2019.12.01
	商标代理机构报送商标申请文件注意事项	国家知识产权局商标局	2019.11.26
商标评审	商标审查审理指南（2021）	国家知识产权局	2022.01.01
	商标注册申请快速审查办法（试行）	国家知识产权局	2022.01.14
	商标评审规则（2014年修正）	国家工商行政管理总局	2014.06.01
	商标评审案件口头审理办法	国家工商行政管理总局	2017.05.04
	集体商标、证明商标注册和管理办法	国家工商行政管理总局	2003.06.01
	商标实质审查规程	国家工商行政管理总局商标局	2007.02.08
	自然人办理商标注册申请注意事项	国家工商行政管理总局商标局	2007.02.06
	含"中国"及首字为"国"字商标的审查审理标准	国家工商行政管理总局	2010.07
国际注册	商标国际注册马德里协定	国际条约	1989.05.25
商标诉讼	最高人民法院关于商标法修改决定施行后商标案件管辖和法律适用问题的解释（2020年修正）	最高人民法院	2021.01.01
	最高人民法院关于审理商标案件有关管辖和法律适用范围问题的解释（2020年修正）	最高人民法院	2021.01.01

续表

项目	法律法规名称	制定机构	施行时间
商标诉讼	最高人民法院关于北京、上海、广州知识产权法院案件管辖的规定（2020年修正）	最高人民法院	2021.01.01
	最高人民法院关于知识产权法院案件管辖等有关问题的通知	最高人民法院	2015.01.01
	关于当前经济形势下知识产权审判服务大局若干问题的意见	最高人民法院	2009.04.21
	最高人民法院关于审理商标授权确权行政案件若干问题的规定（2020年修正）	最高人民法院	2021.01.01
	最高人民法院关于审理商标民事纠纷案件适用法律若干问题的解释（2020年修正）	最高人民法院	2021.01.01
	最高人民法院关于审理注册商标、企业名称与在先权利冲突的民事纠纷案件若干问题的规定（2020年修正）	最高人民法院	2021.01.01
	国家知识产权局关于商标侵权案件中违法所得法律适用问题的批复	国家知识产权局	2021.12.14
	最高人民法院关于审理涉及驰名商标保护的民事纠纷案件应用法律若干问题的解释（2020年修正）	最高人民法院	2021.01.01
	最高人民法院关于人民法院对注册商标权进行财产保全的解释（2020年修正）	最高人民法院	2021.01.01
	最高人民法院关于产品侵权案件的受害人能否以产品的商标所有人为被告提起民事诉讼的批复（2020年修正）	最高人民法院	2021.01.01
	中华人民共和国反不正当竞争法（2019年修正）	全国人大常委会	2019.04.23
	最高人民法院关于适用《中华人民共和国反不正当竞争法》若干问题的解释	最高人民法院	2022.03.16
	最高人民法院、最高人民检察院关于办理侵犯知识产权刑事案件具体应用法律若干问题的解释	最高人民法院 最高人民检察院	2004.12.22

续表

项目	法律法规名称	制定机构	施行时间
商标诉讼	最高人民法院、最高人民检察院关于办理侵犯知识产权刑事案件具体应用法律若干问题的解释（二）	最高人民法院 最高人民检察院	2007.04.05
	最高人民法院、最高人民检察院关于办理侵犯知识产权刑事案件具体应用法律若干问题的解释（三）	最高人民法院 最高人民检察院	2020.09.14
驰名商标	驰名商标认定和保护规定（2014年修订）	国家工商行政管理总局	2014.08.02
	最高人民法院关于审理涉及驰名商标保护的民事纠纷案件应用法律若干问题的解释（2020年修正）	最高人民法院	2021.01.01
	最高人民法院关于涉及驰名商标认定的民事纠纷案件管辖问题的通知	最高人民法院	2009.01.05
	最高人民法院关于建立驰名商标司法认定备案制度的通知	最高人民法院	2006.11.12
商标许可、转让、质押	商标使用许可合同备案办法	国家工商行政管理总局	1997.08.01
	国家工商行政管理总局商标局关于申请转让商标有关问题的规定	国家工商行政管理总局	2009.08.10
	中国银监会、国家知识产权局、国家工商行政管理总局、国家版权局关于商业银行知识产权质押贷款业务的指导意见	中国银行业监督管理委员会 国家知识产权局 国家工商行政管理总局 国家版权局	2013.01.21
行政保护	中华人民共和国知识产权海关保护条例（2018年修订）	国务院	2018.03.19
	中华人民共和国海关关于《中华人民共和国知识产权海关保护条例》的实施办法（2018年修正）	海关总署	2018.07.01
	国家知识产权局关于印发《商标侵权判断标准》的通知	国家知识产权局	2020.06.15
	展会知识产权保护办法	商务部 国家工商行政管理总局 国家版权局 国家知识产权局	2006.03.01

续表

项目	法律法规名称	制定机构	施行时间
行政保护	国家知识产权局关于印发《展会知识产权保护指引》的通知	国家知识产权局	2022.07.20
	北京市展会知识产权保护办法	北京市人民政府	2008.03.01
	广州市展会知识产权保护办法（2019年修订）	广州市人民政府	2019.11.14
域名争议	国家顶级域名注册实施细则	中国互联网络信息中心	2019.06.18
	国家顶级域名争议解决办法	中国互联网络信息中心	2019.06.18
	国家顶级域名争议解决程序规则	中国互联网络信息中心	2019.06.18
	中国国际经济贸易仲裁委员会关于《国家顶级域名争议解决办法》补充规则	中国国际经济贸易仲裁委员会	2019.08.09
	最高人民法院关于审理涉及计算机网络域名民事纠纷案件适用法律若干问题的解释（2020年修正）	最高人民法院	2021.01.01

第二章 商标申请具体业务合规

第一节 商标注册申请代理

一、商标注册申请前事务

商标是区别商品和服务来源的一种标志，每一个注册商标都是指定用于某一商品或服务上的。因此，商标代理机构在协助委托人申请注册商标时，应当先与委托人就商标欲使用的产品或服务的类别进行确认，并在此基础上进行商标相同或近似的检索，避免被驳回。

（一）商品和服务类似判定

1. 商品和服务分类标准

依据《商标法》第 4 条、第 22 条，《商标法实施条例》第 13 条、第 15 条、第 93 条的规定，自然人、法人或者其他组织在生产经营活动中，对其商品或者服务需要取得商标专用权的，应当申请商标注册。提出注册申请时，商标注册申请人应当按规定的商品分类表填报使用商标的商品类别和商品名称。商品分类表就是不同商品和服务的分类标准，实践中主要有以下两种不同的分类标准。

（1）《商标注册用商品和服务国际分类》（尼斯分类）

早期各国商标主管机关都根据本国国情制定商品和服务分类表，供商标注册申请人使用。这种情形阻碍了国际贸易的发展，也不利于商标事务的国际交流。于是，1957 年 6 月 15 日在法国南部城市尼斯，一些发起国签署了《商标注册用商品和服务国际分类尼斯协定》,该协定于 1961 年 4 月 8 日生效。我国于 1994 年 8 月 9 日加入尼斯协定。现行尼斯分类将商品和服务分为 45 个大类,其中商品为第 1 类至第 34 类,共 34 个类别;服务为第 35 类至第 45 类,共 11 个类别。尼斯分类每年修订一次,修订时会对部分商品和服务项目的类别和可接受性进行调整。尼斯分类后申请人不得申报提交申请时已经失效或尚未生效的商品和服务项目名称。例如,2017 年尼斯分类将"药皂"由第 3 类移入第 5 类,如果申请人 2016 年在第 5 类申请"药皂"或是 2017 年在第 3 类申请"药皂",都将被要求予以改正。尼斯分类第 12 版 2024 年文本,自 2024 年 1 月 1 日起正式使用。

(2)《类似商品和服务区分表》

中国现行商标注册用商品和服务分类的参照标准为《类似商品和服务区分表》(基于尼斯分类第 12 版 2024 年文本)。此区分表是商标注册部门将尼斯分类的商品和服务项目划分类似群,并结合实际情况增加我国常用商品和服务项目名称制定而成。《类似商品和服务区分表》中 45 个类别项下含有类别标题、类别注释、商品和服务项目名称。类别标题指出了归入本类的商品或者服务的项目范围;类别注释对本类主要包括及不包括哪些商品或者服务项目做了说明。《类似商品和服务区分表》中所列出的商品和服务项目名称为标准名称。

《类似商品和服务区分表》采用层次代码机构。第一层是商品和服务类别,用中文第一类、第二类……表示,共 45 个类别。第二层是商品和服务类似群,代码采用四位数字,前两位数字表示商品和服务类别,后两位数字表示类似群号,如"0101"表示第一类商品的第 1 类似群。第三层是商品和服务项目,代码采用六位数字,前两位表示商品和服务类别,后四位数字为商品或服务项目编码,如"010061"表示第一类第 61 号商品,六位数字前面加"C"的代码表示未列入《商标注册用商品和服务国际分类》的我国常用商品和服务项目,如"C010002"为第一类类第 2 号国内商品。第四层代码用中文序号(一)、(二)……表示各类似群中的某一部分;第五层代码在各类似群后面的"注"中出现,用数字序号 1、2……区分各条说明,如图 2-1、图 2-2、图 2-3 所示。

第一层 → 第一类

用于工业、科学、摄影、农业、园艺和林业的化学品；未加工人造合成树脂，未加工塑料物质；灭火和防火用合成物；淬火和焊接用制剂；鞣制动物皮毛用物质；工业用黏合剂；油灰及其他膏状填料；堆肥，肥料，化肥；工业和科学用生物制剂。

图2-1 第一层示例

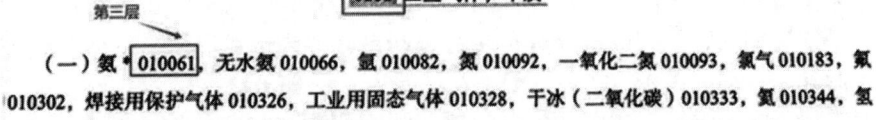

第二层 → 0101 工业气体，单质

第三层

（一）氮 010061，无水氨010066，氩010082，氪010092，一氧化二氮010093，氯气010183，氖010302，焊接用保护气体010326，工业用固态气体010328，干冰（二氧化碳）010333，氙010344，氢010359，氮010372，氡010401，工业用氧010413，氦010457，氚010551，工业用二氧化碳010732

※液体二氧化硫 C010001，三氧化硫 C010002，液体二氧化碳 C010003

↑ 我国常用商品项目

图2-2 第二、三层示例

第四层 →（二）碱土金属010039，锑010074，砷010084，铍010086，钡010101，铋010125，碳010148，镨010153，铈010161，铊010163，镝010250，钆010276，铕010287，化学用硫华010299，工业用石墨010305，钆010318，镓010321，钛010345，化学用碘010365，工业用碘010368，镧010375，锂010379，汞010387，准金属010390，钕010400，磷010430，钾010447，镨010449，铼010463，钔010466，钐010470，钪010473，硒010479，硅010483，钠010485，硫010493，锶010498，铒010516，碲010517，铊010519，稀土010526，铊010532，铥010534，镝010552，钇010553，碱金属010560，化学用溴010585，石墨烯010715

※钙C010004，工业硅C010005，结晶硅C010006

第五层 注：1. 本类似群各部分之间商品不类似；
2. 氨，无水氨与0102第（二）部分工业用挥发碱（氨水），工业用氨水（挥发性氨）类似，与第九版及以前版本0102第（二）部分工业用挥发碱（氨），工业用氨（挥发性氨），工业用挥发性碱（氨水）交叉检索；
3. 碱土金属与0601镁类似。

图2-3 第四、五层示例

2. 商品和服务类似判断标准

商标主要是按商品及服务的类别进行注册、管理和保护，商标注册申请人需要根据实际需要选择不同的注册类别，注册类别的选择是企业根据业务的需求来，例如，如果从事餐饮行业可能需要重点关注第 35 类、第 43 类等，如果从事服饰行业则可能需要重点关注第 25 类、第 18 类等。此外，选择合适的商品和服务类别还是商标注册的重要战略，因为如果想要申请注册的商标与他人的商标相同或近似，且商品和服务又构成类似，那么有可能会被驳回。所以，商标代理机构和商标代理人在帮助委托人申请商标前，必须做的前置工作就是判断、区分委托人申请商标指定使用的商品和服务与他人已注册商标指定的商品和服务是否类似。总的来说，类似商品是指商品在功能、用途、生产部门、销售渠道、消费对象等方面相同，或者相关公众一般认为其存在特定联系、容易造成混淆。类似服务是指服务的目的、内容、方式、对象等方面相同，或者相关公众一般认为存在特定联系、容易造成混淆的。还有一种相对特殊的就是商品与服务类似，这是指商品和服务之间存在特定联系，容易使相关公众混淆。而这些商品和服务类似、商品和商品类似、服务和服务类似的一般依据就是上文所述的区分表：

（1）参考《商标注册用商品和服务国际分类》与《类似商品和服务区分表》

由于区分表的客观性和稳定性与商标授权确权及执法的行政程序中追寻执法的统一性和效率价值相契合，实践中商标局及执法部门主要以《类似商品和服务区分表》认定类似商品。《商标审查审理指南》《商标侵权判断标准》都肯定了区分表的优先参考地位。

《商标注册用商品和服务国际分类》主要是从技术角度解决商标注册问题，可能存在与消费者认知不太一致的情况。《类似商品和服务区分表》是我国商标主管机关以《商标注册用商品和服务国际分类》为基础，总结我国长期的商标审查实践并结合我国国情而形成的判断商品和服务类似与否的规范性文件。该表对类似商品的划分就是在综合考虑了商品的功能、用途、生产部门、销售渠道、销售对象等因素的基础上确定的，因此更多的是参考《类似商品和服务区分表》。参照该表进行区分与判断的基本标准如下：

①一个类似群内的商品和服务项目原则上是类似商品和服务。

②同一类似群内的商品和服务项目并不完全判为类似，则按照类似关

系将商品和服务项目分为若干部分,用中文(一)、(二)……表示。同一部分的商品和服务原则上判为类似,不同部分间的商品和项目原则上不判为类似,也有在类似群后用加"注"的形式说明,类似群内段与段之间不类似。❶

③原则上各类似群之间不构成类似,除注解中标注"本类似群同*构成类似"以外。

④对于某些特殊情况,该类似群后面用加"注"的形式进行了详细说明。有的注解中注明本类中不同类似群中的某个商品或服务构成类似,也有的是注明本类别中的商品或服务同其他类别中的商品或服务构成类似。类似的商品和服务项目之间应交叉检索,如图2-4所示。

```
2107 梳子,刷子(不包括牙刷),制刷原料

不  ┌(一)梳*210076,大齿发梳210110,梳子盒210128,电梳210176,声波振动发梳210433
类  │                         ┌──类似──┐
似  │   ※ 篦子C210033
    │
    └(二)刷子*210014,马梳210028,指甲刷210050,马桶刷210051,玻璃灯罩刷210052,鞋刷210071,
       马刷210073,动物用梳210075,擦洗刷210137,长柄柏油刷210147,电刷(机器部件除外)210251,擦罐
       和容器用刷210278,洗餐具刷210304,涂油刷210358,滑雪板打蜡刷210364
       ※ 排笔刷C210034,动物用牙刷C210060

    (三)制刷用兽毛210010,制刷原料210054,制刷用毛210055,制刷用猪鬃210379,制刷用马毛210380

   注:1.本类似群各部分之间商品不类似;
      2.排笔刷与1614排笔(文具)类似;──与其他类别的商品类似
      3.第(二)部分与第十一版及以前版本2108已接受商品动物用牙刷交叉检索。
```

图2-4 特殊检索情况示例

(2)突破《商标注册用商品和服务国际分类》与《类似商品和服务区分表》

商品和服务的项目更新和市场交易情况不断变化,类似商品和服务的类似关系不是一成不变的。而且在商标异议、商标侵权等商标纠纷中强调个案救济的情况下,可能结合商品或服务的具体特点、交易情形、相关公众的一般认知等因素综合判断商品和服务类似,从而会出现突破区分表的

---

❶ 杨静安. 准确选择类别 织密商标保护网 [N]. 中国市场监管报, 2018-01-09 (A6).

情形。此种情形较为特殊，将在下文商标无效宣告代理中详述。

（二）商标相同和近似的判断

在协助商标注册申请人确定好商品或服务的类别之后，商标代理机构还应当进行商标是否相同或者近似的判断，并进行相应的检索。

1. 商标相同的判断

我国《商标法》和《商标法实施条例》并没有对商标相同作出界定，《最高人民法院关于审理商标民事纠纷案件适用法律若干问题的解释》（2020年修正）第9条从司法实践的角度对商标相同作出了界定，"商标相同是指被控侵权的商标与原告的注册商标相比较，二者在视觉上基本无差别"。此外《商标审查审理指南》也对商标相同的概念作出了界定，即"商标相同是指两商标在视觉效果上或者声音商标在听觉感知上完全相同或者基本无差别"。综上，商标相同的判断标准主要就是看两个商标是否完全相同或者仅有细微差别。《商标审查审理指南》对商标相同的判断作出了详细的规定，是商标代理从业人员判断商标相同的重要参考。所以，本文在此仅对商标相同的判断进行简要的介绍：

（1）文字商标相同的判断

文字商标相同是指文字商标完全一样或仅有细微差别，例如仅有字体、字母大小写、文字间距或颜色、文字排列方式存在细微的差别。

（2）图形商标相同的判断

图形商标相同是指商标图形在构图要素、表现形式等视觉上基本无差别，易使相关公众对商品或者服务的来源产生混淆、误认。

（3）组合商标相同的判断

组合商标相同是指商标的文字构成、图形外观及其排列组合方式基本相同，使商标在呼叫和整体视觉上基本无差别，易使相关公众对商品或者服务的来源产生混淆、误认。

2. 商标近似的判断

商标近似是指两商标相比较，二者文字的字形、读音、含义或者图形的构图及颜色，或者其各要素组合后的整体结构相似，或者立体形状、颜色组合近似，易使相关公众对商品的来源产生误认。商标构成与已注册商标近似而不予注册主要是考虑到如果允许类似商标的存在，那么这些类似的商标都无法发挥最重要的区分来源的作用。对此，商标代理从业人员应当熟练判断两个商标是否构成近似。

《商标审查审理指南》下编第 5 章专门对商标的近似判断作出了详细的规定，是商标近似判断的重要参考依据。本书将不同情况下的判断依据进行了分类整理，以便读者能够依据类别快速查阅。具体的商标近似判断方法如下：

（1）文字商标近似的判断

文字的构成有三个维度，分别为形、意、音，形就是文字的外形、形状，意就是文字的含义，音就是文字的读音，这三个维度的不同组合构成了成千上万种文字。近似商标的判断也从这三个维度考虑。

1）商标文字构成要素相近。

①商标的文字构成相同，仅字体或设计、注音、排列顺序不同，易使相关公众对商品或者服务的来源产生混淆。

例如：

凤月　风月

GƆ　　GƆ

②商标的显著识别部分文字构成相同，仅排列顺序不同，或是仅额外附加产品通用名称、产品质量、产品数量、产地等非显著识别部分，易使相关公众对商品或服务的来源产生混淆。

例如：

坤星文具　　星坤

（二者指定商品均为文具）

碧　清　　碧清香

兰蔻　　兰蔻本草

汇源　　汇源一桶

③商标文字由字、词重叠而成，易使相关公众对商品或服务的来源产生混淆。

例如：

星星　　星牌

④商标由三个或者三个以上文字构成，仅个别文字不同，整体无含义或含义无明显区别，易使相关公众对商品或者服务的来源产生混淆。

例如：

心至必达　　心之必达

DMG　　DMC

⑤商标由两个词组构成，仅词组顺序不同，含义无明显区别，易使相关公众对商品或者服务的来源产生混淆。

例如：

HAWKWOLF　　WOLFHAWK

平安喜乐　　喜乐平安

⑥商标文字结构相近，使商标的整体外观近似，判定为近似商标。

例如：

康师傅　　康師傅

⑦商标文字经过书写或者艺术设计，使商标的整体外观近似，判定为近似商标。

例如：

沃沃　沃沃

2）文字读音近似。

商标文字或显著部分读音相同或者近似，且字形或者整体外观近似，易使相关公众对商品或服务的来源产生混淆。

①商标文字读音相同或者近似，且字形或者整体外观近似，易使相关公众对商品或服务的来源产生混淆。

例如：

聪蕙　聪惠

（两件商标读音相同且字形相似，判定为近似商标）

②商标显著部分读音相同或者近似，且字形或者整体外观近似，易使相关公众对商品或服务的来源产生混淆。

例如：

龍文教育　龍文

（二者指定服务均为教育培训）

3）文字含义近似。

商标文字构成或者读音不同，但含义相同或者近似，易使相关公众对商品或者服务的来源产生混淆。

例如：

3506　三五零六

CROWN　皇冠

（2）图形商标近似的判断

单纯的图形商标大多数情况下无法"读出来"，判断图形商标的近似主要还是观察其外形是否近似。

1）商标图形的构图和整体外观近似，易使得相关公众对商品或者服务的来源产生混淆。

例如：

2）商标包含他人在先具有较高知名度或者显著性较强的图形商标，易使相关公众认为属于系列商标而对商品或者服务的来源产生混淆。

例如：

（二者指定商品均为服装）

（3）组合商标近似的判断

组合商标通常既包含文字也包含图形，所以组合商标不仅会和组合商标构成近似，也有可能和文字商标或图形商标构成近似。这也就要求商标代理从业人员在进行组合商标的近似判断时需同时考虑文字商标与图形商标的近似判断规则。

1）商标文字部分相同或者近似，易使相关公众对商品或者服务的来源产生混淆。

例如：

（可译为"企鹅绅士"）

但文字作为商标非显著识别部分或者非主要识别部分，商标外观区别明显，不易使相关公众对商品或服务的来源产生混淆的，不判为近似商标。

例如：

（指定商品：沐浴用设备） 　　　（指定商品：浴室装置）

2）商标图形部分相同或者近似，易使相关公众对商品或者服务的来源产生混淆。

例如：

但因商标中所含图形为本商品常用图案，或者主要起装饰、背景作用而在商标中显著性较弱，商标整体含义、呼叫或者外观区别明显，不易使相关公众对商品或者服务的来源产生混淆的，不判为近似商标。

例如：

3）商标文字、图形不同，但排列组合方式或者整体描述的事物基本相同，使商标整体外观或者含义近似，易使相关公众对商品或服务的来源产生混淆。

例如：

| 典型案例 2－1 | 第 65144977 号 "松尾 MATSUO HORSENSE 及图"商标驳回复审案 |

【申请商标】　　　　　　　【引证商标】

【案情简介】

　　松尾公司于 2022 年 6 月 8 日提出了申请商标的注册申请，2022 年 10 月 14 日被国家知识产权局以申请商标与引证商标构成近似为由部分驳回。商标代理机构代理松尾公司于 2022 年 11 月 4 日提出了复审申请。

【代理意见】

　　1. 从文字构成上看

　　申请商标为指定颜色商标，由中文"松尾"、英文"MATSUO HORSENSE"及图形" "组成；而引证商标由"MATSUI"及图形" "组成。从文字上看，仅从申请商标的中文部分"松尾"就可将申请商标与引证商标进行区分，并且，申请商标的英文"MATSUO HORSENSE"与引证商标的"MATSUI"的英文构成差异显著，申请商标的"MATSUO"与引证商标的"MATSUI"的尾字母"O""I"明显不同。故双方的整体构成可以明显区分，不会产生混淆误认。

　　2. 从读音上看

　　申请商标的汉字"松尾"读音为"sōng wěi"；而引证商标的英文"MATSUI"发音为［mɑt sui］，故两者呼叫方式完全不同，可以明显区分。

　　3. 从含义上看

　　申请商标的"MATSUO"与其中文"松尾"互为对应含义，而引证商标的"MATSUI"中文含义为其注册人字号"松井"。可见，申请商标与引证商标均唯一指向其申请人名义。而且，经在网上对"MATSUO"及"MATSUI"进行搜索，网上已有词条解释"MATSUO"翻译为"松尾"，"MATSUI"翻译为"松井"，所以两者的含义完全不同，相关公众不会将"MATSUO"与"MATSUI"混为一谈。

　　4. 从显著识别部分上看

　　对于含有中文部分的图文组合商标而言，中文即为识别商标的最主要的构成要素。即申请商标的显著识别部分为其所占整体比例较大的汉字"松尾",且申请商标排列在上的图形部分"✿"因设计巧妙,故也为该申请商标的显著识别特征;而引证商标的显著识别部分即为其整体"✿"。因此,双方商标的显著识别特征明显不同,在隔离状态下,仅施以一般注意力就可以将两者进行区分。

5. 从整体外观上看

申请商标顶部的图形部分"✿"由"松尾"与"MATSUO"的首字母"M"设计而来,使用代表环保的绿色,图形顺时针向右倾斜,整体看起来比较立体;底部文字部分"松尾"与"MATSUO HORSENSE"左右对齐,汉字"松尾"笔画经过艺术设计,使用黑色填充,文字较大;还有,"MATSUO HORSENSE"的英文部分"MATSUO""HORSENSE"上下对齐放置,字母设计较小。从整体看起来,申请商标最为显著的即为汉字"松尾"。所以,相关公众仅施以一般注意力就可以将申请商标与引证商标进行区分,完全不会产生混淆误认。而引证商标为上下结构,其顶部的图形部分"✿"所占整体比例较大,由一个黑色三角形背景、一个白色圆形、一片树叶及一片落叶组成,白色圆形置于黑色三角形中心,一片树叶及一片落叶置于圆形内部,整个看起来像是一个空心的三角形内藏着一片树叶与落叶。至于英文部分"MATSUI"则与图形部分左右对齐并置于底部,整体看起来图形部分比较吸引眼球,而英文部分"MATSUI"则会容易忽略。所以,申请商标与引证商标给人的视觉效果完全不同。因此,申请商标与引证商标在文字构成、读音、含义、显著识别部分及整体外观上区别明显,不会造成混淆误认,不构成近似商标。

【代理结果】

经国家知识产权局审理,代理意见获得了国家知识产权局的支持,认定申请商标与引证商标不构成近似商标。决定对申请商标予以初步审定。

(三)商标相同和近似的查询

在掌握商标相同或近似的判断规则后,商标代理从业人员应通过商标查询系统就拟申请商标与已注册商标是否相同或近似进行查询,并就查询的结果作出分析与判断。目前商标查询主要通过商标网上服务系统。查询方式如下：

1）进入商标网上服务系统，选择商标网上查询，如图2-5所示。

图2-5 商标网上服务系统

2）进入商标网上查询后，选择商标近似查询，如图2-6所示。

图2-6 商标网上查询界面

3）选择想要查询的国际分类、类似群与查询方式，如图2-7、图2-8所示。

图2-7 商标近似查询界面（一）

图2-8 商标近似查询界面（二）

4）如选择图形作为查询方式，则需填写图形编码，如图2-9、图2-10所示。

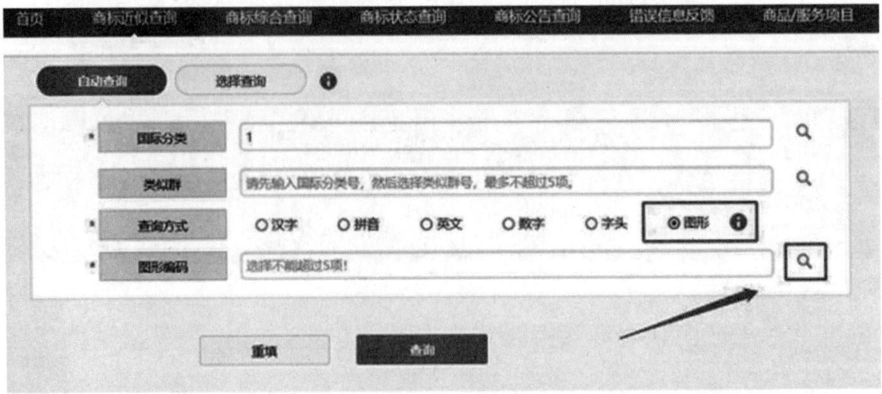

图 2-9 选择"图形"作为查询方式

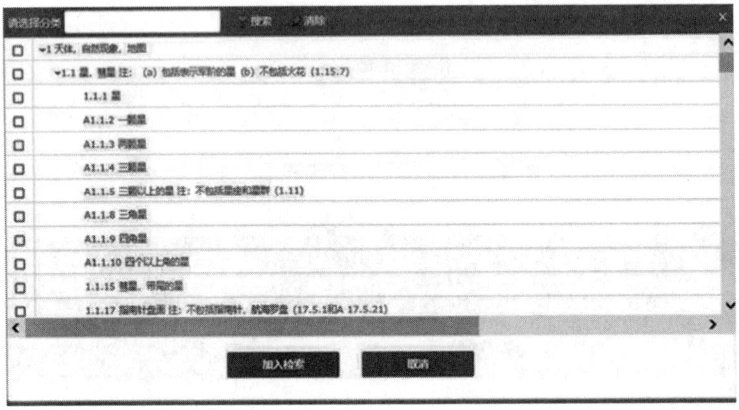

图 2-10 选择分类界面

图形查询的难点亦是关键点在于确定商标的图形要素。根据《商标图形要素国际分类》，图形要素分为 29 大类，每个大类根据特定规则划分若干小类，小类中又划分若干小项，每一层级赋予一个数字符号。图形要素可分为具象的事物、抽象的几何图形、文字三个集合。具象的事物较容易找出其对应的图形要素，图形要素中的第 1 至第 25 大项都属于具象的事物。抽象的几何图形划分在第 26 项，文字在第 27 项、第 28 项，而第 29 项的颜色在图形查询中只作为辅助查询要素。

以菊花商标""为例，菊花在物种上属于植物，植物对应的数字代码为 5。而植物中又包含了树木、花朵、果实、叶子等植物形态，每一

形态赋予一个数字代码，花对应的数字代码为 5。而花又包含了丁香、玫瑰、月季等类别，每一类再赋予一个数字代码。菊花对应的数字代码为 4。因此，菊花商标的图形编码就是 5.5.4。实践中的图形商标往往由不同的图形要素组合而成，需要选择多个图形编码。

二、商标注册申请中的注意事项❶

商标注册应由商标申请人自行或委托商标代理机构向主管部门递交相关材料，履行相关程序。商标代理从业人员应当对商标注册中的一些注意事项进行了解，如商标注册申请人、商标注册中的文书要求、商标注册的补正等。

（一）商标申请人

《商标法》第 4 条规定，自然人、法人或者其他组织在生产经营活动中，对其商品或者服务需要取得商标专用权的，应当向商标局申请商标注册。因此，商标申请人总体包括三大类别，即自然人、法人、其他组织。

1. 自然人

自然人包括中国人、外国人和无国籍人。中国自然人申请商标注册受到限制，仅能以以下身份提起：①个体工商户；②农村承包经营户；③个人合伙经营者；④其他依法获准从事经营活动的自然人。

2. 法人

法人是指具有民事权利能力和民事行为能力，依法独立享有民事权利和承担民事义务的组织。

3. 其他组织

其他组织是指依法成立，有一定组织机构和财产，但又不具备法人资格的组织。

---

❶ 本节仅涉及普通商标的注册申请，集体商标、证明商标将在第三章进行介绍，立体商标、声音商标等较为特殊的商标将在第六章进行介绍。

（二）商标注册书件的要求

商标注册中的书件是指在商标注册的程序中所需要提交的相关资料，包括商标注册申请书、申请人主体资格证明文件、商标图样等。

1. 商标注册申请书

商标注册申请书是国家知识产权局为申请商标注册制定的书式，申请注册商标均应规范填写该文件。其具体格式、内容及填写说明见商标局官网"商标申请书式"栏目。

2. 申请人主体资格证明文件

商标注册申请人应当提交其身份证明文件。

1）申请人以自然人名义办理商标注册事宜的，这里的自然人包括个体工商户、农村承包经营户、其他依法获准从事经营活动的自然人等。

①个体工商户可以以其个体工商户营业执照登记的字号作为申请人名义提出商标注册申请，也可以以执照上登记的负责人名义提出商标注册申请。以负责人名义提出申请时应当提交以下材料的复印件：负责人的身份证、营业执照。❶

②农村承包经营户可以以其承包合同签约人的名义提出商标注册申请，商品和服务范围以其自营的农副产品为限定。申请时应提交承包合同复印件、签约人身份证复印件。

③其他依法获准从事经营活动的自然人，可以以其在有关行政主管机关颁发的登记文件中登载的经营者名义提出商标注册申请。申请时应提交以下材料的复印件：经营者的身份证、有关行政主管机关颁发的登记文件。

④申请人为外国自然人且自行办理的，应当提交申请人的身份证明文件复印件、公安部门颁发的外国人永久居留证或有效期一年以上外国人居留许可的复印件。

⑤申请人为港澳台地区自然人且自行办理的，应当提交申请人的通行证或居住证复印件。

---

❶ 《自然人办理商标注册申请注意事项》第1条。

2）申请人为国内法人或其他组织的。

申请人为国内法人或其他组织的，应当使用标注统一社会信用代码的身份证明文件。企业应提交营业执照，非企业可以提交事业单位法人证书、社会团体法人登记证书、民办非企业单位登记证书、基金会法人登记证书、律师事务所执业许可证等身份证明文件。（注意，期刊证、办学许可证、卫生许可证等不能作为申请人身份证明文件。）❶

3）申请人为港澳台地区或国外的法人或其他组织的。

申请人为港澳台地区或国外的法人或其他组织的，应当提交所属地区或国家的登记证件复印件。外国企业在华的办事处、常驻代表机构的登记证复印件无效。上述文件是外文的，应当附送中文译文。

3. 商标代理委托书

商标代理机构接受委托人授权委托办理商标注册申请，必须提交商标代理委托书。

4. 商标图样

每一件商标注册申请均应当向商标局提交商标图样1份；以颜色组合或者着色图样申请商标注册的，应当提交着色图样，并提交黑白稿1份；不指定颜色的，应当提交黑白图样。

商标图样应当清晰，长和宽应当不大于10厘米，不小于5厘米。

5. 要求优先权声明与证明材料

根据《商标法》第25条、第26条之规定享有优先权的商标注册申请人应当在提出商标注册申请的时候提出书面声明，并提交相应的证明文件。

①依据《商标法》第25条要求优先权的，申请人应当同时提交优先权证明文件（包括原件和中文译文）；优先权证明文件不能同时提交的，应当选择"优先权证明文件后补"，并自申请日起3个月内提交。未提出书面声明或者逾期未提交优先权证明文件的，视为未要求优先权。

优先权证明文件是指申请人提交的第一次提出商标注册申请文件的副本，该副本应当经受理该申请的商标主管机关证明，并注明申请日期和申请号。

---

❶ 国家知识产权局. 商标注册申请常见问题指南［EB/OL］.（2023-03-31）［2023-12-31］. https：//sbj.cnipa.gov.cn/sbj/sbsg/sqzn/20221/t20221103_23079.html.

②依据《商标法》第 26 条要求优先权的，申请人应当同时提交优先权证明文件（包括原件和中文译文）；优先权证明文件不能同时提交的，应当选择"优先权证明文件后补"，并自申请日起 3 个月内提交。未提出书面声明或者逾期未提交优先权证明文件的，视为未要求优先权。

优先权证明文件应载有展出其商品的展览会名称、在展出商品上使用该商标的证据、展出日期等。优先权证明文件一般由展会主办出具或证明。

（三）商标注册申请的补正、分割与撤回

在商标近似、相同查询，商标申请注册材料提交等前期工作完成后，商标局对受理的商标注册申请，依照《商标法》及《商标法实施条例》的有关规定进行审查。在审查的过程中可能会出现注册申请补正、分割申请、撤回申请等情况。

1. 商标注册申请补正

形式审查阶段主要负责对申请材料的审查。如果申请手续基本齐备或者申请文件基本符合规定，但需要补正的，商标局可以通知申请人予以补正，限其自收到通知之日起 30 日内，按照指定内容补正并交回商标局。在规定期限内补正并交回商标局的，保留申请日期；期满未补正的或者不按照要求进行补正的，商标局不予受理并书面通知申请人。常见的补正情况如下：①商标图样不清晰，需要提交清晰的商标图样；②商标构成文字书写不规范，需要说明标准文字构成；③商标包含外文，需要说明含义；④商标包含非规范写法的汉字，需要说明出处；⑤所填报的商品/服务项目名称不属于申请类别；⑥所填报的商品/服务项目名称不规范、不具体。

2. 商标分割申请

商标局对受理的商标注册申请进行审查。对符合规定的，予以初步审定，并予以公告；对不符合规定的予以驳回，并书面通知申请人并说明理由。但在一件商标申请多类别商品的情况下，可能会出现商标局对一件商标注册申请在部分指定商品予以驳回的情形，这种情况下可能会出现分割申请的情况。

（1）商标分割申请的特点

商标分割是指商标申请人或者商标权人对商标使用的商品或服务项目

向商标审查机构申请分割，生成两个或两个以上的商标。[1]

依据《商标法实施条例》第 22 条的规定，申请人提交商标分割申请的前提条件是商标局对商标指定使用在部分商品或服务项目上的注册申请作出驳回决定。

实务中，商标局对申请商标作出部分决定后，会将商标部分驳回通知书与商标注册申请分割申请书同时送达申请人。申请人可以在 15 日内向商标局提交分割申请，将初步审定的项目与部分驳回项目进行分割，使初步审定项目能够单独进行公告流程，而无须一并带入驳回复审流程。如不需要对驳回的部分申请复审，也可以不申请分割，该商标初步审定的部分商品直接进入初审公告，3 个月公告期满且无人异议，下发商标注册证书。

分割后指定在初步审定项目上的申请商标使用新的申请号。目前实务操作是在原申请号后缀字母"A"，保留原申请日期，刊登初步审定公告。分割后指定在部分驳回项目上的申请商标则保留原申请号进行驳回复审，进入评审流程。

我国商标分割申请制度特点如下：第一，商标分割申请的适用情形仅针对商标局对申请商标作出部分驳回决定。第二，申请人须在收到商标部分驳回通知书之日起 15 日内提出商标分割申请，否则视为放弃分割，且申请人仅能申请分割一次。第三，商标分割的结果是"分案"，避免初步审定项目被一并带入驳回复审而导致注册时间的迟延。[2]

（2）商标分割申请途径

①提交纸质申请书。

申请人申请分割的，应当按照商标注册申请分割申请中"备注"所提具体要求，在商标局附送的原件上填写并签字盖章。申请人或其代理人应自收到商标注册申请部分驳回通知书附送的商标注册申请分割申请 15 日内，将该申请原件直接提交或者邮寄回商标局。

②网上申请。

如果相关商标要提交网上驳回复审申请，在驳回复审界面有分割按钮，点击即可。具体操作如下：商标评审网上申请→驳回商标注册申请复

---

[1] 史新章. 商标分割制度 [J]. 中华商标，2010（06）：65 – 67.
[2] 殷韵帆. 商标分割制度探析 [J]. 中华商标，2019（03）：67 – 70.

审申请→输入申请号→点击"是否分割"的"是"→点击"确定"→自动生成栏位码→勾选复审类别→上传"分割申请书",如图 2–11、图 2–12、图 2–13 所示。

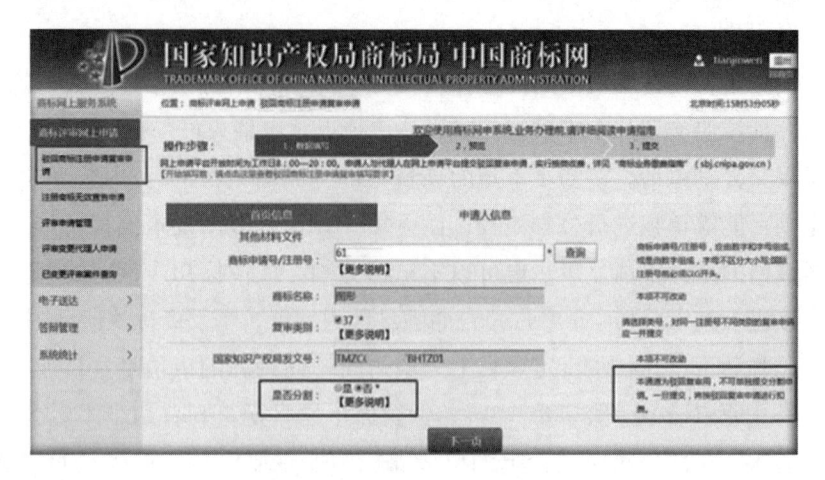

图 2–11　网上申请步骤（一）

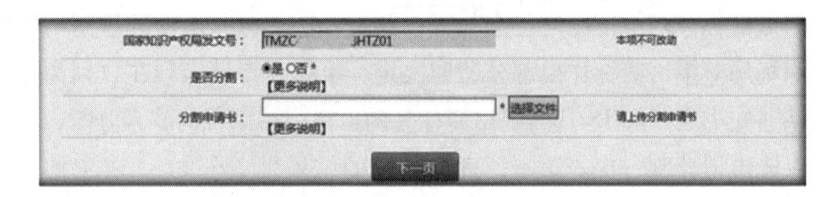

图 2–12　网上申请步骤（二）

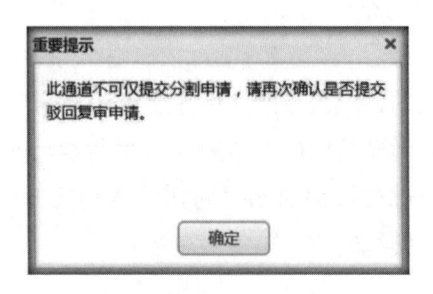

图 2–13　网上申请步骤（三）

需注意的是,分割申请无须缴纳费用,分割申请一旦提交,不得撤回。此外,分割申请一般情况下无须提供证明文件。但申请人姓名发生变更的,应当附送相关变更证明文件原件或经公证的复印件;代理机构发生变更的，应当附送申请人已向商标局申请办理变更商标代理人并被受理的相关证明，通常为商标局作出的该申请受理通知书复印件。

3. 商标注册申请的撤回

申请人在其申请注册的商标核准注册之前，可以向商标局提出撤回该商标的注册申请。

（1）申请撤回商标注册申请的办理途径

①通过商标网上服务系统办理，具体操作方式为：登录商标网上服务系统，在"商标后续申请"栏中选择"撤回商标注册申请"，在线填写提交申请书。

②通过到国家知识产权局商标局商标注册大厅、国家知识产权局商标局在京外设立的商标审查协作中心等线下途径办理。

（2）申请撤回商标注册申请所需材料

①撤回商标注册申请申请书（应当使用国家知识产权局统一制定的申请书式）。

②申请人身份证明文件复印件（同一申请人同时办理多件商标的撤回商标注册申请事宜时，只需要提供一份）。

③委托商标代理机构办理的，应当提交商标代理委托书。

④原申请人名义发生变更的，应当以变更后的申请人名义提出撤回商标注册申请，并同时提交有关登记机关出具的申请人名义变更的证明文件。申请人可提交登记机关变更核准文件复印件或在登记机关官方网站下载打印的相关档案作为变更证明文件。

⑤申请人提交的各种证件、证明文件和证据材料是外文的，应当附送中文译文；未附送的，视为未提交该证件、证明文件或者证据材料。

（3）其他注意事项

①撤回商标注册申请手续齐备、按照规定填写申请文件，经审查符合规定的，国家知识产权局发给申请人准予撤回商标注册申请通知书。

②提出撤回商标注册申请，不需要缴纳规费，但申请注册时已经缴纳的规费不予退回。

③申请人申请注册的商标已经注册的，申请人不能撤回该商标的注册申请，而应当办理注销注册商标手续。

④撤回共同申请商标注册的，需由代表人提出申请。申请人名称及申

请人地址填写代表人的名称和地址，其他共同申请人的名称依次填写在申请书附页上，并加盖申请人章戳或由申请人本人签字。非共同申请商标注册的，不需要提交附页。

（四）商标注册申请日期与审限

1. 申请日的确定与受理

商标注册的申请日期以商标局收到申请文件的日期为准。提交商标网上申请，申请日期以申请文件成功提交进入商标局网上申请系统的日期为准。❶

商标注册申请手续齐备、按照规定填写申请文件并缴纳费用的，商标局予以受理并书面通知申请人；申请手续不齐备、未按照规定填写申请文件或者未缴纳费用的，商标局不予受理，书面通知申请人并说明理由。

申请手续基本齐备或者申请文件基本符合规定，但需要补正的，商标局通知申请人予以补正，限其自收到通知之日起30日内，按照指定内容补正并交回商标局。在规定期限内补正并交回商标局的，保留申请日期；期满未补正的或者不按照要求进行补正的，商标局不予受理并书面通知申请人。❷

2. 同日申请的处理

两个或者两个以上的申请人，在同一种商品或者类似商品上，分别以相同或者近似的商标在同一天申请注册的，各申请人应当自收到商标局通知之日起30日内提交其申请注册前在先使用该商标的证据。同日使用或者均未使用的，各申请人可以自收到商标局通知之日起30日内自行协商，并将书面协议报送商标局；不愿协商或者协商不成的，商标局通知各申请人以抽签的方式确定一个申请人，驳回其他人的注册申请。商标局已经通知但申请人未参加抽签的，视为放弃申请，商标局应当书面通知未参加抽签的申请人。❸

---

❶ 《商标网上申请暂行规定》第5条。
❷ 《商标法实施条例》第18条。
❸ 《商标法实施条例》第19条。

3. 注册申请的审限

对申请注册的商标，商标局应当自收到商标注册申请文件之日起 9 个月内审查完毕。符合本法有关规定的，予以初步审定公告。❶

第二节　商标注册网上申请

《商标网上申请暂行规定》《关于商标电子申请的规定》明确规定了商标注册网上申请要求，例如，提交商标网上申请，应当通过商标网上申请系统并按照商标局规定的文件格式、数据标准、操作规范和传输方式提交申请文件、提交商标网上申请，申请日期以申请文件成功提交进入商标局网上申请系统的日期为准等。

一、注册、激活与维护账号

商标注册申请人提交商标电子申请的，应当与国家知识产权局签订《商标网上服务系统用户使用协议》，通过商标网上服务系统进行用户注册。❷

（一）用户注册

商标注册网上申请的用户类型分为三类，即商标申请人、简易用户和商标代理机构及律师事务所。商标代理机构及律师事务所要成为商标网上服务系统用户的，应当先申请国家知识产权局商标局颁发的"商标数字证书－硬证书"。详细流程参见国家知识产权局商标局制定的《用户注册申请流程操作手册》。

（二）用户激活

进行账户激活之前应当先下载中国商标证书助手安装包进行程序的安

---

❶ 《商标法》第 28 条。
❷ 《关于商标电子申请的规定》第 4 条。

装，证书助手安装完成后，进行 PIN 码修改。修改完成后，登录中国商标网网上服务系统进行账户激活。详细流程参见国家知识产权局商标局制定的《软/硬证书新用户操作流程》。

（三）账号维护

硬证书每五年需要做一次续期，到期前一个月登录时，提示硬证书将要到期，商标代理机构应当及时续期。商标代理机构名称改变也需要提交代理备案变更申请，并更新硬证书。此外，使用商标硬证书登录商标网上服务系统，密码输入错误次数累计达 10 次，商标硬证书会被锁定，商标代理机构需要进行解锁。数字硬证书损坏，商标代理机构还需要办理维护业务。不再使用数字证书或数字证书丢失、失效后，为了确保账户安全，商标代理机构还需要提交注销申请。因此，如商标代理机构发生上述情形，应当及时维护商标数字证书。上述有关账号维护的具体操作流程详见国家知识产权局商标局制定的《商标代理机构数字证书后续业务办理指南》。

二、商标注册网上申请填写要求

1）申请人应当按规定填写各项内容。填写应使用国家公布的中文简化汉字、英文或阿拉伯数字，不得使用其他任何文字或字符，不得使用自造字。英文或阿拉伯数字应当采用半角输入法。

2）国内地址应包括省（自治区）、市（自治州）、区、街道门牌号码，或者省（自治区）、市（自治州）、县（自治县）、镇（乡）、街道门牌号码，或者直辖市、区、街道门牌号码。外国地址应当用中、英文详细描述，注明国别、市（县、州）、街道门牌号码。

3）注有红色"＊"的字段是必须填写的。

4）请勿将要填写的内容粘贴至输入框中。

5）要求上传的材料上应当加盖签章的，应上传彩色扫描件。

6）商品/服务项目的填写。

点击"添加商品/服务项目"，选择该商标的指定商品或服务。可申报多个类别。申请时，逐一类别在数据库中选择商品服务项目。目前暂不可以填写商品。

相同的商品或服务项目可能出现在同一类别的多个类似群，因此，相同的商品或服务仅需填写一个即可（相同的商品或服务仅需选择一个即可）。若填写多个，将视为多个商品或服务项目，并以此计算规费。

7）商标图样的要求。

商标图样文件格式应为 jpg，图形应清晰，图样文件大小应小于 200KB 且图形像素介于"400×400"和"1500×1500"之间。如果通过扫描获得商标图样的，应按 24 位彩色、RGB 格式、300dpi 分辨率扫描符合商标法律法规的图形（图形清晰，大于 5 厘米×5 厘米且小于 10 厘米×10 厘米）。申请人（或代理人）应确保扫描后的图形与原图形的色彩深浅（或灰度）一致，否则，可能影响商标注册证上图形的清晰度。❶

8）其余商标网上申请的填写的具体要求，商标局制定的《商标注册网上申请填写要求》中均有详细论述，代理机构可以参考。

第三节　商标变更、续展、转让代理

一、商标变更代理

商标变更是指商标核准注册后，商标注册人的名义、地址或其他注册事项发生变动。而因继承、企业合并、兼并或改制等发生商标专用权移转的，并不属于商标变更，应当办理移转手续。

根据《商标法》第 41 条、《商标法实施条例》第 17 条、《商标法实施条例》第 30 条之规定，商标注册人或申请人需要变更其名义、地址、代理人、文件接收人的，均应向商标局提出变更申请。

（一）商标变更办理途径

商标变更申请的方式包括通过商标网上服务系统提交电子申请和线下办理。线下办理可以到开展相关受理业务的商标业务受理窗口和国家知识产权局在京外设立的商标审查协作中心，以及国家知识产权局商标注册大

---

❶ 参见国家知识产权局商标局制定的《商标注册网上申请填写要求》。

厅办理。

（二）商标变更申请的书件要求

1. 商标变更申请的通用材料

申请人需要变更其名义/地址、变更集体商标/证明商标管理规则/集体成员名单的，应当填写变更商标申请人/注册人名义/地址/变更集体商标/证明商标管理规则/集体成员名单申请书。❶

2. 不同变更事项的不同书件要求

1）申请变更商标申请人/注册人名义的，除了需要提交变更商标申请人/注册人名义/地址/变更集体商标/证明商标管理规则/集体成员名单申请书，还需要提交如下文件：

①申请人的身份证明文件（如企业的营业执照副本、自然人的身份证/港澳居民居住证/台湾居民居住证/护照等）复印件。

②登记机关出具的变更证明。变更证明可以是登记机关官方网站下载打印的相关档案。注册人是企业的，应当出具相关登记部门的变更证明；注册人是事业单位的，应当出具事业单位登记部门的变更证明；注册人是自然人的，应当出具户籍所在地派出所出具的变更证明。变更证明显示的变更前名义和变更后名义应当分别与申请书上变更前名义和申请人名称相符。外国企业或外国人仅需变更中文译名的，应提供该外国企业或外国人申请变更中文译名的声明。

2）申请变更商标申请人/注册人地址、联系地址的，除了需提交变更商标申请人/注册人名义/地址/变更集体商标/证明商标管理规则/集体成员名单申请书，还需要提交如下文件：

①申请人的身份证明文件（如企业的营业执照副本、自然人的身份证/护照等）复印件。

②委托商标代理机构办理的提交代理委托书。

3）申请变更集体商标/证明商标使用管理规则的，除了提交变更商标申请人/注册人名义/地址/变更集体商标/证明商标管理规则/集体成员名

---

❶ 变更商标申请人/注册人名义/地址/变更集体商标/证明商标管理规则/集体成员名单申请书为商标局的制式文件，文件格式及填写说明见商标局官网"商标申请书式栏目"。

单申请书，还需要提交如下文件：

①申请人的身份证明文件（如企业的营业执照副本、自然人的身份证/护照等）复印件。

②申请人直接在商标注册大厅办理的提交经办人的身份证复印件；委托商标代理机构办理的提交代理委托书。

③变更后的集体商标/证明商标使用管理规则。如果涉及地理标志区域范围变化的，需提交界定地理标志产品地域范围的历史资料或地理标志所在地县级以上人民政府或行业主管部门出具的地域范围变更证明文件。

4）与上述变更事项相同，申请变更集体商标集体成员名单的，除了提交通用材料，还需要额外提交如下文件：

①申请人的身份证明文件（如企业的营业执照副本、自然人的身份证/护照等）复印件。

②申请人直接在商标注册大厅办理的提交经办人的身份证复印件；委托商标代理机构办理的提交代理委托书。

③变更后的集体商标集体成员名单。

5）注册申请中的商标申请变更代理机构的，提交如下文件：

①变更商标代理人/文件接收人申请书。

②申请人的身份证明文件（如企业的营业执照副本、自然人的身份证/护照等）复印件。

③申请人与变更后商标代理机构签订的代理委托书。

6）中国港澳台地区个人和企业、外国人/外国企业申请变更国内文件接收人的，提交如下文件：

①变更商标代理人/文件接收人申请书。

②申请人的身份证明文件（如企业的营业执照、自然人的身份证/护照等）复印件。

7）如果申请变更的商标是共有商标，还应提交以下书件：

①申请变更共有商标代表人的，在变更注册人名义/地址申请书的申请人名称地址联系方式栏填写变更后的代表人名称、地址和联系方式。同时，还应当提交其他共有人签署的同意变更代表人的书面声明。

②申请变更共有商标共有人名义的，无论是变更所有的共有人名义还是变更部分共有人名义，或是变更共有商标代表人，都应在申请书上填写

所有共有人的名称。其中，代表人的名称和地址应写在申请书的第一页上，其他共有人名称应写在申请书的附页上，其他共有人不需要填写地址。

③代表人名义、地址发生变更的，应将代表人变更后的名义、地址写在申请书首页的申请人名称、申请人地址栏目中，将代表人变更前的名义、地址写在申请书首页的变更前名义、变更前地址栏目中，并应附送相应的变更证明。如果代表人的名义、地址没有发生变更，申请变更的是其他共有人的名义，则申请书首页上的变更前名义、变更前地址栏目不必填写。

④其他共有人名义发生变更的，应在申请书附页的变更前其他共有人名义列表和变更后其他共有人名义列表中（以下简称变更前名义列表和变更后名义列表）分别填写变更前共有人名称和变更后共有人名称，并附送相应的变更证明。如果其他共有人名义没有发生变更，也应将没有变更的共有人名义分别填写在申请书附页的变更前名义列表和变更后名义列表中。❶

二、商标续展代理

注册商标的有效期为十年。注册商标有效期满后需要继续使用的，应当依法续展。

（一）商标续展的时限

《商标法》第 40 条规定，注册商标有效期满，需要继续使用的，商标注册人应当在期满前 12 个月内按照规定办理续展手续；在此期间未能办理的，可以给予 6 个月的宽展期。每次续展注册的有效期为 10 年，自该商标上一届有效期满次日起计算。期满未办理续展手续的，注销其注册商标。商标局应当对续展注册的商标予以公告。

如果在异议、异议复审、异议复审诉讼中的商标，已到商标续展期

---

❶ 国家知识产权局. 申请变更商标申请人注册人名义地址变更集体/证明商标管理规则集体成员名单变更商标代理人文件接收人［EB/OL］.（2023-03-31）［2023-12-31］. https：//sbj. cnipa. gov. cn/sbj/sbsq/sqzn/202303/t20230330 26214. html.

的，可以在有效期期满前 12 个月内申请续展；在此期间未能提出申请的，可以给予 6 个月的宽限期。商标局会根据异议、异议复审或诉讼的最终结果决定是否核准续展。如商标最终被不予核准注册，商标局将对续展申请不予核准，申请费用可以办理退还。

（二）商标续展的具体操作

商标续展可以通过商标网上服务系统线上办理，也可以通过开展相关受理业务的商标业务受理窗口、国家知识产权局在京外设立的商标审查协作中心和国家知识产权局商标注册大厅办理。

1. 商标续展应提交的申请书件

1）商标续展注册申请书。❶

2）申请人盖章或者签字确认的身份证明文件（如企业的营业执照副本、自然人的身份证/港澳居民居住证/台湾居民居住证/护照等）复印件。

3）委托商标代理机构办理的，提交商标代理委托书。

4）申请文件为外文的，还应当附送中文译本。中文译本应经申请人、代理机构或者翻译机构签章确认。

2. 费用缴纳

符合条件的，国家知识产权局发给申请人缴费通知。申请人未按要求缴纳商标规费，不予受理其续展申请。续展申请按类别收费，如果在宽展期内提出续展注册申请的，还需缴纳延迟费。❷

（三）商标未及时续展的法律后果

根据《商标法》第 40 条的规定，期满未办理续展手续的，注销其注册商标。此外根据《商标法》第 50 条的规定，注册商标期满不再续展的，自注销之日起 1 年内，商标局对该商标相同或者近似的商标注册申请，不予核准。此规定也是为了避免消费者混淆。

---

❶ 详见商标局官网"商标申请书式"栏目。

❷ 申请续展注册商标，参见 https://sbj.cnipa.gov.cn/sbj/sbsq/sqzn/202303/t20230330_26215.html。

三、商标转让、移转代理

（一）商标转让与移转的法律依据

1. 《商标法》第42条

第四十二条 转让注册商标的，转让人和受让人应当签订转让协议，并共同向商标局提出申请。受让人应当保证使用该注册商标的商品质量。

转让注册商标的，商标注册人对其在同一种商品上注册的近似的商标，或者在类似商品上注册的相同或者近似的商标，应当一并转让。

对容易导致混淆或者有其他不良影响的转让，商标局不予核准，书面通知申请人并说明理由。

转让注册商标经核准后，予以公告。受让人自公告之日起享有商标专用权。

2. 《商标法实施条例》第31条

第三十一条 转让注册商标的，转让人和受让人应当向商标局提交转让注册商标申请书。转让注册商标申请手续应当由转让人和受让人共同办理。商标局核准转让注册商标申请的，发给受让人相应证明，并予以公告。

转让注册商标，商标注册人对其在同一种或者类似商品上注册的相同或者近似的商标未一并转让的，由商标局通知其限期改正；期满未改正的，视为放弃转让该注册商标的申请，商标局应当书面通知申请人。

3. 《商标法实施条例》第32条

第三十二条 注册商标专用权因转让以外的继承等其他事由发生移转的，受让该注册商标专用权的当事人应当凭有关证明文件或者法律文书到商标局办理注册商标专用权移转手续。

注册商标专用权移转的，注册商标专用权人在同一种或者类似商品上注册的相同或者近似的商标，应当一并移转；未一并移转的，由商标局通知其限期改正；期满未改正的，视为放弃该移转注册商标的申请，商标局应当书面通知申请人。

商标移转申请经核准的，予以公告。接受该注册商标专用权移转的当事人自公告之日起享有商标专用权。

(二) 商标转让与移转中的基本理念

1. 商标转让与商标移转的区别

（1）商标转让（合同转让）

商标转让是最常见的一种转让形式，指商标所有人根据自己的意志，按一定的条件通过签订合同的方式，将自己享有的注册商标或商标申请转让给他人。商标的合同转让是转、受让双方的共同意思表示，是一种合同行为。因此商标转让也可以称为合同转让。

通过合同转让的方式转让注册商标的，不能认为签订商标转让合同时商标权就发生了转移。只有在签订商标转让合同后，履行法律规定的手续，向商标局提交转让申请书，经过商标局核准公告后，转让行为才能生效。

（2）商标移转

商标移转是以继承、遗产分配和承继等方式取得商标权的一种方式，是指注册商标所有人死亡或终止后，由承继其权利义务的自然人、法人或者其他组织继受其注册商标专用权。主要包括下列情形：

1）原商标注册人或申请人死亡后，其继承人继承商标权的。

2）注册人或申请人因分立、合并或改制等原因消亡后，分立、合并或改制后的企业继承原企业商标的。

3）企业破产后由清算小组对其商标进行处置的。

4）依据生效的法律文书对注册商标强制执行转让过户的。

5）其他因转让以外的事由发生注册商标专用权人移转的。

注册商标专用权因转让以外的继承等其他事由发生转移的，接受该注册商标专用权的当事人应当凭有关证明文件或者法律文书到商标局办理注册商标专用权移转手续。

2. 可转让商标的类型

根据《商标法》的规定，可转让的商标包括注册商标和申请中的商标。转让商标的状态应符合如下条件：

1）注册商标应在注册有效期内。对于处在续展宽限期且未提交续展申请的商标不能办理转让（因为宽限期是一个权利恢复的期限，在此期间，商标效力待定，没有处置权❶）。

2）注册商标未被注销、撤销。

3）注册商标未被人民法院冻结。

4）注册商标未在商标局办理过质权登记。

5）对于申请中的商标，需要确认该申请的申请流程是否已经结束。以下情形不能转让：①全部驳回的决定已经生效；②裁定不予注册的异议裁定已经生效。

3. "一并转让"原则

转让注册商标的，商标注册人对其在同一种商品上注册的近似的商标，或者在类似商品上注册的相同或者近似的商标，应当一并转让。转让注册商标申请不能产生误认、混淆或者其他不良影响。

未一并转让的，由商标局通知其限期改正；期满未改正的，视为放弃转让该注册商标的申请，商标局应当书面通知申请人。

近似商标一并转让主要是出于防止市场混淆的考量，但在理论中对近似商标是否应该一并转让有着不同的意见❷。近似商标转让存在着自由转让与一并转让两种模式。持一并转让观点的学者认为，近似商标一并转让从立法目的上看，规范的是市场秩序，避免转让人和受让人在相同或类似商品（服务）上使用近似商标而导致的市场混淆，从而损害社会公共利益。❸ 而持反对观点的学者指出，虽然近似商标一并转让在实践效果上一定程度地防止了市场混淆，但在法律适用上存在着极大的混乱。这些外观相同或近似的商标均是作为独立的商标注册登记的，在实践中也是作为独立的商标被使用的，因此不应该在转让时将其强制捆绑。而且，该制度完全不考虑双方当事人的意思表示，违反了当事人意思自治原则。❹

实践中，如果商标转让法律关系的双方当事人，在商标转让合同中明

---

❶ 叶文庆. 商标代理实务［M］. 厦门：厦门大学出版社，2017：125.

❷ 转让商标需注意，近似商标应当一并转让. 参见 https://mp.weixin.qq.com/s/5zjPWId0dvwk7schntYsLQ.

❸ 戴涛，杨林. 分割转让近似商标的合同效力探析［J］. 江苏警官学院学报，2012，27（4）：74-77.

❹ 王娟. 近似商标转让制度模式的选择与重构［J］. 知识产权，2017（2）：70-74.

确约定了近似商标一并转让，那么法院会结合商标法的规定，并尊重当事人的意思自治，判令转让方应积极履行合同义务，配合完成合同标的商标及近似商标的转让手续。但当事人在商标转让合同中并未对近似商标的处理进行明确约定的情况下，法院的裁判观点并不一致。多数法院判决被告将近似商标一并转让给原告，实现商标转让合同的目的。但也有法院认为，"商标转让系当事人之间的普通民事行为，商标权作为一项民事权利具有私权性质，当事人并无转让近似商标意思表示的情况下，强制转让近似商标有违当事人意思自治原则"，并据此驳回了原告请求转让近似商标的请求。❶

（三）商标转让、移转申请的具体操作

1. 商标转让、移转申请书件要求

（1）商标转让书件要求

①转让/移转申请/注册商标申请书。

②转让人和受让人经盖章或者签字确认的身份证明文件（如企业的营业执照副本、自然人的身份证/港澳居民居住证/台湾居民居住证/护照等）复印件。

③委托商标代理机构办理的提交转让人和受让人双方出具的代理委托书。

④申请文件为外文的，还应提供经申请人或代理组织或翻译机构签章确认的中文译本。

（2）商标移转书件要求

①转让/移转申请/注册商标申请书。

②转让人和受让人经盖章或者签字确认的身份证明文件（如企业的营业执照副本、自然人的身份证/港澳居民居住证/台湾居民居住证/护照等）复印件。

③委托商标代理机构办理的提交转让人和受让人双方出具的代理委托书。

④申请文件为外文的，还应提供经申请人或代理组织或翻译机构签章

---

❶ （2017）粤民终2559号民事判决书。

确认的中文译本。

2. 注意事项

（1）商标转让中的注意事项

1）网上提交电子申请的，同意转让证明文件应由双方盖章、签字（法人或其他组织应盖章并同时由负责人或者法定代表人签字）并上传，原件应留存备查。

2）办理转让商标申请，受让人为自然人的，应注意下列事项：

①受让人为个体工商户的，可以以其个体工商户营业执照登记的字号作为受让人名义，也可以以其个人身份证姓名作为受让人名义。应提交以下材料的复印件：A. 受让人的身份证；B. 个体工商户营业执照。

②个人合伙可以以其营业执照登记的字号或有关主管机关登记文件登记的字号作为受让人名义提出商标转让申请，也可以以全体合伙人的名义共同提出商标转让申请。以全体合伙人的名义共同提出申请时应提交以下材料的复印件：A. 合伙人的身份证；B. 营业执照；C. 合伙协议。

③农村承包经营户可以以其承包合同签约人的名义提出商标转让申请，申请时应提交以下材料的复印件：A. 签约人身份证；B. 承包合同。

④其他依法获准从事经营活动的自然人，可以以其在有关行政主管机关颁发的登记文件中登载的经营者名义提出商标转让申请。申请时应提交以下材料的复印件：A. 经营者的身份证；B. 有关行政主管机关颁发的登记文件。

3）如果申请转让的商标是集体商标、证明商标，除申请书外，还应提交以下书件：

①集体商标转让需提交商标转让合同、集体成员名单、受让主体资格证明文件复印件和商标使用管理规则。

②证明商标转让需提交商标转让合同、受让主体资格证明文件复印件、受让人检测能力证明和商标使用管理规则。

③地理标志集体商标/证明商标转让需提交商标转让合同、受让资格证明文件复印件、地方政府或主管部门同意该地理标志转让的批复、受让

人监督检测能力的证明和商标使用管理规则。❶

(2) 商标移转中的注意事项

1) 申请移转的，商标注册人已经死亡或终止的，无须提交身份证明文件及其出具的代理委托书。但接受商标的当事人应当依法提交有关证明文件或者法律文书，证明有权利继受相应的商标权。

2) 办理商标移转的，如果转让人不能盖章，受让人应提交其有权接受该商标的证明文件或者法律文书。例如，企业因合并、兼并或者改制而发生商标移转的，应提交合并、兼并或者改制文件和登记部门出具的证明。合并、兼并或者改制文件应证明商标权由受让人继受，登记部门应证明原注册人与受让人的关系、原注册人已经不存在的现实状态。因法院判决而发生商标移转的，应提交法院出具的法律文书，法律文书上的被执行人名称和接受该注册商标专用权的企业名称应当与申请书中的转让人名称和受让人名称相符。

第四节　商标注销代理

商标注销可以分为主动注销与期满不续展注销。期满不续展注销在前文商标续展代理中已有介绍，故本节商标注销仅为商标主动注销。商标主动注销是商标权人不希望再使用注册商标而主动提出的注销行为。

一、商标注销的法律依据

(一)《商标法实施条例》第73条

第七十三条　商标注册人申请注销其注册商标或者注销其商标在部分指定商品上的注册的，应当向商标局提交商标注销申请书，并交回原《商标注册证》。

商标注册人申请注销其注册商标或者注销其商标在部分指定商品上的

---

❶ 申请转让注册商标注册申请，参见 https：//sbj.cnipa.gov.cn/sbj/sbsq/sqzn/202303/t20230331_26240.html。

注册，经商标局核准注销的，该注册商标专用权或者该注册商标专用权在该部分指定商品上的效力自商标局收到其注销申请之日起终止。

（二）《商标法实施条例》第74条

第七十四条　注册商标被撤销或者依照本条例第七十三条的规定被注销的，原《商标注册证》作废，并予以公告；撤销该商标在部分指定商品上的注册的，或者商标注册人申请注销其商标在部分指定商品上的注册的，重新核发《商标注册证》，并予以公告。

二、商标注销申请的书件要求及注意事项

商标注销申请可以通过商标网上服务系统提交申请，也可以到开展相关受理业务的商标业务受理窗口、国家知识产权局在京外设立的商标审查协作中心和国家知识产权局商标注册大厅办理。但不是所有的商标都可以直接办理注销，例如，注销质押查封中的商标，须经质权人同意才可注销。此外以下情况的商标不能被核准注销：①异议、不予注册复审及诉讼中的尚未核准注册的商标；②已经过期、失效的注册商标；③被人民法院查封冻结的商标。

（一）商标注销书件要求

1）商标注销申请书。

①按照申请书上的要求逐一填写，且必须是打字或者印刷。申请人是自然人的，应在姓名后填写身份证件号码，外国自然人填写护照号码，电子申请除外。

②申请书的类别应按照商标注册证核定的国际分类类别填写。

2）商标注册证。

需要交回商标注册证原件，不能交回原件的，应当说明原因。以电子方式领取的商标注册证无须交回。

3）申请人的身份证明文件（如企业的营业执照副本、自然人的身份证/港澳居民居住证/台湾居民居住证/护照等）复印件。

4）纸质方式直接办理的提交经办人的身份证及复印件（原件经比对后退还）；电子方式直接办理的，上传注册人同意注销该注册商标的书面

声明（法人和非法人组织应加盖公章，并由法定代表人或负责人，或者其授权的人签字；自然人由其本人签字）。

5）申请文件为外文的，还应提供中文译本。

6）委托商标代理机构办理的，应提交商标代理委托书。

（二）注意事项

1. 共有商标注销的特殊要求

办理注销申请的商标为共有商标的，应以代表人的名义提出申请。代表人及其他共有人均需提交身份证明文件复印件，且均应在申请书（首页及附页）或委托书上盖章或签字。

2. 注册人名义已经发生变更

注册人名义已经发生变更的，在申请商标注销时应当以变更后的名义申请，同时提交登记机关出具的变更证明。变更证明可以是登记机关变更核准文件复印件或登记机关官方网站下载打印的相关档案。

3. 其他注意事项

1）自2022年1月1日起，商标注册人申请注销其商标在部分指定商品上的注册所重新核发的商标注册证，以纸件形式提交商标注销申请的寄发领取商标注册证通知书，注册人按通知书指定的网址和提取码，登录中国商标网获取电子商标注册证；以电子方式提交商标注销申请的登录商标网上服务系统获取电子商标注册证。电子商标注册证可自行查看和下载打印。国家知识产权局不再发放纸质商标注册证。

2）申请注销注册商标的，原商标注册证应依法交回；商标注册人申请注销其商标在部分指定商品上的注册的，重新核发商标注册证，并予公告。

3）注销申请被不予核准的，国家知识产权局发出不予核准通知书。直接办理的，将按照申请书上填写的地址，以邮寄方式发给申请人；经代理的，发送给代理组织。

4）注销申请在国家知识产权局核准之前，可以申请撤回。

第三章　集体商标、证明商标申请代理业务合规

　　《商标法》第3条第1款列举了商标的几种常见类型,包括商品商标、服务商标和集体商标、证明商标。这四个类型并非并列关系,而是以"和"字为界分为两组。前两个自成一组,以商标使用的领域为标准进行划分,用在《类似商品与服务区分表》所列第1~34类上的均为商品商标,用在第35~45类上的则为服务商标。后两个还得带上普通商标方能构成完整的一组,这是按照商标使用目的和方式的不同所做的分类。商标代理人在进行实务操作之前确有必要搞清以下几个概念的不同之处。

　　《商标法》第3条第2款对集体商标做了定义:"以团体、协会或者其他组织名义注册,供该组织成员在商事活动中使用,以表明使用者在该组织中的成员资格的标志。"从法律给出的概念可知,集体商标有几个明显特征:一是注册人须为集体组织,二是使用人仅限于集体组织的成员,三是使用目的为表明成员身份。

　　《商标法》第3条第3款对证明商标做了定义:"由对某种商品或者服务具有监督能力的组织所控制,而由该组织以外的单位或者个人使用于其商品或者服务,用以证明该商品或者服务的原产地、原料、制造方法、质量或者其他特定品质的标志。"从字面理解不难推导出证明商标的几个特征:一是注册人对某种商品或者服务具有监督能力;二是注册人自己不能使用其注册的证明商标,而是授权其他单位或者个人使用;三是证明的内容包括指定商品或者服务的原产地、原料、制造方法、质量等。

　　《商标法》第16条第2款又提到另一个知识产权客体"地理标志",并对其做了定义,即"标示某商品来源于某地区,该商品的特定质量、信誉或者其他特征,主要由该地区的自然因素或者人文因素所决定的标志"。

配套的《商标法实施条例》第4条第1款进一步规定："商标法第十六条规定的地理标志，可以依照商标法和本条例的规定，作为证明商标或者集体商标申请注册。"这就把集体商标、证明商标做了进一步细分，分别是地理标志集体商标和普通集体商标、地理标志证明商标和普通证明商标（图3-1）。其中，地理标志集体商标、地理标志证明商标又统称为地理标志商标。

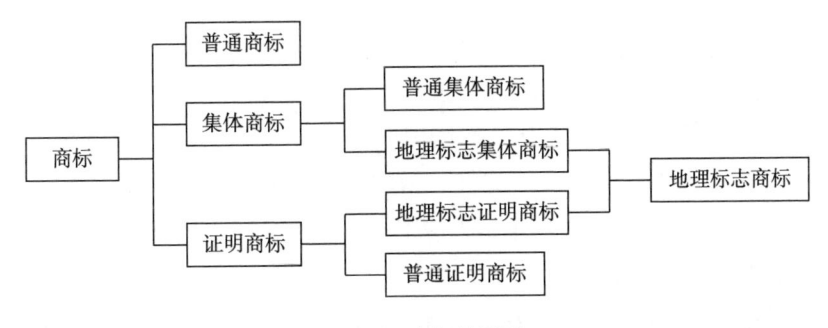

图3-1 商标的类型

综上可知，以使用目的和方式为标准，可以将商标划分为普通商标、普通集体商标、普通证明商标、地理标志集体商标、地理标志证明商标。从使用方式而言，普通商标的注册人可以自己使用商标，也可以授权任何其他市场主体使用商标；普通集体商标的使用人只能是注册人本身及其成员；普通证明商标的注册人本身不能使用商标，只能授权其他市场主体使用商标；地理标志集体商标的使用人只能是作为注册人的集体组织的成员，对其使用商标的商品的产地、特定品质等还有额外要求，且由于地理标志本身的公益性，作为管理者的注册人本身不能使用商标；地理标志证明商标的注册人本身不能使用商标，只能授权商品来自特定产地、符合特定品质要求的其他市场主体使用商标。这就是为什么即使是同一申请人，也不能在相同或者类似商品或者服务上申请相同或者近似的不同类型商标。换言之，同一申请人在相同或者类似商品或者服务上，在上述五种商标类型中只能挑选一种申请注册。

《商标法》第18条规定："申请商标注册或者办理其他商标事宜，可以自行办理，也可以委托依法设立的商标代理机构办理。外国人或者外国企业在中国申请商标注册和办理其他商标事宜的，应当委托依法设立的商标代理机构办理。"鉴于此，对于国内申请人，本章不再详述商标代理委托书的相关要求。

第一节　集体商标、证明商标的注册申请

一、申请材料清单

（一）普通集体商标

1）商标注册申请书。在"商标申请声明"一栏勾选"集体商标"。

2）申请人主体资格证明文件。国内申请人应提交加盖申请人印章的主体资格证书复印件。外国申请人应提交证明其为有效存续的市场主体的证明材料，《取消外国公文书认证要求的公约》缔约国/方还应提交附加证明书，非《取消外国公文书认证要求的公约》缔约国/方或者对中国加入该公约持有异议的缔约国/方还应履行认证手续。

3）使用管理规则。在国家知识产权局商标局官网"中国商标网"的"集体证明商标（地理标志）"板块"申请指南"栏目，找到《集体商标、证明商标使用管理规则说明》附件3，参照《集体商标使用管理规则（参考样本）》撰写。

4）集体组织成员的名称和地址。可以单独提交，也可以在使用管理规则中列明。

（二）普通证明商标

1）商标注册申请书。在"商标申请声明"一栏勾选"证明商标"。

2）申请人主体资格证明文件。具体要求详见普通集体商标注册申请材料2。

3）使用管理规则。在国家知识产权局商标局官网"中国商标网"的"集体证明商标（地理标志）"板块"申请指南"栏目，找到《集体商标、证明商标使用管理规则说明》附件4，参照《证明商标使用管理规则（参考样本）》撰写。

4）申请人具备监督检测指定商品或者服务的能力的证明材料。如果

申请人本身具备检测能力，应提交其检测资质证书（如《检验检测机构资质认定证书》《资质认定计量认证证书》，下同）、专业技术人员名单、专业检测设备清单。如果申请人本身并不具备检测能力，则应通过委托他人检测间接获得监督指定商品或者服务的品质的能力，此种情况下应提交委托检测协议以及受托人的检测资质证书、专业技术人员名单、专业检测设备清单。委托检测协议应明确有效期限，且时间跨度应为多年，以保证申请人在商标有效期内持续获得监督指定商品或者服务的品质的能力。

（三）地理标志集体商标（国内申请人）

1）商标注册申请书。在"商标申请声明"一栏勾选"集体商标"。

2）加盖申请人印章的主体资格证书复印件。

3）使用管理规则。在国家知识产权局商标局官网"中国商标网"的"集体证明商标（地理标志）"板块"申请指南"栏目，找到《集体商标、证明商标使用管理规则说明》附件1，参照《地理标志集体商标使用管理规则（参考样本）》撰写。

4）集体组织成员的名称和地址。具体要求详见普通集体商标注册申请材料第4项。

5）地理标志所标示地区县级以上人民政府或者主管部门出具的授权文件。该文件应为红头文件，文件内容应明确指出同意申请人申请该地理标志商标并在注册成功后监督管理该地理标志商标。此处"主管部门"并非行业主管部门，而是如代行人民政府社会管理职能的经济功能区管委会等机构。

6）关于地理标志客观存在及其声誉的证明材料，俗称"史料记载"。应是公开出版发行的书籍（包括地方志、农业志、产品志、教科书等）。应提交首页（可见书名）、版权页［可见国际标准书号（ISBN）、图书在版编目（CIP）］、内容页（可见地理标志全称的客观存在及声誉描述）的复印件并加盖出具单位（如图书馆、档案馆、史志办公室）的公章。

7）地理标志所标示商品的生产地域范围划分的证明材料。可以是史料记载中表述的生产地域范围，也可以是地理标志所标示地区的人民政府或者行业主管部门出具的关于生产地域范围划分的红头文件，还可以与第5项申请材料合并出具。

8）地理标志所标示商品的特定品质、声誉与产地自然因素、人文因素关系的说明。应说明产地特有的自然地理条件、种植/养殖/加工方法是如何造就商品的特定品质的，也应详细说明当地生产地理标志所标示商品的历史沿革。

9）地理标志商标申请人具备监督检测该地理标志能力的证明材料。申请人本身具备检测能力的，应提交其检测资质证书或者地理标志所标示地区的人民政府出具的关于其具备检测能力的证明文件、专业技术人员名单、专业检测设备清单。申请人委托他人检测的，应提交委托检测协议以及受托人的检测资质证书、专业技术人员名单、专业检测设备清单。委托检测协议应明确检测内容为地理标志商品的特定品质，有效期限的要求详见普通证明商标申请材料第4项。由于地理标志商标指定商品多为农产品，对保鲜的要求较高，申请人委托他人检测的，应选择本省或者邻近地区的检测机构。

（四）地理标志集体商标（外国申请人）

1）商标注册申请书。在"商标申请声明"一栏勾选"集体商标"。

2）商标代理委托书。根据《商标法》第18条的规定，对于国内申请人，商标代理委托书是可选项；但对于外国申请人，商标代理委托书是必须提交的材料。

3）申请人主体资格证明文件。应提交证明外国申请人为有效存续的市场主体的证明材料，《取消外国公文书认证要求的公约》缔约国/方还应提交附加证明书，非《取消外国公文书认证要求的公约》缔约国/方或者对中国加入该公约持有异议的缔约国/方还应履行认证手续。

4）使用管理规则。具体要求详见地理标志集体商标（国内申请人）注册申请材料第3项。

5）集体组织成员的名称和地址。具体要求详见普通集体商标注册申请材料第4项。

6）该地理标志商标在其原属国作为地理标志受到法律保护的证明材料。由于世界各国保护地理标志的模式差异较大，该证明材料可以是法令、商标注册证等各种表现形式，但应载明在原属国已作为地理标志获得法律保护。《取消外国公文书认证要求的公约》缔约国/方还应提交附加证明书，非《取消外国公文书认证要求的公约》缔约国/方或者对中国加入该公约持有异议的缔约国/方还应履行认证手续。

7）地理标志商标申请人具备监督检测该地理标志能力的证明材料。申请人本身具备检测能力的，应提交其检测资质证明材料（法令、证书等）、专业技术人员名单、专业检测设备清单。申请人委托他人检测的，应提交委托检测协议以及受托人的检测资质证明材料（法令、证书等）、专业技术人员名单、专业检测设备清单。委托检测协议应明确检测内容为地理标志商品的特定品质，有效期限的要求详见普通证明商标申请材料第4项。《取消外国公文书认证要求的公约》缔约国/方还应对申请人或者受托人的检测资质证明材料提交附加证明书，非《取消外国公文书认证要求的公约》缔约国/方或者对中国加入该公约持有异议的缔约国/方还应对申请人或者受托人的检测资质证明材料履行认证手续。

（五）地理标志证明商标（国内申请人）

1）商标注册申请书。在"商标申请声明"一栏勾选"证明商标"。

2）加盖申请人印章的主体资格证书复印件。

3）使用管理规则。在国家知识产权局商标局官网"中国商标网"的"集体证明商标（地理标志）"板块"申请指南"栏目，找到《集体商标、证明商标使用管理规则说明》附件2，参照《地理标志证明商标使用管理规则（参考样本）》撰写。

4）地理标志所标示地区县级以上人民政府或者行业主管部门出具的授权文件。具体要求详见地理标志集体商标（国内申请人）注册申请材料第5项。

5）关于地理标志客观存在及其声誉的证明材料。具体要求详见地理标志集体商标（国内申请人）注册申请材料第6项。

6）地理标志所标示商品的生产地域范围划分的证明材料。具体要求详见地理标志集体商标（国内申请人）注册申请材料第7项。

7）地理标志所标示商品的特定品质、声誉与产地自然因素、人文因素关系的说明。具体要求详见地理标志集体商标（国内申请人）注册申请材料第8项。

8）地理标志商标申请人具备监督检测该地理标志能力的证明材料。

具体要求详见地理标志集体商标（国内申请人）注册申请材料第9项。

（六）地理标志证明商标（外国申请人）

1) 商标注册申请书。在"商标申请声明"一栏勾选"证明商标"。

2) 商标代理委托书。

3) 申请人主体资格证明文件。具体要求详见地理标志集体商标（外国申请人）注册申请材料第3项。

4) 使用管理规则。具体要求详见地理标志证明商标（国内申请人）注册申请材料第3项。

5) 该地理标志商标在其原属国作为地理标志受到法律保护的证明材料。具体要求详见地理标志集体商标（外国申请人）注册申请材料第6项。

6) 地理标志商标申请人具备监督检测该地理标志能力的证明材料。具体要求详见地理标志集体商标（外国申请人）注册申请材料第7项。

（七）含县级以上行政区划的地名的普通集体商标

此处"县级以上行政区划的地名"仅指地名含义强于其他含义的情况。如果其他含义强于地名含义，如"黄山"（作为旅游景点的含义强于其作为安徽省地市级行政区划名称的含义），则只需按照普通集体商标注册申请的要求提交材料。

1) 商标注册申请书。在"商标申请声明"一栏勾选"集体商标"。

2) 申请人主体资格证明文件。具体要求详见普通集体商标注册申请材料第2项。

3) 使用管理规则。具体要求详见普通集体商标注册申请材料第3项。

4) 集体组织成员的名称和地址。具体要求详见普通集体商标注册申请材料第4项。

5) 该集体商标所含地名人民政府或其上一级人民政府出具的授权文件。该文件应为红头文件，文件内容应明确指出同意申请人申请该集体商标并在注册成功后监督管理该集体商标。

6) 该集体商标经过长期使用已取得显著性的证明材料。应体现该集体商标的标样作为一个整体在实际经营行为（如商品包装、经营场所的装潢、线下/线上广告、展会展销等）中的使用情况。

7）该集体商标在相关行业中具有较高知名度或在相关消费群体中广为知晓的证明材料。可以是相关业务主管部门或者行业协会出具的关于该集体商标在相关行业中市场占有率的红头文件，也可以是相关业务主管部门或者行业协会颁发的奖状、证书等。

8）该集体商标及其指定商品或者服务属于国家政策明确支持的产业的证明材料。如由国家相关业务主管部门或者该集体商标所含地名上级人民政府出具的关于支持该地发展以该集体商标命名的产业的红头文件。

如果该县级以上行政区划的地名属于省级行政区划名称，则在提交注册申请材料时，需将上述第 7 项、第 8 项材料替换如下，并增加第 9 项材料：

7）该集体商标已在全国范围内具有高知名度的证明材料。可以是中央主要新闻单位关于该集体商标及其指定商品或者服务的专题报道，也可以是国家相关业务主管部门或者其认可的国家级行业协会颁发的奖状、证书等。

8）该集体商标及其指定商品或者服务属于国家政策明确支持且重点扶持的产业的证明材料。如由国务院或者国家相关业务主管部门出具的关于支持该地发展以该集体商标命名的产业的红头文件。

9）该集体商标及其指定商品或者服务为当地支柱产业、对当地经济发展贡献巨大且在全国行业中占有较高比重的证明材料。既包括该集体商标所含地名人民政府或其上级人民政府出具的关于该集体商标及其指定商品或者服务为当地支柱产业、对当地经济发展贡献巨大的红头文件，也包括国家相关业务主管部门或者其认可的国家级行业协会出具的关于该集体商标在相关行业中市场占有率的红头文件。

（八）含县级以上行政区划的地名的普通证明商标

此处"县级以上行政区划的地名"仅指地名含义强于其他含义的情况。如果其他含义强于地名含义，则只需按照普通证明商标注册申请的要求提交材料。

1）商标注册申请书。在"商标申请声明"一栏勾选"证明商标"。

2）申请人主体资格证明文件。具体要求详见普通集体商标注册申请材料第 2 项。

3）使用管理规则。具体要求详见普通证明商标注册申请材料第 3 项。

4）申请人具备监督检测指定商品或者服务的能力的证明材料。具体要求详见普通证明商标注册申请材料第 4 项。

5）该证明商标所含地名人民政府或其上一级人民政府出具的授权文件。具体要求详见含县级以上行政区划的地名的普通集体商标注册申请材料第 5 项。

6）该证明商标经过长期使用已取得显著性的证明材料。具体要求详见含县级以上行政区划的地名的普通集体商标注册申请材料第 6 项。

7）该集体商标在相关行业中具有较高知名度或在相关消费群体中广为知晓的证明材料。具体要求详见含县级以上行政区划的地名的普通集体商标注册申请材料第 7 项。

8）该集体商标及其指定商品或者服务属于国家政策明确支持的产业的证明材料。具体要求详见含县级以上行政区划的地名的普通集体商标注册申请材料第 8 项。

如果该县级以上行政区划的地名属于省级行政区划名称，则提交注册申请材料的要求参见含县级以上行政区划的地名的普通集体商标注册申请材料的相应部分。

二、申请注意事项

（一）禁用条款

集体商标、证明商标都是商标，必然需要遵守商标注册的一般原则，既不能违反《商标法》第 10 条第 1 款规定的禁用条款，也不能违反《商标法》第 11 条对于显著性的规定。如"道士窑羊肉"地理标志证明商标申请（图 3-2），以"易伤害宗教感情，产生不良社会影响"为由被驳回。又如"中药材生态种植"证明商标注册申请（图 3-3），被驳回的理由之一就是该标志中含有"生态"字样，易使消费者对指定使用商品的质量产生误认。

道士窑羊肉

图 3-2　商标（一）　　　图 3-3　商标（二）

当然，集体商标、证明商标作为商标的特殊类型，在禁用条款和显著性要求方面，与普通商标还是有所不同的，主要体现在两个方面：

一是对于县级以上行政区划的地名或者公众知晓的外国地名的使用。

《商标法》第 10 条第 2 款规定："县级以上行政区划的地名或者公众知晓的外国地名，不得作为商标。但是，地名具有其他含义或者作为集体商标、证明商标组成部分的除外……"据说当年的立法本意是仅有地理标志可以当然除外，阴差阳错变成了"作为集体商标、证明商标组成部分的除外"。其实立法意图不难猜测——集体商标带有集体性质，类似于集体土地所有制，证明商标注册人不能使用其注册的证明商标，而是许可给其他市场主体使用，从某种意义上讲也带有集体性质，因此两者在使用作为公共资源的地名方面，就比普通商标名正言顺了。当然，普通集体商标和普通证明商标的使用范围分别局限在集体组织成员和被许可使用人范围内，与地理标志商标相比，一般而言是比较受局限的。毕竟《商标法实施条例》第 4 条第 2 款明确规定了地理标志商标的正当使用——商品符合使用地理标志证明商标条件的市场主体可以要求使用该商标，注册人"应当"允许。商品符合使用地理标志集体商标条件的市场主体，可以要求参加作为注册人的集体组织，注册人"应当"依据其章程接纳为会员；不要求参加作为注册人的集体组织的，也可以"正当"使用该地理标志，注册人无权禁止。换言之，地理标志商标注册人对地名的专用权是受到严格限制的。因此，出于公平正义这一法律的核心价值追求，普通集体商标和普通证明商标注册申请若想使用县级以上行政区划的地名或者公众知晓的外国地名，需要结合显著性等其他要求判断是否可以注册。

二是对于显著性的要求。

先看地理标志商标。目前已注册的绝大多数地理标志商标是纯文字商标，且仅由地名和商品名称组成，这两个部分均属公共资源，作为商标肯定是显著性较弱的，为什么组合起来却可以注册为商标呢？集体商标、证明商标明确被《商标法》第 10 条第 2 款排除在"不得作为商标使用"的范畴之外，如果仅由"地名+商品名称"组合而成，貌似可归入《商标法》第 11 条第 1 款第（三）项"其他缺乏显著特征的"，但该条第 2 款又规定"前款所列标志经过使用取得显著特征，并便于识别的，可以作为商标注册"。按照商标局一位前辈的说法，地理标志是"老天爷赐予的""老祖宗留下来的"，这两句论断非常鲜活地指出了两个要点：第一，使用地理标志商标的商品，其特定品质主要取决于产地的自然因素，即"老天爷给饭吃"，换个地方生产就不是那个味儿了。最为大众所熟知的例子就是《晏子春秋·杂下之十》所述："橘生淮南则为橘，生于淮北则为枳，叶徒相似，其实味不同。所以然者何？水土异也。"第二，使用地理标志商标的商品，其特定品质还要取决于产地的人文因素，即当地老百姓在长期的生产活动中，通过不断实践、观察、改良，采取了特殊的种植、养殖、加工方法，从而推动或者决定了特定品质的形成。譬如已有 1600 多年历史的南京云锦，其明代发明的工艺"木机妆花"是织锦史上唯一流传至今且不可被机器取代、仍凭人的记忆编织的技术，一直应用在御用贡品上，这项秘密的工艺与配方经手传口授得以传承。此外，地理标志商标与其他商标最大的一个不同之处在于，地理标志商标强调客观性和历史传承性，即在申请的时候，其文字部分的整体呼叫已经是消费者口口相传多年、约定俗成的名称，其显著性体现在市场长期、普遍的认可；不像绝大多数普通商标，其显著性来源于标样本身的独特设计。

再看普通集体商标和普通证明商标。如果含有县级以上行政区划的地名或者公众知晓的外国地名，按照《商标审查审理指南》（2021）下编第九章 3.4 的说法，"由于地名一般只能说明商品的来源地，而不能识别商品的生产经营者或服务的提供者，缺乏商标应有的区分来源的功能，故应当综合考量标志整体显著特征、知名度等因素，对含无其他含义的县级以上行政区划地名的集体商标和证明商标是否可以注册进行判定"。也就是说，普通集体商标和普通证明商标不能像地理标志商标那样当然地使用地名，也不像普通商标那样对使用地名进行诸多限制，而是需要整体具有显著性（标样的设计有机融合了地名部分），或者经过长期使用具有了显著性和较高知名度，且经过人民政府授权、属于国家政策明确支持的产业，才可以注册。因此，我们不难理解在提交注册申请材料时，对含县级以上行政区划的地名的普通集体商标/证明商标的要求就远远多于对不含县级以上行政区划的地名的普通集体商标/证明商标的要求了。

（二）近似商标的判断

普通集体商标、普通证明商标、普通商标之间的近似判断规则与普通商标之间的近似判断规则并无二致。这里仅就地理标志商标与普通集体商标、普通证明商标、普通商标之间的近似判断做出说明。

首先必须明确的是，不同类型的商标都要遵守商标制度的一般规则。既然选择了商标制度保护地理标志，就不要说"地理标志没必要跟商标进行近似比对"。即使是专门制度的地理标志保护产品登记，如有市场主体主张在先商标权利，也会对地理标志产品保护形成障碍。

其次，作为历史悠久、客观存在的集体权利，地理标志商标与在先申请或者注册的普通集体商标、普通证明商标、普通商标进行近似比对时，又是标准"照顾"的对象。正如《商标审查审理指南》（2021）下编第九章5.3所述：

"鉴于地理标志是其产地从事相关生产经营活动的市场主体共有的权利，其与普通商标在功能、用途、产品特定品质、历史渊源等方面区别明显，在地理标志集体商标和地理标志证明商标相同、近似比对审查中，应当进行个案判断，不能机械地照搬条款。

"如果地理标志集体商标、地理标志证明商标申请在后，普通商标申请在前，应当结合地理标志集体商标、地理标志证明商标的知名度、显著性、相关公众的认知等因素，不易构成相关公众混淆误认的，不判定为近似商标。

"如果地理标志集体商标、地理标志证明商标申请在前，普通商标申请在后，容易导致相关公众对商品或服务来源产生混淆误认，不当攀附地理标志集体商标或者地理标志证明商标知名度的，认定二者构成近似商标。"

举个例子：假设有个村子叫"亦乐"，盛产水蜜桃，经过老百姓几十年的口口相传，"亦乐桃"已成为当地有名的土特产。由于"亦乐"含有"也挺高兴"的意思，人们觉得寓意美好，又不是县级以上行政区划的名称，无恶意的外地 A 公司提出了"亦乐"普通商标注册申请，指定使用在 3105 类似群某商品上。该商标被核准注册以后，随着经济社会的不断发展，不仅出现了电商平台、直播带货等更加便捷的销售途径，全社会的知识产权保护意识也逐步提高，亦乐村的水蜜桃种植户们下定决心把亦乐桃销到外地去，于是去县民政部门办理了手续，成立了水蜜桃种植协会。随后到市商标业务受理窗口，在工作人员的指导下提交了"亦乐桃"地理标志商标注册申请，指定使用在 3105 类似群"新鲜水蜜桃"商品上。形式审查流程走完，该地理标志商标注册申请到了实质审查环节，经过商标数据库检索，在先注册的"亦乐"普通商标进入了审查员的视线。此时审查标准对地理标志商标的"照顾"就显现出来了——如果"亦乐"普通商标的指定商品是 3105 类似群"新鲜香蕉"，鉴于"亦乐桃"地理标志商标的指向很明确，且消费者不会混淆水蜜桃与香蕉两种水果，两者不判近似；如果"亦乐"普通商标的指定商品是 3105 类似群"新鲜水果"，则由于水果包括水蜜桃，在后的"亦乐桃"地理标志商标注册申请应当引证在先注册的"亦乐"普通商标，予以驳回。如果在后申请的是指定在 3105 类似群上某商品的"亦乐桃"普通商标，则无论在先注册的"亦乐"普通商标具体指定使用在 3105 类似群哪个商品上，两者都判近似。

反之，若商标注册申请与已经注册的地理标志商标的汉字部分完全相同，则无论其指定在什么商品或者服务上，都很可能被认为是不当攀附地理标志商标的知名度，将被驳回。比如，已有在先注册的"亦乐桃"地理标志商标，指定使用在 3105 类似群"新鲜水蜜桃"商品上；B 公司在后提出"亦乐桃"普通商标注册申请，指定使用在 0750 类似群"曲轴"等商品上，虽然 0750 类似群与 3105 类似群并不交叉检索，该"亦乐桃"普通商标注册申请仍会被驳回。

这种对于已注册地理标志商标的"强保护"也有例外——"对于仅包含地域描述词汇，未包含商品名称的地理标志商标，使用在非相关商品和服务项目上不至使公众产生误认"。其中的逻辑也不难理解：中国消费者所认知的地理标志，绝大多数由地名和商品名称组成；一件地理标志商标如果仅含有地名，更容易被消费者识别为商品的产地，从而失去前文所述经过长期使用获得的显著性，此种情况下显然不再适合给予前述"强保护"。比如，已有在先注册的"亦乐"地理标志商标，指定使用在第 31 类

"新鲜水蜜桃"商品上，在后申请并指定使用在第9类电子产品、第38类通讯服务等非相关商品和服务项目上的"亦乐"商标，不以"易使公众误认"为由被驳回。

（三）指定商品或者服务

普通集体商标、普通证明商标的指定商品或者服务与普通商标没有什么差异，申请主体根据自己的使用需求，对照《类似商品和服务区分表》挑选合适的商品或者服务即可。

地理标志商标的指定商品比较特殊。首先，目前全世界尚无指定在服务类别上的地理标志，大概因为服务的可复制性极强，与自然地理条件的关联性几不可察。其次，地理标志商标基本指定在单一商品上，譬如"库尔勒香梨"的指定商品应是"香梨"而非"新鲜水果"，这样可以基本杜绝消费者买到商标名称为"库尔勒香梨"葡萄的情况发生。当然，有的地理标志商标，其指定商品不止一个，但这两个以上指定商品往往指向同一样物品或其同一性质下的不同状态，如"墨水池、墨水台""干制山楂块、干制山楂片"。

（四）申请主体

如前所述，集体商标的注册人应是集体组织，绝大多数是名为"××协会""××联合会""××商会"的社会团体法人，即三个以上市场主体根据共同制定的章程结成的社会组织。按照《社会团体登记管理条例》第2条第1款的规定，社会团体法人是非营利性组织。

农民专业合作社是农业生产经营者自愿联合、民主管理的互助性经济组织，属于集体组织，可以作为普通集体商标的注册人；但其是营利性组织，不能作为地理标志商标的注册人。

实务中常有名为"××中心"的事业单位法人申请注册集体商标，由于其不属于集体组织，不能作为集体商标的注册人。

证明商标的注册人必须对某种商品或者服务具有监督能力，在这个前提下，其主体资格的表现形式更加多样化，社会团体法人、事业单位法人、企业法人都可以作为证明商标的注册人。

地理标志商标的注册人除了是非营利性组织，其业务范围还应与所报地理标志商标的指定商品直接相关。道理其实很简单：地理标志商标的指定商品基本为单一商品，这说明其管理者的专业性很强。一个指定商品为"新鲜苹果"的地理标志商标，如果让××汽车协会注册并监督管理，那不是很可笑吗？

（五）申请人对地理标志商品特定品质的监督检测

申请人作为地理标志商标核准注册之后的管理者，必须充分关注其商品特定品质的稳定性，对地理标志商标使用人生产的地理标志商品进行频次较高的定期检测则成为必要的管理手段。"洗澡大闸蟹""注水大黄鱼""膨大猕猴桃"等前车之鉴给相关地理标志产业发展带来的巨大负面影响，是每一个地理标志商标管理者需要时时刻刻提醒自己的。考虑到这些，在提交地理标志商标注册申请时，要求申请人必须具备监督检测该地理标志的能力。除本身具备检测能力的以外，申请人往往委托专业的检测机构帮助其开展日常监督工作，这种情况下应提交申请人与受托人签订的地理标志商品委托检测协议。协议应明确将地理标志商品的特定品质而非重金属含量、农药残留值等基本质量要素，作为委托检测的内容。质量检测过关是所有商品上市流通的最低要求，地理标志商品当然应该符合相关标准。但地理标志商品与同类商品相比，品质更有其过人之处，这种特定性是需要管理人与使用人共同用心维护的。

此外，由于地理标志商品绝大多数是农产品、生鲜产品，其保存与送检都殊为不易，且对地理标志商品特定品质的检测是一项长期而频繁的工作，故委托检测机构所在地与地理标志商品的产地之间的距离不宜过远，以本省甚至本市为宜。

（六）史料记载

如前所述，地理标志商标强调客观性和历史传承性，这些内容由史料记载作为证明材料。在提出地理标志商标注册申请之时，史料记载应已公开出版发行［具有国际标准书号（ISBN）、图书在版编目（CIP）］，正在酝酿出版的书籍，即使提供了出版计划等证明文件，也不符合要求。

为什么要求公开出版发行？由于近年来各地党委政府日益重视地理标志产业的发展和相关知识产权的保护，部分申请人、代理人为使地理标志商标注册申请材料达标，不惜对作为史料记载的书籍或者书籍中载明的内容进行伪造。为了更有针对性地打击此类商标恶意注册行为，国家知识产权局商标局与国家图书馆就文献检索签订了长期合作协议，对每一份申请材料中提及的每一份史料记载都要进行核实，一旦发现有任何一本书籍或者书籍中载明的内容与实际出版情况不符，商标局将及时移交线索给有关部门进行查处。此外，正常的地理标志商标注册申请，对史料记载的数量没有硬性要求；而对于有造假前科的地理标志商标注册申请，需要提交三本以上符合条件的史料记载书籍。

史料中载明的内容要如何才算符合要求？首先，应完整载明地理标志商标的汉字部分，从而证明该地理标志商标的整体呼叫是消费者约定俗成的名称。其次，应载明地理标志商品的特定品质、种植历史或者声誉，而非"正在打造/培育"某一地理标志商标品牌，毕竟"正在打造/培育"意味着"革命尚未成功，同志仍需努力"。例如，假设《亦乐县志》中仅载明当地"种植桃树"或者"生产水蜜桃"，只能说明亦乐是产桃的地方，并不能推断出"亦乐桃"的特定品质有别于同类产品或者"亦乐桃"这个名称作为整体获得消费者认可，因此不是合格的史料记载。

此外，随着地理标志商标累计注册数量的不断增长，作为相对稀缺资源的地理标志，其尚未获得法律保护的情况也会越来越少，未来对史料记载的出版年限要求可能会逐步提高。

（七）使用管理规则

使用管理规则不符合要求是近年常见的驳回理由之一。按照《集体商标、证明商标注册和管理规定》第6条的要求，集体商标、证明商标的使用管理规则应当包括"使用该集体商标或者证明商标的宗旨""使用该集体商标的商品的品质或者使用该证明商标证明的商品的原产地、原料、制造方法、质量或者其他特定品质等""使用该集体商标或者证明商标的手续""使用该集体商标或者证明商标的权利、义务""集体商标的集体成员或者证明商标的使用人违反其使用管理规则应当承担的责任""注册人对使用该集体商标或者证明商标商品的检验监督制度"。为便利商标注册申请人，结合《商标法》《商标法实施条例》《行政处罚法》等相关法律法规，国家知识产权局商标局在其官网"中国商标网"的"集体证明商标

(地理标志)"板块"申请指南"栏目，发布了《集体商标、证明商标使用管理规则说明》，其附件1—4分别为申请人提供了地理标志集体商标、地理标志证明商标、普通集体商标、普通证明商标的使用管理规则参考样本，申请人在横线位置"填空"即可完成撰写。需要注意的是，在横线位置填写相关内容之后，需要删除横线后面括号里的提示语；集体组织成员或者被许可使用者享有的权利和承担的义务也应全部列明，在撰写完成的使用管理规则中，不能使用"其他权利""其他义务"等语焉不详的表述。

对于普通集体商标、普通证明商标的使用管理规则，审查员的关注点主要集中在《集体商标、证明商标注册和管理规定》第5条对于使用该商标的商品或者服务的品质标准的描述，申请人可以使用已经制定发布且仍然有效（未被废止或者代替）的国家标准、地方标准、团体标准等国内成文标准，也可以自己进行文字描述。如果使用国内成文标准，该标准的正文部分应当直接指明使用该商标的商品或者服务的品质要求。例如，《GB/T 30783—2014 食品加工机械 果馅糕点机》详细规定了机械安全、避免热危险、卫生要求、噪声要求等品质指标，且为现行标准，对于指定商品"糕点制作机器"是合格的品质标准；《GB/T 30785—2014 食品加工设备 术语》仅规定了食品加工设备、装置和相关组件的术语和定义，虽是现行标准，但不能作为指定商品"糕点制作机器"的品质标准；《GB 22747—2008 食品加工机械 基本概念 卫生要求》规定了卫生要求、制造材料、设计要求等品质指标，不过目前已经作废，因此不能作为指定商品"糕点制作机器"的品质标准。

对于地理标志商标的使用管理规则，审查员的关注点在于《集体商标、证明商标注册和管理制定》第5条和第6条。第5条第一自然段应详细说明使用该地理标志商标的商品的生产地域范围，根据实际情况，可以具体到地市、区县、乡镇、村子，可以加上纬度、经度等地理坐标范围，或者以山、河、湖、海为界划定，但其表述必须与地理标志所标示商品的生产地域范围划分的证明材料完全一致。第5条第二自然段应详细分析产地的自然因素中对地理标志商品的特定品质产生影响的各个方面，不能仅仅罗列当地的气温、光照、降水、土壤、河流等自然条件，而是要把某个具体时间、某个具体环境要素对地理标志商品的某项特定品质产生具体影响的物理/化学/生物过程推理完整；有时候还可以详细分析产地的人文因素中与自然因素直接相关，从而对地理标志商品的特定品质产生影响的部分，包括种植区域（如山前山后、朝向）、种植时节的选择，特殊的生产建筑（如凉房），针对产地的自然因素研发的特有生产技术等。第6条应具体描述地理标志商品的特定品质。首先，必须围绕该地理标志商标指定使用的商品进行，比如"羊（活动物）"与"羊肉"就有所不同，如果指定商品为"羊（活动物）"，应当着重描述活羊的外形特征、生理性能等；如果指定商品为"羊肉"，则应着重描述屠宰后羊肉的外观形态、营养价值等。其次，描述地理标志商品的特定品质，要结合第5条中对于关联性的分析，受产地自然因素影响而获得的特定品质，一定要在第6条展开描述。需要注意的是，国家知识产权局商标局针对审查实践中经常遇见的问题，在其官网"中国商标网"的"集体证明商标（地理标志）"板块"申请指南"栏目，发布了《地理标志商标注册申请15问》，其中问题九、问题十分别就《使用管理规则》第5条、第6条的撰写举了范例，这些例子仅就个案而言值得学习，但如果后来的申请人直接抄袭了范例的相关表述，则变成反面教材了。

此外，对于地理标志商标/普通证明商标的《使用管理规则》，参考样本第7条、第6条提出，可以说明使用该地理标志商标/普通证明商标的商品在种植、养殖及加工制造过程中的特殊要求。所谓"特殊要求"，包括特殊的动物饲养过程、屠宰方法等，特殊的植物种植过程、收获实践、储存方式等，传统手工艺品的特殊原材料、配料、制作过程等；如果仅是同类商品的一般种植、养殖方法或者加工工艺，没有特殊之处，则不必撰写该条内容。

第二节　集体商标、证明商标的变更申请

集体商标、证明商标与普通商标一样，可以就申请人/注册人名称、地址，代理人/文件接收人等事项进行变更，还有其特殊的变更事项，包括使用管理规则、集体商标申请人/注册人的集体成员名单的变更。以下仅就集体商标、证明商标变更申请的特殊要求进行介绍。

一、申请材料清单

（一）申请人/注册人名称变更

1）变更商标申请人/注册人名义/地址/变更集体商标/证明商标管理规则/集体成员名单申请书。"变更前名称"必须填写，留空不填写的，视为不申请变更名称。如果仅变更申请人/注册人名称，无须提交变更后的使用管理规则，因此在"变更管理规则"一栏不要勾选"是"。

2）申请人/注册人主体资格证明文件。具体要求详见普通集体商标注册申请材料第2项。

3）登记机关出具的变更证明。申请人/注册人是社会团体的，应当提交民政局、行政审批局等登记部门出具的变更证明；申请人/注册人是事业单位的，应当提交事业单位登记管理局、行政审批局等登记部门出具的变更证明。变更证明显示的变更前名称和变更后名称应当分别与申请书上"变更前名称"和"申请人名称"相一致。

（二）申请人/注册人地址变更

1）变更商标申请人/注册人名义/地址/变更集体商标/证明商标管理规则/集体成员名单申请书。"变更前地址"必须填写，留空不填写的，视为不申请变更地址。如果仅变更申请人/注册人地址，无须提交变更后的使用管理规则，因此在"变更管理规则"一栏不要勾选"是"。

2）申请人/注册人主体资格证明文件。具体要求详见普通集体商标注册申请材料第2项。主体资格证明文件上的地址即为变更后的新地址，因此该证明文件可视为登记机关出具的关于申请人/注册人地址变更的证明材料。

（三）集体商标/证明商标使用管理规则变更

1）变更商标申请人/注册人名义/地址/变更集体商标/证明商标管理规则/集体成员名单申请书。在"变更管理规则"一栏勾选"是"。

2）申请人/注册人主体资格证明文件。具体要求详见普通集体商标注册申请材料第 2 项。

3）变更后的集体商标/证明商标使用管理规则。对于地理标志商标的使用管理规则，如果变更其实质内容，则不能简单照搬变更前的描述，而应按照注册申请注意事项第（七）项所述，认真撰写第 5 条和第 6 条的内容。如果使用管理规则中表述的地理标志所标示商品的生产地域范围发生变化的，还应提交相关证明材料。具体要求详见地理标志集体商标（国内申请人）注册申请材料第 7 项。

（四）集体商标申请人/注册人集体成员名单变更

1）变更商标申请人/注册人名义/地址/变更集体商标/证明商标管理规则/集体成员名单申请书。如果仅变更集体商标申请人/注册人的集体成员名单，无须提交变更后的使用管理规则，因此在"变更管理规则"一栏不要勾选"是"。

2）申请人/注册人主体资格证明文件。具体要求详见普通集体商标注册申请材料第 2 项。

3）变更后的集体商标申请人/注册人集体成员名单。该名单应包括成员的名称和地址。

二、申请注意事项

1）申请人同时办理上述多个变更事项的，可以只提交一份变更商标申请人/注册人名义/地址/变更集体商标/证明商标管理规则/集体成员名单申请书，同时提交所办理变更事项需要的全部材料。

2）根据原国家工商行政管理总局商标局于 2017 年 11 月 3 日发布的《关于简化地理标志商标申请材料、便利申请人的通知》第 5 项措施，对注册申请中的地理标志商标提交变更申请时，如果申请人提交的变更材料与其在注册申请中提交的完全相同，可以不再重复提交该材料，只需在变更申请书上予以说明。请注意，该项措施不适用于普通集体商标/普通证明商标，也不适用于地理标志商标的注册申请。

3）实务中有部分申请人/代理人反映，网上申请集体商标/证明商标申请人/注册人名称变更或者集体商标申请人/注册人集体成员名单变更的，填写变更商标申请人/注册人名义/地址/变更集体商标/证明商标管理规则/集体成员名单申请书时，如在"变更管理规则"一栏不勾选"是"则无法进入下一步。在此情况下可以勾选"是"，但应在申请材料中予以说明，且提交的使用管理规则中除了申请人/注册人名称，机构改革之后商标注册、执法主管部门名称等必要的修改，其他内容应与变更之前保持完全一致。

4）事业单位改革文件中写明撤销申请人/注册人建制，重新成立某个主体承接申请人/注册人职能/业务，或者将申请人/注册人职能/业务并入另一主体的，不属于变更事项，申请人/注册人应提交转让申请。

第三节　集体商标、证明商标的转让申请

集体商标、证明商标与普通商标一样，是可以转让的，但除了提交的材料更多更复杂，还需要满足某些特别的条件。以下仅就集体商标、证明商标转让申请的特殊要求进行介绍。

一、申请材料清单

（一）普通集体商标

1）转让/移转申请/注册商标申请书。

2）转让人主体资格证明文件。具体要求详见普通集体商标注册申请材料第2项。

3）受让人主体资格证明文件。具体要求详见普通集体商标注册申请材料第2项。

4）商标转让合同。

5）转让后的集体商标使用管理规则。除将申请人/注册人名称由转让人改为受让人，并就机构改革之后商标注册、执法主管部门名称等进行必要修改之外，其他内容应与转让之前保持完全一致。如果不能保持一致，应先提交集体商标使用管理规则变更申请。

6）转让后的集体商标申请人/注册人集体成员名单。该名单应包括成员的名称和地址。可以单独提交，也可以在使用管理规则中列明。

（二）普通证明商标

1）转让/移转申请/注册商标申请书。

2）转让人主体资格证明文件。具体要求详见普通集体商标注册申请材料第 2 项。

3）受让人主体资格证明文件。具体要求详见普通集体商标注册申请材料第 2 项。

4）商标转让合同。

5）转让后的证明商标使用管理规则。具体要求详见普通集体商标转让申请材料第 5 项。

6）受让人具备监督检测指定商品或者服务的能力的证明材料。具体要求详见普通证明商标注册申请材料第 4 项。

（三）地理标志集体商标

1）转让/移转申请/注册商标申请书。

2）转让人主体资格证明文件。具体要求详见普通集体商标注册申请材料第 2 项。

3）受让人主体资格证明文件。具体要求详见普通集体商标注册申请材料第 2 项。

4）商标转让合同。

5）转让后的地理标志集体商标使用管理规则。具体要求详见普通集体商标转让申请材料第 5 项。

6）转让后的地理标志集体商标申请人/注册人集体成员名单。具体要求详见普通集体商标转让申请材料第 6 项。

7）受让人具备监督检测该地理标志能力的证明材料。具体要求详见地理标志集体商标（国内申请人）注册申请材料第 9 项。

8）地理标志所标示地区县级以上人民政府或者主管部门出具的授权文件。该文件应为红头文件，文件内容应明确指出同意该转让并由受让人在转让成功后监督管理该地理标志商标。此处"主管部门"并非行业主管

（四）地理标志证明商标

1）转让/移转申请/注册商标申请书。

2）转让人主体资格证明文件。具体要求详见普通集体商标注册申请材料第 2 项。

3）受让人主体资格证明文件。具体要求详见普通集体商标注册申请材料第 2 项。

4）商标转让合同。

5）转让后的地理标志证明商标使用管理规则。具体要求详见普通集体商标转让申请材料第 5 项。

6）受让人具备监督检测该地理标志能力的证明材料。具体要求详见地理标志集体商标（国内申请人）注册申请材料第 9 项。

7）地理标志所标示地区县级以上人民政府或者行业主管部门出具的授权文件。具体要求详见地理标志集体商标转让申请材料第 8 项。

二、申请注意事项

（一）受让人

普通集体商标/普通证明商标/地理标志集体商标/地理标志证明商标的受让人应按照前文所述，分别符合普通集体商标/普通证明商标/地理标志集体商标/地理标志证明商标注册人的相关要求。比如，××协会将其名下的集体商标转让给××公司，将以受让人的主体不适格为由，做出不予核准决定。

（二）集体商标/证明商标的移转

实务中存在一种特殊的情形，即在转让人终止之后方提交转让申请，这就是商标的移转。在此种情况下，申请人无法提供转让人主体资格证明文件，而是通过提交有关公函或者法律文书，证明受让人有权利继受相应的商标权。

如果转让人为社会团体法人，其出资人或者清算人有权代表其处置资产（包括名下的商标）。因此，应当由转让人的出资人或者清算人在转让/移转申请/注册商标申请书、商标代理委托书、商标转让合同的"转让人章戳（签字）""委托人章戳（签字）""转让方"等相应位置签字，还应当提交手续完备的《社会团体法人注销申请表》（表3-1）或者由民政局、行政审批局等登记部门出具的社会团体法人注销证明文件，以及在登记部门备案、出资人或者清算人确认的关于处置待转让商标的声明或者清算报告。上述材料的出具主要为了证明两点：一是出资人或者清算人已经在转让人的登记部门备案，确实有权代表转让人处分待转让商标；二是待转让商标的去向明确，即出资人或者清算人同意将其转让给受让人。

如果转让人为事业单位法人，尤其是作为地理标志证明商标注册人的事业单位法人，其经费来源一般为财政全额拨款，其举办单位（业务主管部门）亦是其经费来源的代管人，可视为其出资人。因此，应当由转让人的举办单位或者清算人在《转让/移转申请/注册商标申请书》、商标代理委托书、商标转让合同的"转让人章戳（签字）""委托人章戳（签字）""转让方"等相应位置签字，还应当提交手续完备的《事业单位法人注销登记（备案）申请书》（表3-2）或者由事业单位登记管理局、行政审批局等登记部门出具的事业单位法人注销证明文件，以及在登记部门备案、举办单位或者清算人确认的关于处置待转让商标的声明或者清算报告。此外，如果申请人无法提交手续完备的《事业单位法人注销登记（备案）申请书》，由于事业单位的撤并涉及人民政府的单位和人员编制，还可以补充提交机构编制部门出具的关于转让人撤销或者解散的红头文件作为佐证。

（三）使用管理规则

目前在转让申请材料清单中仍列有转让后的集体商标/证明商标/地理标志集体商标/地理标志证明商标使用管理规则。审查实践中发现，申请人在提交材料时，经常出现以下两种情况：一是仅将申请人/注册人名称由转让人改为受让人，而未就机构改革之后商标注册、执法主管部门的名称等内容进行必要修改；二是除了上述必要修改，其他内容与转让之前不完全一致。审查员一方面不得不就此依法作出不予核准决定，另一方面觉得经补正仍不符合要求实在可惜。出于便利申请人的考虑，有关部门正在研究调整转让申请材料清单，拟将使用管理规则移出清单，对符合其他材料要求的转让申请，由审查员直接替换转让前的使用管理规则中申请人/注册人名称以及机构改革之后商标注册、执法主管部门的名称。

集体商标、证明商标的续展、注销等申请，与普通商标的要求并无二致，此处不再赘述。

表 3-1 社会团体法人注销申请表

编号：

社会团体法人注销申请表

社团名称			
业务主管单位		法定代表人	
成立时间		注销时间	
注销原因			
社团履行内部程序			

社团法定代表人签章：　　　　　　　　　业务主管单位审查意见

社团盖章：　　　　　　　　　　　　　　　　（印章）

　　　　　　　　年　月　日　　　经办人：　　　　　　年　月　日

登记管理机关审批

受理意见	审　核	批　准
承办人： 负责人： 　　年　月　日	年　月　日	年　月　日

（请以 A4 纸正反两面打印）

清算组织主要组成人员名单				
姓名	工作单位	职务	在清算组织职务
清算结论 （清算组织 负责人签字）			

收缴证书、印章、财务凭证记录：

年　月　日

注销组织机构代码、税务登记、银行账户记录：

年　月　日

注销登记公告记录：

年　月　日

表3-2 事业单位法人注销登记（备案）申请书

统一社会信用代码（或事证号）
_____

事业单位法人注销登记（备案）申请书

单 位 名 称_____

法定代表人_____

申 请 日 期_____ 年 月 日

国家事业单位登记管理局　制

单位名称	
注销理由	
清算组织负责人意见	签名：　　　　　　　　　　　　　年　月　日
举办单位意见	负责人：　　　　公章：　　　　年　月　日
审批机关意见	负责人：　　　　公章：　　　　年　月　日

登记管理机关意见	受理人	签名：	年 月 日
	审核人	签名：	年 月 日
	负责人	签名：	年 月 日
证章缴收情况			
公告登刊情况			
备注			

送件人：　　　　　　　　　送件日期：
收件人：　　　　　　　　　收件日期：
联系人：　　　　　　　　　联系电话：

第四章　商标授权确权程序业务合规

第一节　商标驳回复审代理

根据2019—2022年的不完全统计，商标驳回复审案件约占各类型商标评审案件总量的80%，商标驳回复审成为保护商标注册申请人合法权益、弥补商标审查瑕疵、减少商标授权纠纷的重要法律程序。从审理效果看，根据2020—2022年的不完全统计，超过1/3的商标驳回复审申请得到了评审部门的全部或部分支持，商标注册申请被准予全部或部分初步审定。因此，建议申请人代理人充分行使评审程序赋予的救济权利和机会。

一、商标驳回复审代理的法律法规

（一）《商标法》第34条

第三十四条　对驳回申请、不予公告的商标，商标局应当书面通知商标注册申请人。商标注册申请人不服的，可以自收到通知之日起十五日内向商标评审委员会申请复审。商标评审委员会应当自收到申请之日起九个月内做出决定，并书面通知申请人。有特殊情况需要延长的，经国务院工商行政管理部门批准，可以延长三个月。当事人对商标评审委员会的决定不服的，可以自收到通知之日起三十日内向人民法院起诉。

（二）《商标法实施条例》第52条

第五十二条　商标评审委员会审理不服商标局驳回商标注册申请决定

的复审案件，应当针对商标局的驳回决定和申请人申请复审的事实、理由、请求及评审时的事实状态进行审理。

商标评审委员会审理不服商标局驳回商标注册申请决定的复审案件，发现申请注册的商标有违反商标法第十条、第十一条、第十二条和第十六条第一款规定情形，商标局并未依据上述条款作出驳回决定的，可以依据上述条款作出驳回申请的复审决定。商标评审委员会作出复审决定前应当听取申请人的意见。

二、商标驳回复审的制度设计理念

依据《商标法》第34条和《商标法实施条例》第52条的规定，驳回复审是商标注册申请被驳回后，申请人不服驳回决定，向商标评审部门申请复审，评审部门对申请商标做出是否予以初步审定的复审决定。驳回复审程序是对商标审查决定的再审查程序，是商标行政授权程序内对注册申请人的救济程序。

复审程序与审查程序适用的审查审理标准相同，但结论有所不同。这是因为，首先，审查、审理的范围不同。审查程序面对的只是一纸申请书；而评审程序接受当事人提交的理由和证据，掌握的信息更多，审查范围更全面。其次，检索、比对等工作方式不同。审查程序通常将申请商标的各个组成要素分别进行检索并做出判断；而评审程序侧重于从商标整体构成、认读效果上进行考量，并结合当事人提交的证据材料加以分析。再次，程序性质定位不同。审查程序面对海量的审查对象，更侧重效率和统一；复审程序作为救济程序，在兼顾标准统一的同时，更侧重个案和公平。这在《商标审查审理指南》（2021）中也有所体现，如关于近似判定的相关考虑因素，指南明确指出，在商标注册审查中，主要考虑商标标志本身的近似程度。而在其他程序包括驳回复审程序中，还应在此基础上，综合判定混淆的可能性。因此，评审程序的复审性质，使其对审查程序具有救济和监督的功能，能弥补审查程序中的疏失，给予当事人及时充分的权利救济，并保证商标法律的统一适用。

评审程序是具有准司法性质的行政程序，这种行政程序司法化在驳回复审程序中的突出体现，就是《商标法实施条例》第52条第2款规定的有限度的全面审查和相应的评审意见书制度。行政职能体现在，如果商标局的驳回理由不准确或不全面，评审部门将依职权主动适用《商标法》第10条、第11条、第12条和第16条第1款规定进行全面审查，增加或转换驳回理由。这主要是考虑到，无论是审查部门还是评审部门，均负有维护社会公共利益之法定职责，对申请商标是否属于《商标法》规定的禁用、禁注标志均负有主动审查义务。评审部门在审理驳回复审案件时，如果发现个别案件中的申请商标存在驳回理由法律适用不准确或者不全面的情况，仍然予以初步审定，留待后续程序去解决，不仅违反《商标法》的有关规定、损害社会公共利益，也可能影响正常的商标注册管理秩序，有损商标授权确权机关的公信力。对于申请人而言，即使该类商标获得初步审定，也很可能在后续程序中因缺乏注册合法性而被不予注册或宣告无效，因此在驳回复审程序中因全面审查而被驳回有助于其及时止损。需要注意的是，这种主动审查是有限度的，仅限于转换或增加恰当的禁用、禁注条款，不增加基于相对条款的驳回理由，不进行在先商标检索，不增加引证商标。准司法性质体现在，此情况下评审部门将发出商标驳回复审案件评审意见书，告知申请人新的驳回理由，以保障申请人对新驳回理由申辩和举证的权利。

三、商标驳回复审代理的操作流程

（一）提出驳回复审申请的法定期限、方式和途径

驳回复审案件提出申请的法定期限为收到商标局通知之日起15日内。依据《商标法实施条例》第12条的规定，上述期限开始的当日不计算在期限内，期限届满日是节假日的，顺延至节假日后的第一个工作日。需要注意的是：期间开始的第一天是节假日的，并无任何特别规定。

申请人提出评审申请的方式，依据《商标法》第22条、《商标法实施条例》第8条和《商标评审规则》第3条，可以以书面方式或者数据电文方式办理。

申请人提出评审申请的途径有两种：一是自行直接提出评审申请；二是委托依法设立的商标代理机构提出评审申请。委托商标代理机构办理商

标评审事宜的，应当提交代理委托书。外国人或者外国企业办理商标评审事宜，在中国有经常居所或者营业所的，可以委托依法设立的商标代理机构办理，也可以直接办理；在中国没有经常居所或者营业所的，应当委托依法设立的商标代理机构办理。

上述申请人"收到"商标局通知之日，依据《商标法实施条例》第10条、《商标评审规则》第54条，分以下几种情形确定：①商标局通知以数据电文方式送达的，自文件发出之日起满15日视为送达申请人。文件发出之日以商标注册部门网上服务系统载明的日期为准。②邮寄送达的，申请人可以提交邮政挂号信信封原件作为证明送达日的证据，以收到的邮戳日为准。邮戳日不清晰或者没有邮戳的，自文件发出之日起满15日视为送达，但申请人能够证明实际收到日的除外。申请人为证明实际收到日，应当提交依据邮政挂号信条码查询到的邮路信息，由商标注册部门结合发文信息综合判定以确定实际送达日。申请人主张的实际送达日与挂号信邮戳、邮路信息不一致的，可以提交县级以上邮政部门出具的加盖公章的证明原件，注明实际送达日期及邮政部门的联系人、联系电话等，由商标注册部门审查核实后，确定实际送达日。③文件通过上述方式无法送达的，可以通过公告方式送达申请人，自公告发布之日起满30日视为送达。申请人在公告期间内领取的，以实际领取之日为送达日。公告期满后领取的，仍以公告发布之日起满30日视为送达，申请人实际领取的时间不影响公告送达期间的计算。④申请人委托商标代理机构的，文件送达商标代理机构视为送达申请人。⑤马德里国际注册商标驳回通知的送达，以世界知识产权组织（WIPO）通知函上所载国际局转发申请人的时间为准。

依据《商标法实施条例》第9条、《商标评审规则》第53条，申请人提交驳回复审申请文件的日期，分以下几种情形确定：①以数据电文方式提交的，以商标注册部门收到商标数据电文申请文件的时间为准。申请人的数据电文材料未能被正常接收的，视为未提交。②以邮寄方式提交的，以申请人寄出的邮戳日为准。以快递方式提交的，以快递企业收寄日为准。邮戳日及快递收寄日不清晰的，以中国邮政官网、快递企业官网记录的寄出信息为准。没有邮戳日或快递收寄日的，以商标注册部门实际收到日为准。申请人主张的实际提交日与邮政挂号信邮戳、邮政邮路信息不一致的，可以提交县级以上邮政部门出具的加盖公章的证明原件，注明实际提交日期及邮政部门的联系人、联系电话等，由商标注册部门审查核实后，确定实际提交日。

申请人是否需要提交补充证据材料需在申请书首页相应栏目勾选，如果在首次提交申请书件后需要补充有关证据材料的，应自提交申请书之日起 3 个月内一次性提交。未在申请书中声明或期满未提交的，视为放弃补充有关证据材料。但是，在期满后生成或者申请人有其他正当理由未能在期满前提交的证据除外。

（二）提交驳回复审申请的主体资格

驳回复审案件申请人须是经商标局驳回的原商标注册申请人。申请商标发生注册人名义变更、转让或者移转，已向商标局提出申请但是尚未核准公告的，可以以变更、转让或者移转后的名义提交驳回复审申请，但申请人应当提供相应的证明文件。

驳回复审申请受理后，在案件审理过程中，申请商标发生转让、移转的，依据《商标评审规则》第 26 条，受让人或者承继人应当及时以书面方式声明承受相关主体地位，参加后续评审活动并承担相应的评审后果。未书面声明且不影响评审案件审理的，评审部门可以将受让人或者承继人列为当事人作出决定。

共有商标的申请人参加商标评审活动，应当指定一人为代表人；没有指定代表人的，以其在商标注册申请书或者商标注册簿中载明的顺序第一人为代表人。代表人参与评审的行为对其代表的所有申请人发生效力，但代表人变更、放弃评审请求等对商标权利有重大影响的事项，应当有被代表的申请人的书面授权。商标评审文书送达代表人。

（三）提交驳回复审申请的材料要求

提出商标评审申请必须提交书面申请材料，以数据电文方式提出的，应当符合商标网上服务系统要求的数据格式；以纸质方式提出的，应当打字或者印刷。无论以哪种形式提交，书面申请材料均应当制作、下载或者参照填写对应案件类型的评审申请书。

申请人填写申请书首页、申请书正文，应严格按照填写须知或书式所附的说明准确填写。以数据电文方式提交申请的，以商标网上服务系统实时生成的经用户预览确认的首页信息为准。申请书应当有明确的评审请求,写明其所依据的商标法律条款,并详细陈述相应的事实与理由。评审请求仅涉及部分商品或服务的,须具体列明。

申请人提交驳回复审申请需要注意:商品分割不属于评审范围。商品分割是指商标局对一件商标注册申请在部分指定商品上予以驳回时,申请人可以将该申请中初步审定的部分申请分成另一件申请,分割后的申请保留原申请的申请日期,并予以初步审定公告。需要分割的,申请人应当自收到商标局商标注册申请部分驳回通知书15日内,向商标局提出分割申请。这一时间期限与驳回复审期限相同,因此,申请人务必注意区分,该申请中初步审定的部分可以申请分割,该申请中被驳回的部分可以申请驳回复审。

一标多类驳回复审申请,因为只有部分驳回时一次分割的机会,后续其他环节都不能分割,因此建议提交一份评审申请。但申请商标为国际注册一标多类的,驳回理由如仅涉及相同近似问题,为避免引证商标较多且权利状态不稳定而致多个类别互相牵扯,则建议驳回复审一类一申请。

商标评审申请可以提交证据。申请人如提交证据,应制作相应的证据目录,一并附在正文后。需要注意的是,如提交的是外文证据,应当对外文证据进行翻译,未提交中文译文的,该外文证据视为未提交;证据系在中华人民共和国领域外形成,或者在中国香港、澳门、台湾地区形成,评审部门认为必要的,申请人应当依照有关规定办理相应的公证认证手续。

申请人委托商标代理机构办理商标评审事宜,应当提交代理委托书。代理委托书应当注明委托事项和代理权限,未经特别声明的均为一般代理;申请人放弃或者变更评审请求、撤回商标评审申请的,注意应在代理委托书上勾选特别权限。代理权限发生变更、代理关系解除或者变更代理人的,申请人应当及时书面告知。

(四)驳回复审案件的中止

一般情形下,依据《商标法》第34条的规定,驳回复审案件的审理期限为9个月。但如果商标注册申请被驳回后,申请人一方面向评审部门提出驳回复审申请,另一方面对引证商标采取清除权利障碍的行动,如连续三年不使用撤销、异议、无效宣告、转让等,申请人显然希望该驳回复审案件中止审理，等待引证商标关联案件审理结果。如果在先权利障碍消除，该驳回复审案件再恢复审理，申请商标就可以获得初步审定。为此，《商标法实施条例》第11条明确规定，"审理过程中，依案件申请人的请求等待在先权利案件审理结果的期间"不计入审理期限。《商标评审规则》也明确规定，依照《商标法实施条例》第11条第（五）项的规定，需要等待在先权利案件审理结果的，评审部门可以决定暂缓审理该商标评审案件。

根据商标局网站发布的《评审案件中止情形规范》解读，驳回复审所涉及的引证商标权利状态必须以人民法院正在审理或者行政机关正在处理的另一案件的结果为依据的，申请人明确提出中止审理请求，评审部门应当中止审理。中止审理请求可以单独提出，也可以在驳回复审理由中一并提出，但均应说明涉及的引证商标注册号、所处程序、与本案的关系等具体情况。这里对引证商标相关案件不再区分提出申请的时间是在该驳回复审案件中的系争商标提出注册申请之前还是之后，也不再区分引证商标相关案件的申请主体是否为该驳回复审案件的申请人。但需注意以下三点：一是为兼顾效率与公平及商标注册秩序的稳定性，申请人应至迟不晚于其提出驳回复审申请之日起的三个月补充材料期间，书面说明其对引证商标采取清除权利障碍的行动。二是应否中止还必须满足必要性原则，即只有案件审理中涉及在先权利的确定等情形对审理结果有实质性影响的，才中止审理；其他评审理由或者其他权利状态确定的在先商标足以确定案件结论的，不应当中止审理。三是原则上，谁申请中止审理，谁申请解除中止。引证商标权利状态确定后，申请人应提交相应证据材料，审查员收到申请人补充证据并确认中止情形已经消除的，恢复审理。或者申请人根据案件具体情况，希望解除中止，也可以提交相应书面材料，明确申请恢复审理，评审部门应尊重当事人意愿。但鉴于中途解除中止状态下，案件审理结果事关申请商标会否在全部或部分商品上被继续驳回等重大权利事项，驳回复审案件通过代理办理的，代理委托书应体现特别权限；申请商标为共有商标的，代表人提出解除中止申请的，也应有被代表的申请人的书面授权。

四、商标驳回复审代理的特别注意事项

(一) 审理范围

驳回复审案件的审理范围包括商标局的驳回决定，复审申请载明的事实、理由和请求，评审时的事实状态。

所谓"评审时的事实状态"，是指在案件进入评审实质审理程序时所处的事实状态，主要包括申请人自身情况的显著变化、引证商标权利状态的变化以及权利冲突是否发生变化等情况，如引证商标转让于驳回复审案件申请人，或引证商标被注销、撤销、驳回等。这些事实和商标权利状态的变化可能会对案件裁决结果产生实质影响，申请商标均会因不存在在先商标权障碍而获得初步审定，在这些情况下，若仍以案件申请时的事实状态为准，则有违实事求是和便利申请人的基本原则。

在驳回复审程序中，申请人可以放弃对部分驳回商品的复审请求，但不能修改商标标识、增加商品或对商品做出限定说明等修改（申请商标为马德里国际注册商标除外）。

申请商标为马德里国际注册商标的，在驳回复审程序中，申请商标涉及在中国的转让、名义地址变更、商品或服务修改限定、更正、删减、放弃等后续业务的，申请人需要注意上述业务均应在 WIPO 国际局办理。国际局按申请人指定通知中国商标主管机构，由商标局国际注册部门审查后，评审部门再根据国际注册部门的审查结论恢复该驳回复审案件的审理。申请人应特别注意涉及第 35 类零售与批发、第 28 类博彩用品、第 41 类博彩服务等提出的删减、更正等申请，中国商标主管机构是否核准。

(二) 全面审查原则与评审意见书制度

如前所述，在商标授权前的驳回复审案件中可以依职权进行有限度的主动审查。主动审查是指申请商标除商标局驳回决定所列驳回理由外，如果还违反《商标法》第 10 条、第 11 条、第 12 条和第 16 条第 1 款的规定，但驳回决定所援引的禁注、禁用条款不够准确或全面，在此情形下，评审部门将发出商标驳回复审案件评审意见书，适用上述条款增加或转换驳回

理由，在听取当事人申辩意见的基础上，就申请商标是否违反相关禁注、禁用条款进行裁定。主动审查体现在基于社会公共利益的保护，驳回复审案件审查中遵循的是涉及绝对理由的全面审查原则，复审审理的主动权在商标授权确权行政部门而不在申请人，审理范围不受申请人复审请求范围的限定。而有限度是指主动审查仅限于绝对条款，不涉及相对理由，无须再次进行全面的在先商标权检索，不增加引证商标。

如"吾斯塘博依百年老茶馆"商标驳回复审案，商标局驳回理由为申请商标与引证商标"吾斯糖博依"近似。"评审时的事实状态"变化是引证商标已因连续三年停止使用被撤销注册，因此，申请商标的在先权利障碍已不存在。但评审部门经审理查明，吾斯塘博依为喀什千年古老街市，且商标中还含有"百年"，由内地自然人在茶叶等商品上申请注册，易使消费者对商品的来源、品质等特点产生误认，遂发出评审意见书，增加《商标法》第10条第1款第（七）项作为新的驳回理由。申请人未在规定期限内发表申辩意见，该商标注册申请最终被驳回。

（三）申请和代理行为合规，以《商标法》第 4 条的审查为例

申请人申请注册商标，代理机构代理商标注册申请，应严格遵守《商标法》《商标法实施条例》等法律法规。还应特别注意，近年来，在规范商标申请注册和代理行为加大力度规制恶意商标申请的背景下，国家市场监督管理总局先后公布了《规范商标申请注册行为若干规定》和《商标代理监督管理规定》，这两个部门规章对恶意商标注册申请行为或代理行为均有明确界定。驳回复审案件集中体现在对 2019 年《商标法》第四次修改中新增的第 4 条的审查审理。

依据《商标审查审理指南》（2021），"不以使用为目的的恶意商标注册申请"是指"申请人并非基于生产经营活动的需要而提交大量商标注册申请，缺乏真实使用意图，不正当占用商标资源，扰乱商标注册秩序的行为"。指南阐释了《商标法》第 4 条的适用要件、考虑因素和适用情形，并列举了 10 类典型案例。需要注意的是，在适用要件部分，指南明确规定了适用的例外情形，包括：①申请人基于防御目的申请与其注册商标标识相同或者近似的商标；②申请人为具有现实预期的未来业务，预先适量申请商标。上述情形①显非恶意，上述情形②具有使用的目的，由此可见，

适用《商标法》第 4 条应满足不以使用为目的和恶意两个要件，以此将修法的打击目标——商标囤积行为与正常生产经营中的商标储备行为或作为知识产权保护策略的防御性注册行为区分开来。

为此，申请商标如因《商标法》第 4 条被驳回，在驳回复审程序中，申请人应注意提交较为完整的实际使用证据或者能够充分证明使用意图；或者提交一定的实际使用证据或者使用意图证据，并且说明申请商标是否使用在申请人实际经营业务范围内。申请人提交证据应重点证明以下情况：①商标申请注册整体情况，尤其是近期情况；②主营业务、行业地位概况及实际经营业务；③主商标使用的商品/服务及商标知名度概况；④使用或使用意图证据，注意是否体现了本案指定商品或服务的使用情况；⑤申请人提出的确权、侵权案件及是否获得支持等维权情况，以此证明权利保护的必要性和迫切性；⑥类似前案审理情况，简要说明前案结论及形成结论的理由。

以下从正反两方面各举一例：在"云须"商标驳回复审案中，商标局驳回理由为申请人除申请此件商标外，还提交了大量商标注册申请，明显缺乏使用意图，超出正常经营活动需要。在驳回复审程序中，评审部门经审理查明，虽然至案件审理时，申请人在多个类别申请注册了 200 余件商标，但依据申请人提交的证据可知，申请人为中国银行全资子公司，主要从事公益扶贫项目，其在第 29、30、32、35 类提出注册申请，属于因经营需要而申请商标注册，具有真实使用意图，因此准予初步审定。

而在"JOY@ABLE"商标驳回复审案中，商标局适用《商标法》第 4 条的驳回理由为：该申请人短期内提交了大量注册申请，明显超出正常经营活动需要，缺乏真实使用意图，亦扰乱正常的商标注册秩序。评审部门经复审认为，申请人在全部的 45 个商品及服务类别上共注册了 929 件商标；其中 2018 年 5 月至 2019 年 1 月不足 9 个月的时间内就申请注册了 500 余件商标。申请人短期内大量申请注册商标的行为明显超出了生产经营的正常需要。申请人关于其近期商标申请均为其实际使用商标扩展注册的复审理由，与其实际申请行为及商标的构成情况不符，不能解释其注册行为具有合理性和正当性。因此，申请商标构成《商标法》第 4 条所指情形，对其注册申请予以驳回。

在本案审理过程中，重点考虑了以下几个方面：第一，申请人的具体情况。依据申请人的复审理由和证据，审查其经营范围、实际状况、行业特点、初步判定其商标注册申请是否符合生产经营活动的实际需要、是否具有真实的使用意图，以区分商标囤积、商标储备及防御性注册。第二，申请人的商标申请注册数量及申请注册的类别跨度和时间跨度。数量只是基本考量因素，但并没有机械的定量要求，同时更应参考商品及服务类别的跨度，是否涉及某些行业专业属性或资质要求较强的特定类别等其他因素综合考虑，来推定申请人商标注册在数量上是否具有合理性。第三，申请人名下商标的标识构成，以判定商标是否具有合理来源及正当性。第四，申请人的抗辩理由。申请人若能证明其申请的商标具有真实使用意图，具有合理来源，没有主观恶意，则不构成《商标法》第 4 条所指情形。就本案而言，从申请人的具体情况看，申请人是一家贸易公司，但其申请注册的商标涵盖了商品及服务区分表中所有的类别，这显然与其行业特点和公司的实际经营情况不符，不具备商标储备的合理性。从数量和跨度上看，申请人名下 45 类 929 件商标注册申请中，还包含了有较强行业属性及资质要求的类别，如第 1 类工业用化学品等商品、第 36 类保险咨询等服务、第 38 类无线广播服务等；特别是其中 500 多件商标申请注册的时间段集中在 2018 年 5 月至 2019 年 1 月期间，这难以解释申请人是基于什么样的正常生产经营活动，需要在如此短的时间段内在如此广泛的商品或服务类别上申请注册这么多商标。从商标标识构成上看，申请人在复审理由中称，其主商标为"赏目""悦能"，均为服装品牌，其申请注册的商标均为上述商标的扩展注册。但经审理查明，首先，申请人商标中，"赏目"及"悦目"系列商标仅占其商标总数的一小部分；申请人在其他不同类别还大量注册了与其自称的主商标全然无关的商标，不具备所谓防御性注册的合理性。其次，申请人还大量申请注册了"V++""J++""Q++"等简单字母及符号组合而成的商标，这些商标不仅不符合商业使用习惯，也无法解释其注册的合理性，而更接近于符号圈地、不正当占用公共资源的行为。故申请人复审理由将其申请注册大量商标的行为解释为其主商标的扩展注册，与事实不符。综上，申请商标构成《商标法》第 4 条所指情形，予以驳回。

在此，需要提醒申请人的是，一方面，应尽可能厘清自己的核心业务领域，并在其商品或者服务上尽早注册商标，为自己的业务发展预留足够的商标空间；另一方面，所谓防御性注册，也应自觉控制在一个合理、必要的限度内。所谓"合理、必要"，在标识构成上，避免将本不应纳入商标保护的要素进行注册，避免商标标识本身出现显著性、正当性问题；在数量上，应与品牌知名度、经营状况、多元化经营的可能性等相匹配，以凸显权利保护的合理性、必要性。如果远超必要、正当的合理限度，注册申请行为恐将异化为对商标注册制度的滥用，某种程度上同样构成"恶意"。

（四）驳回复审案件中相关证据的提交

驳回复审程序中，不仅如上述《商标法》第 4 条涉及商标实际使用或使用意图证据的审查，涉及相同近似判断的混淆可能性、使用获得显著性等问题，均涉及证据的审查。

《商标审查审理指南》（2021）第五章"商标相同、近似的审查审理"关于相关考虑因素指出，在商标注册审查中，主要考虑商标本身的近似程度；在其他程序中，则在判定近似的基础上，还应考虑以下因素，综合判断是否容易导致混淆：在先商标的显著性、在先商标的知名度、相关公众的注意程度、商标申请人的主观意图及其他，即地域、商标的使用方式、是否同业关系等。其中前两项主要涉及双方当事人案件中在先商标权利人提供的证据。而在驳回复审案件中，申请人提交证据应聚焦于证明商品特点、是否相同行业或相同消费渠道、商标使用意图及使用行为、市场实际情形的历史及现状、申请商标经使用产生的区别性等问题，即驳回复审案件的重点不仅是符号意义上的像不像，还是商标意义上的混不混。当事人代理人还需要注意以下两点：一是系争商标申请人与引证商标权利人签订的共存协议或引证商标权利人出具的同意系争商标注册的同意书，不能当然取代混淆可能性审查，成为在后系争商标初步审定或获准注册的充分条件。商标标识本身的近似程度是判定是否存在混淆误认可能性的基础，共存协议仅可作为排除混淆可能性的初步证据加以考量。二是申请人若主张申请商标为延续性注册，仅仅依据其享有更早的在先注册商标权利并不足以支持其主张，更重要的是，其更早的在先商标是否经实际使用积累了商誉并得以延续。从商标权利的授权基础角度分析，并不因申请人在先注册即当然享有可以延续的权利，可以延续的只能是经使用形成的商誉并由此产生了与其他近似商标区分的事实基础。躺在平静的注册簿上的权利与市场秩序的稳定与否无关，不是权利延续的事实依据。

关于使用获得显著性或使用形成区别性的证据，需要注意以下几个方面：①时间范围，可以至案件审理时，这与双方当事人案件中的证据时间点有所不同，详见以下无效宣告、不予注册复审、异议相关章节。②地域范围，原则上应为我国《商标法》所及法域，即中国大陆地区。③使用主体，使用人是否为申请人，若非申请人，应说明使用人与申请人的关系。④商标标识。是否如申请图样（主要部分和显著特征应基本相同）；是申请商标的使用证据，还是申请人其他商标或企业名称的使用证据。建议申请人实际怎么使用标识就怎么申请注册商标，这点非常重要，不仅因为很多单纯图形商标驳回复审案件中，申请人提交的图形与文字组合使用的证据被认为不足以证明单纯图形本身经使用已具备了独立的显著性或与引证商标的区别性；还因为这也关系到其他程序中的使用证据证明力，如无效案件中证明在先使用或撤三案件中使用的标识能否确定为系争商标的使用。⑤是否在本案指定商品或服务上，尤其在涉及使用获得显著性的案件中，应当限定在实际使用的商品上，因此需对指定使用商品逐一举证。⑥使用形式，依据《商标审查审理指南》（2021），适应电商、互联网交易的发展，对非传统经营方式、非传统媒体形成的使用证据予以认可，将互联网、电商平台交易单据、交易记录也纳入了商标使用的判定中。申请人可参考中国商标网发布的《商标评审案件电子数据证据指引》。综上，申请人应提交证据证明其将系争商标在指定商品上持续使用与宣传的时间、地域、范围、销售规模等情况。

2021年4月26日国家知识产权局发布的年度评审五大典型案例中，"KINDER立体商标（三维标志、指定颜色）"（图4-1）商标驳回复审案即体现了商标使用对显著性的强化作用。商标局驳回理由为，申请商标使用在指定商品上，缺乏显著性，适用《商标法》第11条第1款第（三）项等规定予以驳回。申请人复审主张申请商标具有显著性，且经多年使用，已与申请人形成唯一对应关系。为证明使用获得显著性，申请人在复审程序中提交了重点商标保护名录、相关产品介绍、媒体报道、相关产品销售情况、审计报告、宣传及使用资料、申请人获得司法保护的多份判决书、申请人在先注册商标信息等证据。评审部门经复审认为，申请商标是由蛋壳状三维标志、红蓝白三种颜色和外文"Kinder"组合而成的立体商标。其中，带有指定颜色的蛋壳状三维标志使用在"巧克力"商品上具有显著特征，外文"Kinder"使用在复审商品上亦具有显著特征。同时，关于申请商标持续使用与宣传的情况，申请人提供了国家图书馆期刊报纸数据库中检索的2011—2013年在中国大陆地区通过《南方都市报》《京华时报》等多家媒体对申请人产品的报道、2014—2015年的广告代理协议等证据，可以证明其自2011年标注三维标志商标的巧克力产品进入中国大陆市场，通过电视广告、报纸等媒体对其巧克力商品进行了广泛宣传，支出了高额广告费用，已持续使用长达近十年。2011—2016年的经销协议节选及销售发票等多份证据显示其巧克力产品在北京、上海、广州、深圳、中山、佛山、珠海、东莞、南京、苏州等各大城市向当地百余家连锁超市及店铺广泛销售，销售范围覆盖了全国三十几个省市，销售数量及销售金额较大。经过申请人在中国大陆地区广泛、持续、大量地使用，在相关公众的认知中，形成了申请商标与申请人之间的稳定对应关系，使得相关公众能够结合其三维标志商标对商品的来源进行认知，即申请商标具备识别商品来源的作用。综上，申请商标在上述商品上具有显著性，并通过实际使用进一步增强了其识别性，可以起到区分商品来源的作用，应予以初步审定。

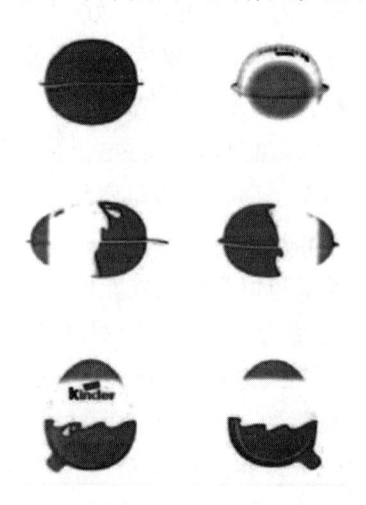

图4-1　第32315366号图形
（三维标志、颜色组合）商标图样

（五）评析总结

根据2019—2022年的不完全统计，商标驳回复审案件约占各类型商标评审案件总量的80%，成为保护商标注册申请人合法权益、弥补商标审查瑕疵、减少商标授权纠纷的重要法律程序。从审理效果看，根据2020—2022年的不完全统计，超过1/3的商标驳回复审申请得到了评审部门的全部或部分支持，商标注册申请在全部或部分商品上被准予初步审定。因此，建议申请人代理人充分行使评审程序赋予的救济权利和机会。此外，注册申请之前，申请人有义务进行在先权利的检索，如存在在先商标注册申请，建议申请人代理人积极消除在先权利障碍，尽早启动消除在先权利障碍的各种程序。最后，需特别强调的是，申请人、代理机构应强化商标注册申请行为、代理行为合规意识，如依据《商标代理监督管理规定》，曾经代理委托人申请注册商标或者办理复审事宜，委托人商标因违反《商标法》第4条规定，被国家知识产权局生效决定驳回申请，仍代理其在同一种或者类似商品上再次提交相同或者近似商标注册申请的，属于《商标法》第19条第3款规定的行为。依据《商标法》第68条的规定和《规范商标申请注册行为若干规定》《商标代理监督管理规定》，不仅涉及的商标会被依法严格审查，申请人、代理机构也均会受到严厉的行政处罚。

第二节　商标异议及不予注册复审代理

一、法律法规的相关规定

（一）《商标法》

第三十三条　对初步审定公告的商标，自公告之日起三个月内，在先权利人、利害关系人认为违反本法第十三条第二款和第三款、第十五条、第十六条第一款、第三十条、第三十一条、第三十二条规定的，或者任何人认为违反本法第四条、第十条、第十一条、第十二条、第十九条第四款规定的，可以向商标局提出异议。公告期满无异议的，予以核准注册，发给商标注册证，并予公告。

第三十五条　对初步审定公告的商标提出异议的，商标局应当听取异议人和被异议人陈述事实和理由，经调查核实后，自公告期满之日起十二个月内做出是否准予注册的决定，并书面通知异议人和被异议人。有特殊情况需要延长的，经国务院工商行政管理部门批准，可以延长六个月。

商标局做出准予注册决定的，发给商标注册证，并予公告。异议人不服的，可以依照本法第四十四条、第四十五条的规定向商标评审委员会请求宣告该注册商标无效。

商标局做出不予注册决定，被异议人不服的，可以自收到通知之日起十五日内向商标评审委员会申请复审。商标评审委员会应当自收到申请之日起十二个月内做出复审决定，并书面通知异议人和被异议人。有特殊情况需要延长的，经国务院工商行政管理部门批准，可以延长六个月。被异议人对商标评审委员会的决定不服的，可以自收到通知之日起三十日内向人民法院起诉。人民法院应当通知异议人作为第三人参加诉讼。

商标评审委员会在依照前款规定进行复审的过程中，所涉及的在先权利的确定必须以人民法院正在审理或者行政机关正在处理的另一案件的结果为依据的，可以中止审查。中止原因消除后，应当恢复审查程序。

（二）《商标法实施条例》

第二十四条 对商标局初步审定予以公告的商标提出异议的，异议人应当向商标局提交下列商标异议材料一式两份并标明正、副本：

（一）商标异议申请书；

（二）异议人的身份证明；

（三）以违反商标法第十三条第二款和第三款、第十五条、第十六条第一款、第三十条、第三十一条、第三十二条规定为由提出异议的，异议人作为在先权利人或者利害关系人的证明。

商标异议申请书应当有明确的请求和事实依据，并附送有关证据材料。

第二十五条 商标局收到商标异议申请书后，经审查，符合受理条件的，予以受理，向申请人发出受理通知书。

第二十六条 商标异议申请有下列情形的，商标局不予受理，书面通知申请人并说明理由：

（一）未在法定期限内提出的；

（二）申请人主体资格、异议理由不符合商标法第三十三条规定的；

（三）无明确的异议理由、事实和法律依据的；

（四）同一异议人以相同的理由、事实和法律依据针对同一商标再次提出异议申请的。

第二十七条 商标局应当将商标异议材料副本及时送交被异议人，限其自收到商标异议材料副本之日起 30 日内答辩。被异议人不答辩的，不影响商标局作出决定。

当事人需要在提出异议申请或者答辩后补充有关证据材料的，应当在商标异议申请书或者答辩书中声明，并自提交商标异议申请书或者答辩书之日起 3 个月内提交；期满未提交的，视为当事人放弃补充有关证据材料。但是，在期满后生成或者当事人有其他正当理由未能在期满前提交的证据，在期满后提交的，商标局将证据交对方当事人并质证后可以采信。

第二十八条 商标法第三十五条第三款和第三十六条第一款所称不予注册决定，包括在部分指定商品上不予注册决定。

被异议商标在商标局作出准予注册决定或者不予注册决定前已经刊发注册公告的，撤销该注册公告。经审查异议不成立而准予注册的，在准予注册决定生效后重新公告。

第五十三条 商标评审委员会审理不服商标局不予注册决定的复审案件，应当针对商标局的不予注册决定和申请人申请复审的事实、理由、请求及原异议人提出的意见进行审理。

商标评审委员会审理不服商标局不予注册决定的复审案件，应当通知原异议人参加并提出意见。原异议人的意见对案件审理结果有实质影响的，可以作为评审的依据；原异议人不参加或者不提出意见的，不影响案件的审理。

二、商标异议制度的构建理念和基本思路

我国《商标法》采用注册制度和在先申请原则。在商标获准注册前设置异议程序，即异议前置，发挥弥补商标注册审查程序中的不足、为在先权利人提供救济手段、打击恶意注册、实现社会监督等制度功能。

2013 年《商标法》第三次修正，对异议程序及复审程序进行了重大修改。一是对异议主体资格及其可以主张的异议理由的范围予以限定，大大压缩了 2001 年《商标法》下任何人可以以任何理由提出异议的随意性，

有利于防范恶意异议、提高绝大多数正当商标注册申请人获得商标授权的效率，增强异议程序的权威性，维护各方的合法权益。二是简化了异议确权程序，减少了绝大多数异议不成立案件的行政审级。同时兼顾异议成立案件中为被异议人提供救济，即异议不成立的，异议人不再有复审的机会，但可以在被异议商标获准注册后向评审部门提出无效宣告请求；而异议成立被异议商标不予核准注册的，被异议人享有复审的机会。这样的单边复审程序，其实是从异议结论的两种可能性出发均作出了有利于被异议人即商标注册申请人的制度安排，从而实现了缩短审理周期、简化确权程序的修法目的，为商标权利人开展正常的生产经营活动和维护其合法权益争取了宝贵的时间。

但这种修改对异议人的影响需积极应对，如果异议不成立，异议人将不再具有提出异议复审的权利。因此，提醒当事人如作为异议人，要更加全面地阐述异议理由，更加充分地提交证据材料；即便异议成立，在被异议人启动不予注册复审时，也应积极参与不予注册复审程序，发表的意见不应超出异议理由，但可以就相同理由主张新的法律依据、新证据或足以影响案件实质结论的证据。

就评审部门不予注册复审案件的案件审理范围而言，包括针对商标局的不予注册决定和申请人申请复审的事实、理由、请求及原异议人提出的意见。商标局的不予注册决定被明确列入案件审理范围，使得不予注册复审程序定位于对异议决定再审理的"复审"本意，而接受原异议人就相同理由主张的新的法律依据、新证据或足以影响案件实质结论的证据，则兼顾了新异议制度下异议人与被异议人之间的程序权利和实体权益的平衡。同时，不予注册复审作为评审程序的一个类型，也体现了行政程序司法化的特点，如程序规则和证据规则坚持原异议人参加不予注册复审程序发表意见中对案件结论有实质影响的证据，必须再交换被异议人质证。

三、商标异议及不予注册复审代理的具体操作

（一）异议期限

异议的法定期限为 3 个月。异议期限的起算日和届满日，按照《商标

法实施条例》第12条规定："除本条第二款规定的情形外，商标法和本条例规定的各种期限开始的当日不计算在期限内。期限以年或者月计算的，以期限最后一月的相应日为期限届满日；该月无相应日的，以该月最后一日为期限届满日；期限届满日是节假日的，以节假日后的第一个工作日为期限届满日。"即异议期限从初步审定公告之日的次日开始计算，届满日是3个月期限最后一月的最后一日。例如，初步审定公告刊发于2023年11月30日的商标，法定异议期间为2023年12月1日至2024年2月29日。

被异议商标如是通过马德里注册申请领土延伸至中国保护的，异议期从商标国际公告的第2个月首日起算。依据《商标法实施条例》第45条，商标局在驳回期限内将异议申请的有关情况以驳回决定的形式通知国际局。

（二）异议人的主体资格及可以主张的异议理由

从异议程序公众监督的角度，任何主体都有权基于绝对理由提出异议。绝对理由指《商标法》中关于禁止使用或禁止注册的条款，包括《商标法》第10条禁用条款，第11条禁注条款，第12条关于三维标志的功能性审查条款，第4条、第7条有关诚信的总则性条款，第19条第4款禁止商标代理机构在代理服务范围以外申请注册商标。另外，依据《商标审查审理指南》（2021），《商标法》第44条第1款"以欺骗或者不正当手段取得商标注册"的审查审理标准，也可参照适用于商标异议和不予注册复审程序中。

从异议程序为在先权利人提供权利救济的角度，在先权利人或利害关系人可以基于相对理由提出异议。相对理由指禁止商标损害特定主体在先私权的条款，包括《商标法》第13条关于驰名商标保护的条款，第15条禁止代理人、代表人或者其他有特定关系的人抢注的条款，第16条关于地理标志保护的条款，第30条、第31条对在先商标注册或在先商标注册申请保护的条款，第32条前半句对商标权以外的其他在先权利如著作权、商号权等保护的条款，以及第32条后半句对在先使用并有一定影响的未注册商标保护的条款。具体可参见图4-2。

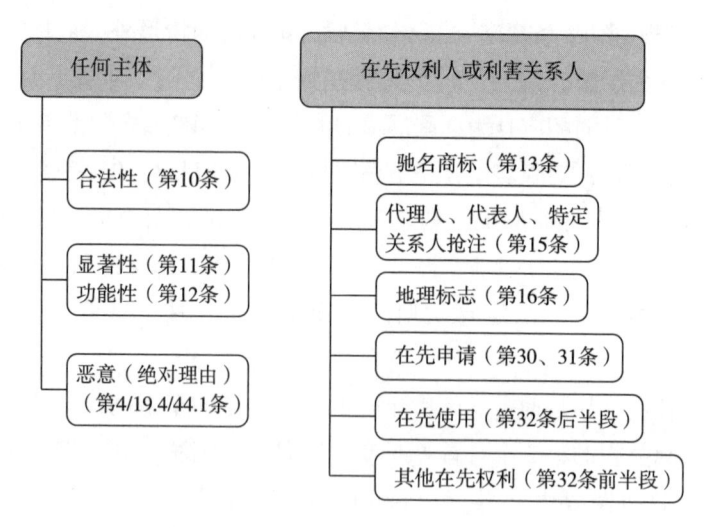

```
任何主体                         在先权利人或利害关系人

合法性（第10条）                 驰名商标（第13条）

显著性（第11条）                 代理人、代表人、特定
功能性（第12条）                 关系人抢注（第15条）

恶意（绝对理由）                 地理标志（第16条）
（第4/19.4/44.1条）
                                在先申请（第30、31条）

                                在先使用（第32条后半段）

                                其他在先权利（第32条前半段）
```

图4-2　异议或无效的理由及相应的主体资格

对于相对理由的异议主体，因商标可能损害的是特定第三人的私权，按照权利救济和私权处分的原则，只允许在先权利人和利害关系人提出异议。其中，"在先权利人"是指在先商标权、字号权、著作权、外观设计专利权、姓名权、肖像权、地理标志、有一定影响的商品或者服务名称、包装、装潢或其他应予保护的合法在先权益等权利或权益的所有人。"利害关系人"是指在先权利的被许可使用人、合法继受人、质权人、控股股东、就相关人身权提交了特别授权文件的被授权人或其他有证据证明与在先权利有利害关系的主体。以在先商标权为例，利害关系人包括但不限于合法继承人、被许可使用人、受让人、与商标专用权人有投资关系或监管关系的人、商标质权人等；以著作权为例，职务作品的著作权由作者享有，但作者所在的法人或者其他组织可以作为利害关系人主张著作权。

界定利害关系的范围不宜过小或过大，应在保障异议权和防止滥用异议权之间取得平衡，还需考虑举证上的可行性和便利性。利害关系可以理解为系争商标的注册使用与其合法利益减损之间存在相当的因果关系，但实际损害后果并不是提出异议的前提条件。仅因系争商标的申请注册而受到影响，但与在先权利不具有直接利害关系的主体，不属于利害关系人。

判断异议人是否为利害关系人原则上以提出异议申请时为准，因此异议人作为利害关系人的证明及证据材料应当在提出异议申请时提交，包括许可使用合同、代理合同、经销合同、特许经营合同、转让合同、委托创作合同、经纪合同、出资证明、权利转让受理通知书、地理标志所标示地区的相关经营者证明等。

异议申请提交之后至异议决定作出之前，异议人据以提出异议申请的在先权利转移至案外第三人的，异议人可以变更，由第三人承继异议人主体地位、参加后续异议程序并承担相应后果。在先权利的转移包括异议人和第三人之间自愿的转让，也包括因合并、继承、诉讼等事由导致的法定移转。异议人变更应由第三人以异议申请补充证据材料的形式向商标注册部门提出书面申请，应当一次性提交以下材料：①异议人变更的书面申请，该申请书无固定格式，但应当有第三人承继异议人主体地位、参加后续异议程序并承担相应后果的明确意思表示；②身份证明；③在先权利转移证明，应当包含在先权利转移的双方主体、转移时间、权利范围和法律效力等内容；④原异议人同意变更的书面文件。

（三）提交异议申请的形式要件

当事人应以书面形式提交异议申请，主要包括以下材料：

1. 异议申请书

异议申请书是当事人提交异议申请时应使用的固定书式，可以在商标局网站下载，所有栏目均应准确完整地填写，尤其是"初步审定号"和"被异议类别"。异议人可以在同一异议申请书中对同一初步审定号的全部类别商标提出异议，也可以只对其中的部分类别商标提出异议。异议费用按照被异议商标的类别收取。

2. 明确的异议理由、事实和法律依据

依据《商标法实施条例》的规定，异议申请如无明确的异议理由、事实和法律依据，或同一异议人以相同的理由、事实和法律依据针对同一商标再次提出异议申请的，将不予受理。其中，关于明确的事实依据，基于相对理由提出异议，应当明确在先权利的信息，包括但不限于权利类型和权利对象，如当事人以《商标法》第30条为由提出异议的，需要正确填写引证商标名称、类别和初步审定号；基于绝对理由提出异议的，应当提交明确的事实依据和相关证据材料。关于法律依据，注意除前述列举的异议人可以主张的异议理由所涉及的条款外，其他条款不得作为异议申请的法律依据。

需要提醒异议人注意的是,异议申请中仅援引有关法律条款,但未对理由和事实依据进行明确阐述的,不能视为具备明确的异议理由和事实依据。即使主张绝对理由也必须有明确的事实依据。如果在"商标异议理由书"中仅填写"由于时间问题,详细理由及证据后期提供",再无任何明确理由、事实和法律依据,异议部门将不予受理。曾有类似案例,商标局对异议申请不予受理的决定经行政复议获得维持,复议决定经行政诉讼亦获维持。这是因为,如果允许异议人在递交异议申请书时不提出明确的事实依据,而留待随后的 3 个月内补充有关事实依据,那么,《商标法》所规定的 3 个月的异议期限形同延长到 6 个月,不仅不符合法律规定,对被异议人也有失公平。❶

3. 异议人的主体资格证明文件

主体资格证明包括身份证明和在先权利或利害关系的证明双重含义。以绝对理由提出异议的,主体资格证明仅需身份证明,如自然人的身份证、护照等有效证件,法人或者其他组织的营业执照、组织机构代码证、事业单位法人证明等依法成立的证明文件。以相对理由提出异议的,主体资格证明不仅指上述身份证明,还包括在先权利或利害关系的证明文件,例如:①基于在先注册或在先申请的商标,依据《商标法》第 13 条第 3 款、第 30 条、第 31 条提出异议的,应当在申请中列明商标注册号或商标申请号。②基于在先使用商标,依据《商标法》第 13 条第 2 款、第 32 条后半句提出异议的,应当提交在先使用的证据,证据应当能够显示所使用的商标标识、商品或者服务、使用日期和使用人。③基于主张代理或代表关系、特定关系人抢注依据《商标法》第 15 条提出异议的,应当提供能够证明被异议人与其存在代理或代表关系或其他特定关系的证据。④基于地理标志保护《商标法》第 16 条第 1 款提出异议的,应当提供相关地理标志材料。⑤基于在先字号权依据《商标法》第 32 条前半句提出异议的,应当提交企业营业执照、个体工商户营业执照等证件的复印件或者登记部

---

❶ 商标评审委员会《法务通讯》总第 69 期《2016 年商标行政复议工作总结及商标行政复议典型案件评析》,北京知识产权法院(2015)京知行初字第 2746 号行政判决书、(2016)京 73 行初 2286 号行政判决书、(2017)京 73 行初 1034 号行政判决书。

门出具的载有异议人字号信息的证据。⑥基于在先著作权或外观设计专利权依据《商标法》第32条前半句提出异议的，应当提交著作权或专利权证书、委托创作合同、著作权或专利权转让合同或作品公开发表的证明复印件等。⑦基于在先姓名权依据《商标法》第32条前半句提出异议的，应当提交自然人身份证或护照；基于艺名、笔名、别号、雅号等主张权利的，还应当提交能够证明自然人与该名称对应关系的文件复印件。⑧主张其他在先权利依据《商标法》第32条前半句提出异议的，应当提交证明存在在先权利的证明文件。身份证明文件与主体资格证明文件相同或者重合的，提交一份即可。上述在先权利的权利证书或证明文件应当能够证明相应权利的产生时间早于被异议商标的申请日期。异议人主体资格文件应与异议理由互为印证，以便异议部门作为整体来判断异议人是否适格。

依据《商标法实施条例》第26条，异议申请人主体资格不适格将直接导致异议不予受理，因此，证明异议人为在先权利人或利害关系人的相关证据材料，是异议人以相对理由提出异议申请时应当提交的必备的主体资格证明，不属于《商标法实施条例》第27条所规定的可以在3个月补充期限内提交的证据材料，当然，此时提交初步证据即可，但必须足以证明在先权利归属于异议人或与异议人利益攸关。异议人可以在3个月补充期内再补充提交证据以支持其关于具体异议理由的主张。需要注意区分的是，在法定异议期限届满后的3个月补充证据阶段，提交异议人之前未提交的主体资格证据将不被认可，因为，《商标法实施条例》第27条虽然规定了当事人在提交异议申请后3个月的证据补充提交期限，但其前提仍在于，当事人提出的异议申请首先应当符合受理条件，而只有异议申请人提出异议申请时即证明其主体资格适格，异议申请才会得以受理。

4. 商标代理委托书

当事人如委托商标代理机构启动异议程序，应当在异议申请书的相应栏目中正确填写代理机构名称，出具由当事人签字或盖章的商标代理委托书，注明委托权限和事项。

异议人变更后参加异议程序委托代理机构的，应当重新提交代理委托书；未提交的，视为自行办理。

5. 补充证据材料

当事人提出异议后需要补充有关证据材料的，应当在异议申请书的

"是否提交补充材料"栏目中声明，并自提交异议申请书之日起 3 个月内提交，否则视为放弃补充权利。变更后的异议人在法定补充证据期限内也可补充提交证据材料；原异议人已发表的意见、已提交的证据继续有效，变更后的异议人不得撤回或否认。法定补充证据期限期满后生成或者当事人有其他正当理由未能在期满前提交的证据，商标局将证据交换对方当事人质证后可以采信。

需要注意的是，只有证据材料才可事后补充，异议请求、理由和事实依据均不能补充。

（四）异议答辩

商标异议申请受理后，商标局向被异议人发出答辩通知书，并将异议书副本发给被异议人。被异议人答辩期限为 30 天，自被异议人收到答辩通知书之日起计算。被异议商标为国际注册商标的，国家知识产权局向世界知识产权组织发送"基于异议的临时驳回"即国际商标异议答辩通知书，被异议人在收到世界知识产权组织转发的通知之日起 30 天进行答辩。

答辩人应与被异议商标注册申请人名义一致。被异议商标注册申请人名义发生变更，但未在商标注册部门办理商标注册申请人名义变更的，答辩中可以在提供企业登记机关出具的变更证明的情况下以变更后的名义进行答辩。上述异议证据材料提交、补充的时限要求和起止点同样适用于答辩程序。被异议人超期答辩或放弃答辩的，不影响商标局裁定。

需要注意的是，同一代理机构不能在同一异议案件中同时代理双方当事人。

（五）不予注册复审的主体资格：申请人只能是被异议人

依据《商标法》第 35 条第 3 款规定，商标局做出不予核准被异议商标注册决定，被异议人不服的，可以自收到通知之日起 15 日内向评审部门申请复审。即，仅被异议人可以提出商标不予注册复审，异议人不再具备复审申请人主体资格。

被异议商标为共有商标的，被异议商标注册人提起不予注册复审，应当指定一人为代表人；没有指定代表人的，以其在商标注册申请书或者商标注册簿中载明的顺序第一人为代表人。代表人参与评审的行为对其所代表的当事人发生效力。代表人变更、放弃评审请求或者承认对方当事人的评审请求，应当有被代表的当事人的书面授权。商标评审文书送达代表人。

（六）不予注册复审的时限和书件要求

提出不予注册复审申请15日法定期限的计算方式，参见商标驳回复审部分。

被异议人提出商标不予注册复审申请，应当向评审部门提交商标不予注册复审申请书及有关材料，并应当按照原异议人的数量提交相应份数的副本。申请书首页和申请书正文的书式模板均可在商标局网站下载，应严格按照填写须知填写，写明具体评审请求、事实、理由和法律依据。评审请求仅涉及部分商品或服务的，须具体列明。特别需要注意的是，就同一申请号/国际注册号不予注册复审案件涉及多名异议人的，应提出一件不予注册复审案件申请，并在商标不予注册复审申请书（首页）分别列明异议理由成立（包括部分成立）的各原异议人的名称，并提交相应份数的副本。

被异议人需要在提出复审申请后补充有关证据材料的，应当在申请书中声明，并自提交申请书之日起3个月内一次性提交；期满未提交的，视为放弃补充有关证据材料。但是，在期满后生成或者被异议人有其他正当理由未能在期满前提交的证据，在期满后提交的，评审部门将证据交换原异议人质证后可以采信。提交证据材料，需填写证据目录，对证据材料逐一分类编号，对证据材料的来源、待证事实作简要说明，并签名盖章。证据材料的正、副本除非因涉及商业秘密，应当一致。证据目录的正、副本亦应当一致。涉及商业秘密的，应在正、副本中的证据目录中对不一致之处逐一备注说明，即申请人不仅应在正本的证据目录中备注哪些证据属于商业秘密，还应在副本的证据目录中对未提供给对方当事人的哪些证据属于商业秘密进行披露，并在申请书（首页）或补充材料的第一页明确标注正、副本是否一致。

（七）原异议人参加不予注册复审并发表意见

评审部门受理商标不予注册复审申请后，向原异议人发出《原异议人参加不予注册复审通知书》，并将申请书副本及有关证据材料送达原异议人，通知原异议人参加复审程序并提出意见。原异议人应当自收到申请书副本之日起 30 日内向评审部门提交意见书及其副本。涉及证据材料的要求参考以上对被异议人的要求。

由于商标局在异议程序中已将原异议人的异议申请书和有关材料送达被异议人进行答辩，故对于原异议人在复审程序中提交的意见书及有关材料，评审部门原则上不再送达被异议人进行质证。只有原异议人提出新的事实、理由和证据，并对案件审理结果有实质影响的，才有必要作为评审的依据交换给被异议人进行质证。未经交换质证的证据不会被采信。

就原异议人在不予注册复审程序中的地位而言，依照 2001 年《商标法》的规定，在异议复审程序中，被异议人与原异议人作为案件双方当事人地位相等，享有对等的程序性权利和实体性权利；而依照 2013 年《商标法》的规定，在商标不予注册复审程序中，原异议人地位类似于诉讼中第三人，不再具有一方当事人地位，与被异议人的当事人地位不对等。评审部门向其发送的并不是答辩通知书，而仅是通知其参加复审程序并提出意见；原异议人也不像无效宣告、撤销复审等双方程序中的被申请人一样享有 3 个月内补充证据材料的机会（表 4-1）；其提交的意见对案件审理结果没有实质影响的，不再交换被异议人质证；其不参加复审或者不提出意见的，不影响案件的审理。

表 4-1 不同评审案件类型中当事人可以补充证据材料的期间要求

案件类型	申请人	被申请人答辩
驳回复审	3 个月补证期间	无
不予注册复审	3 个月补证期间	原异议人意见书无补证期间
无效宣告	3 个月补证期间	3 个月补证期间
无效宣告复审	3 个月补证期间	无
撤销复审	3 个月补证期间	3 个月补证期间

原异议人参加不予注册复审程序提交的意见书及有关证据材料应当按照规定的格式和要求填写、提供。不符合《商标评审规则》第 22 条第 2 款规定或者有其他需要补正情形的，评审部门向原异议人发出补正通知，原异议人应自收到补正通知之日起 30 日内补正。经补正仍不符合规定或者

未在法定期限内补正的,视为未提出意见,不影响评审部门的评审。

(八) 不予注册复审程序的中止

依据《商标法》第35条第4款,不予注册复审程序中,所涉及的在先权利的确定必须以人民法院正在审理或者行政机关正在处理的另一案件的结果为依据的,可以中止审查。中止原因消除后,应当恢复审查程序。例如,原异议人的异议理由包括被异议商标与其在先商标权利或者外观设计专利权、著作权等其他在先权利相冲突,而案件所涉及的在先商标权利或者其他在先权利正在人民法院审理或者有关行政机关处理过程中,为了避免关联程序出现矛盾的裁决结果,更好地维护当事人的合法权益,评审部门可以中止不予注册审理程序,待人民法院或者有关行政机关对相关在先权利案件做出判决或者裁决后,评审部门再依据在先权利稳定的权利状态恢复复审程序。这段中止时间不计入审理期限。注意,现行《商标法》第35条第4款中止条款不涉及异议程序,中止审理相对而言是有利于被异议人被异议商标能否获权的程序安排。

四、商标异议及不予注册复审代理的难点

(一) 异议程序的特点

我国采用异议前置程序,即异议程序在商标获准注册前。但绝大多数商标注册申请获得商标授权不会经过异议程序,根据2016—2020年的不完全统计,获得初步审定的商标,大概只有2%会被提出异议。

尽管异议程序和商标注册审查程序都是注册前的审查程序,但也有以下主要不同之处:首先,审查方式不同。注册审查程序属于主动、封闭的审查,由审查员对合法性、显著性、在先性进行全面审查,具有较强的主动性,但参与注册审查程序活动的只有商标主管机关审查人员,因而是相对封闭的。异议审查属于开放的审查,是对注册审查程序的补充。异议程序中,异议人和被异议人都有机会陈述自己的理由、举证证明自己所主张的事实。以被异议商标与在先商标注册申请是否构成适用在类似商品上的近似商标为例,在商标注册审查程序中,主要考虑商标本身的近似程度;

而在异议程序中，还应综合考虑在先商标的显著性、在先商标的知名度、相关公众的注意程度、商标申请人的主观意图及地域、商标的使用方式、是否同业关系等其他因素，综合判断是否容易导致混淆。因此，异议程序可能结合当事人提供的证据，掌握注册审查程序无法掌握的情况，从而弥补注册审查程序的不足。

其次，适用法律条款有所不同。注册审查程序所适用的法律条款可适用于异议程序，如合法性（《商标法》第10条）、显著性（《商标法》第11条）、在先性（《商标法》第30条、第31条）等条款。而在注册审查程序中无法主动审查和适用的条款，异议人可以在异议程序进行主张，如保护驰名商标（《商标法》第13条）、禁止代理人、代表人或特定关系人注册（《商标法》第15条）、保护在先权利和禁止恶意抢注具有一定影响的商标（《商标法》第32条）等条款。异议部门经审查认为这些异议理由成立的，可以对被异议商标不予核准注册。因此，异议程序在规制恶意注册、维护他人经使用形成的在先商标权利或商标以外的其他在先权利方面发挥着比注册审查程序更为广泛的作用。

当事人代理人无论作为异议人还是作为被异议人，都要充分重视异议程序的上述特点，引用恰当的条款，分析不同条款的适用要件，举证尽可能充分的证据，使呈现出来的法律事实最大化还原客观事实，从而维护好自己的权益。

（二）异议程序的审理方式

异议程序采用书面审理方式，没有口头审理。被异议人答辩书面材料中陈述的事实、理由及提供的相关证据一般不交换给异议人进行质证。

不同异议人对同一件商标提出的异议申请，异议部门将并案审理，做出一份异议决定。

（三）不予注册复审程序的审理范围

依据《商标法实施条例》第53条的规定，评审部门审理商标不予注册复审案件，应当针对商标局的不予注册决定和申请人申请复审的事实、理由、请求及原异议人提出的意见进行审理。商标局的不予注册决定被明确列入案件审理范围；同时，复审申请人即被异议人在复审中提出新的事实和理由的可能性较小，原异议人虽可以在意见中提出新的事实和理由，但只有对案件审理结果有实质影响的，才可作为评审依据。因此，不予注册复审程序回归到对异议再审理的"复审"本意。不予注册复审的商品范围仅限于异议决定不予注册的部分或全部商品。如不予注册决定系对多个异议申请合并审理做出的，则不予注册复审涉及的原异议人范围仅限于异议理由成立的原异议人，异议理由不成立的原异议人不进入复审范围，评审部门也不应通知该原异议人参加不予注册复审程序。不予注册复审的异议理由范围仅限于原异议人向商标局提出的异议理由；在原异议人参加复审的情形下，诉争范围也仅限于原异议人提出的复审意见中不超过原异议理由的部分；但是，原异议人可以就异议理由补充新证据，或就异议程序中已提出的相同事实在复审程序中主张不同的法律依据，因此，原异议人仍应积极参与复审程序，全面发表意见。

（四）不予注册复审程序的审理方式

不予注册复审作为评审程序，同样具有准司法性质的程序特点。因此，在程序规则和证据规则方面，原异议人参加不予注册复审程序发表意见中对案件结论有实质影响的证据，必须再交换被异议人质证；未经质证的证据不得采信。

绝大多数评审案件采取书面审理方式，但根据当事人的请求或者案件审理的实际需要，评审部门可以决定对评审申请进行口头审理。2017年5月，《商标评审口头审理办法》正式发布。此后，评审部门逐步提高评审案件口头审理比例；在局内设立评审庭，在条件成熟的地方设立巡回评审庭，并开展线上远程口头审理。

此外，评审程序还鼓励通过和解、调解方式解决商标确权纠纷。《商标评审规则》第8条规定，在不损害社会公共利益、第三方权利的前提下，当事人之间可以自行或者经调解以书面方式达成和解。和解是指当事人之间通过协议，自行解决商标确权纠纷，是当事人处分原则的具体体现。调解是指在评审部门主持下，通过办法析理，利害分析，促使当事人达成协议，解决纠纷。商标评审案件定分止争的方式不止作出裁决一种，和解、调解的方式可以通过适时、合理、妥善地解决市场主体之间的商标纠纷，兼顾效率与公平，兼顾法律效果和社会效果的有机统一，将付出时间、精力、财力等多重成本以及裁决结果不确定给企业形象带来负面影响风险这种可能双输的结果尽力扭转为尽速化解纠纷、双方权利稳定、利益平衡的双赢结果。对于当事人达成和解的案件，评审部门可以结案，也可以做出决定或者裁定。这是因为，如果异议双方当事人达成和解，评审部门直接结案，将导致不予注册决定生效，但被异议商标不予注册的结果显然与双方当事人的和解意愿相悖。因此，需要评审部门就不予注册复审案件作出决定，对被异议商标核准注册。

2023年4·26世界知识产权日国家知识产权局发布的年度评审五大典型案例中就包括一个系列案件巡回口审调解和解案例。这一系列案件包含"林记正泉茂"商标不予注册复审案和"泉茂"、"泉茂世家 QUANMAO PASTRY"、"正泉茂"商标无效宣告案，其中不予注册复审案的原异议人是另外三件无效宣告案件的被申请人，不予注册复审案的申请人即被异议人是另外三件无效宣告案件的申请人，双方当事人互呈攻守之势。以此四个案件为引，经评审部门巡回口审，实地调查取证，面对面与双方当事人反复沟通，并在地方市场监管部门支持下，引导双方当事人最终达成的和解协议涉及10个商标案件撤案、11件商标签订长期无偿许可使用协议，2件商标签订两年期无偿许可使用协议，双方当事人同时互相承诺不再在核心商品上申请注册近似商标，不再对对方已申请注册的共计44件商标启动异议、无效宣告、撤销连续三年不使用等商标授权、确权程序或行政投诉、民事起诉等程序，双方当事人长达十几年先后二十余件商标纠纷彻底定分止争。其中"泉茂世家 QUANMAO PASTRY"商标不予注册复审案的申请人是被异议人，其提出撤案申请将导致该商标不予注册的决定生效，因此，原异议人根据和解协议，向评审部门提交情况说明，自愿撤回对被异议商标的异议申请。鉴于该主张是原异议人对其异议权利的合理处分，未损害公共利益或第三方利益，评审部门接受原异议人的主张，被异议商标得以核准注册。注册公告发布之后，双方当事人根据和解协议签订了两年期无偿许可使用协议并进行了备案。此案例对当事人代理人的借鉴意义在于，如双方当事人有和解的意愿，案件具备和解的基础，尤其是在双方当事人之间案件缠诉多年等情况下，可以尝试申请口头审理、巡回审理，借助评审部门调解，争取通过和解等非诉讼纠纷解决机制依法、高效一揽子解决,通过最简便的程序一站式摆脱多年诉累。

需要注意的是,和解应在不损害社会公共利益、第三方权利的前提下,这就意味着如果被异议商标构成损害公共利益的恶意注册情形,双方当事人的和解可能不会被接受,或者即便被接受,将来也可能面临被无效的风险。因为,一则商标转让不影响对恶意注册情形的认定;二则对引用绝对条款打击恶意注册启动无效宣告程序没有时间限制和主体限制,因此异议人如希望通过和解受让被异议商标,务必对被异议人的商标注册行为进行充分的尽职调查。

(五) 异议及不予注册复审程序中相对理由、相关证据的时间点和地域性问题

不同于驳回复审案件中关于使用获得显著性或使用形成区别性的证据时间范围可以至案件审理时,异议及不予注册复审程序中异议理由为相对理由的,异议人提交证据的时间点应在被异议商标申请日。这是因为,从异议程序为在先权利人提供权利救济的角度看,在先权利人应证明在被异议商标申请注册前其即已享有应受保护的在先权利。例如,如果异议理由是基于在先使用,则异议人必须举证其商标在被异议商标申请日之前已经使用并已具有一定影响。

以第 6304198 号 iPhone 异议复审案为例,复审决定没有支持苹果公司主张的被异议商标损害其驰名商标 iPhone 权益的异议理由,复审决定在后续行政诉讼中也得到了一审、二审及最高人民法院再审的支持。此案曾引发媒体和公众的高度关注,甚至因为误解引发了国际上对中国知识产权保护的质疑,误解之一就缘于时间点问题。毋庸置疑,iPhone 现在很有名,但依照在案证据形成时间呈现的事实是:苹果公司 2007 年 1 月举办了 iPhone 全球发布活动;2007 年 6 月开始在美国销售;三个月后,一家俄罗斯公司在中国申请了被异议商标;直至两年后,iPhone 手机产品才正式进入中国大陆市场。因此,苹果公司若想证明其 iPhone 商标在被异议商标注册申请日之前在中国大陆地区的使用和知名度情况,客观上是很困难的。行政程序裁定及诉讼程序判决均指出,苹果公司用以证明其商标知名度证据的使用时间几乎都在被异议商标申请日期之后,未能有效证明在被异

商标申请注册之前，其商标已成为驰名商标。

　　该案引起争议还有一个重要原因即缘于地域性问题。地域性是知识产权的基本特征之一，因此，iPhone 案中，苹果公司需要证明其在先商标在中国《商标法》管辖地域范围内即中国大陆地区的使用和知名度情况。苹果公司主张 2007 年 1 月 iPhone 概念机发布以及 2007 年 6 月 iPhone 手机在美国首次销售的信息在全球传播，足以让 iPhone 商标一夜成名。但最高人民法院再审认为，该理由不符合 2007 年互联网在中国的实际状况，也不符合苹果公司 iPhone 商标在中国的使用状况。

　　关于地域性问题，需要指出的是，依据《商标审查审理指南》（2021）第十二章关于特定关系人抢注部分中对"在先使用"的判定标准，在先使用既包括销售，也包括推广宣传，还包括为投入市场而进行的实际准备活动，相较于《商标审查及审理标准》（2016）"在先使用应当是……已经在中国市场使用……"的表述，取消了需在中国市场使用的限制。依据《商标审查审理指南》（2021）第十五章关于抢注他人在先使用并有一定影响商标部分对"已经使用并有一定影响商标"的定义，"在先未注册商标通过商业宣传和生产经营活动，发挥了识别商品或者服务来源的作用，并为中国一定范围的相关公众所知晓的，认定为已经使用并有一定影响"，相较于《商标审查及审理标准》（2016）关于地域性"是指在中国已经使用并为一定范围内相关公众所知晓的……"的定义，也取消了商标使用需在中国的限制。事实上，早在《商标审理标准》（2005）中就规定，评审案件中当事人提交的域外证据可以采信，但需要证明在先商标在国外的知名度可以通过适当途径为中国大陆相关公众所知。在当前的数字时代和全球化背景下，信息传播可以即刻穿越法域的限制，关于地域范围，我们不仅应关注证据的形成地，也应关注证据影响力所能覆盖的范围。需要提醒当事人代理人注意的是，某些条款适用要件取消商标使用需在中国的限制，并不意味着直接提交域外证据足矣，因为这些证据仍需达到可以证明中国大陆相关公众应知或特定关系人明知的证明目的。也就是说，要通过域外形成的证据，证明影响力已通过适当途径及于中国大陆地区。那么，什么是"适当途径"呢？比如海淘、跨境电商、代购等渠道可以实现线上即时购买；中国民众中国旅游购物；通过时尚博主博客等自媒体途径可以即时获取品牌信息，媒体报道等传统媒体形式也可以在中国大陆地区传播域外品牌信息；等等。

以第 3747592 号 "NUXE" 案为例，在 2003 年 10 月 9 日被异议商标申请注册前，异议人用以证明其 "NUXE PARIS 及树图形" 商标在中国大陆地区直接使用情况和知名度的直接证据较少，但其提交了大量在欧美国家以及我国香港地区的销售、宣传证据。异议人还提交了显示中国消费者在网上论坛讨论该品牌的电子证据，以及中国网民登录其官网的历史记录。并且存在大量相关消费者在海外购买化妆品带回国内的客观事实。而被异议人恰恰是异议人商标知名度证据充分的香港地区的同行业者，应当知晓异议人商标的知名度。在此情况下，被异议人将具有显著性的臆造词 "NUXE" 作为商标申请注册难谓巧合，且宣传其产品采用法国技术制造，香港公司授权。综上，可以认可异议人 "NUXE PARIS 及树图形" 商标在中国大陆地区也已形成了一定的知名度，被异议人对申请人商标应当知晓，仍申请注册被异议商标恶意明显，被异议商标构成 "以不正当手段抢先注册他人在先使用并有一定影响的商标" 的情形。

小结上述对异议及不予注册复审程序中相对理由相关证据的时间点和地域性问题的分析，建议当事人代理人提交证据一定要突出重点，可以以这两点为标尺，把域内、域外证据分开，被异议商标注册日之前和之后的证据分开，在有效的篇幅内让审查员看到最有说服力的理由和最有证明力的证据。否则，可能过犹不及，反而会稀释最想让审查员接受的信息和观点。

第三节　商标撤销及撤销复审代理

一、商标撤销相关法律法规

（一）《商标法》

第四十八条　本法所称商标的使用，是指将商标用于商品、商品包装或者容器以及商品交易文书上，或者将商标用于广告宣传、展览以及其他商业活动中，用于识别商品来源的行为。

第四十九条　商标注册人在使用注册商标的过程中，自行改变注册商标、注册人名义、地址或者其他注册事项的，由地方工商行政管理部门责令限期改正；期满不改正的，由商标局撤销其注册商标。

注册商标成为其核定使用的商品的通用名称或者没有正当理由连续三年不使用的，任何单位或者个人可以向商标局申请撤销该注册商标。商标局应当自收到申请之日起九个月内作出决定。有特殊情况需要延长的，经国务院工商行政管理部门批准，可以延长三个月。

第五十四条　对商标局撤销或者不予撤销注册商标的决定，当事人不服的，可以自收到通知之日起十五日内向商标评审委员会申请复审。商标评审委员会应当自收到申请之日起九个月内做出决定，并书面通知当事人。有特殊情况需要延长的，经国务院工商行政管理部门批准，可以延长三个月。当事人对商标评审委员会的决定不服的，可以自收到通知之日起三十日内向人民法院起诉。

第五十五条　法定期限届满，当事人对商标局做出的撤销注册商标的决定不申请复审或者对商标评审委员会做出的复审决定不向人民法院起诉的，撤销注册商标的决定、复审决定生效。

被撤销的注册商标，由商标局予以公告，该注册商标专用权自公告之日起终止。

（二）《商标法实施条例》

第四十九条第一款　依照商标法第四十九条第二款申请撤销国际注册商标，应当自该商标国际注册申请的驳回期限届满之日起满3年后向商标局提出申请；驳回期限届满时仍处在驳回复审或者异议相关程序的，应当自商标局、商标评审委员会作出的准予注册决定生效之日起满3年后向商标局提出申请。

第五十六条　商标评审委员会审理不服商标局依据商标法第四十九条规定作出撤销或者维持注册决定的复审案件，应当针对商标局做出撤销或维持注册商标决定和当事人申请复审时所依据的事实、理由及请求进行审理。

第六十五条　有商标法第四十九条规定的注册商标成为其核定使用的商品通用名称情形的，任何单位或者个人可以向商标局申请撤销该注册商标，提交申请时应当附送证据材料。商标局受理后应当通知商标注册人，限其自收到通知之日起2个月内答辩；期满不答辩的，不影响商标局作出决定。

第六十六条　有商标法第四十九条规定的注册商标无正当理由连续3年不使用情形的，任何单位或者个人可以向商标局申请撤销该注册商标，提交申请时应当说明有关情况。商标局受理后应当通知商标注册人，限其自收到通知之日起2个月内提交该商标在撤销申请提出前使用的证据材料或者说明不使用的正当理由；期满不提供使用的证据材料或者证据材料无效并没有正当理由的，由商标局撤销其注册商标。

前款所称使用的证据材料，包括商标注册人使用注册商标的证据材料和商标注册人许可他人使用注册商标的证据材料。

第六十七条　下列情形属于商标法第四十九条规定的正当理由：

（一）不可抗力；

（二）政府政策性限制；

（三）破产清算；

（四）其他不可归责于商标注册人的正当事由。

第六十八条　商标局、商标评审委员会撤销注册商标或者宣告注册商标无效，撤销或者宣告无效的理由仅及于部分指定商品的，对在该部分指定商品上使用的商标注册予以撤销或者宣告无效。

第七十四条　注册商标被撤销或者依照本条例第七十三条的规定被注销的，原《商标注册证》作废，并予以公告；撤销该商标在部分指定商品上的注册的，或者商标注册人申请注销其商标在部分指定商品上的注册的，重新核发《商标注册证》，并予以公告。

二、商标撤销制度设计的理念和基本思路

注册商标的主要撤销事由包括连续三年停止使用（以下简称为撤三）和商标退化为其核定商品（本节所指商品，包括商品或服务）的通用名称（以下简称为撤通）。

连续三年不使用注册商标，是指一个注册商标在其有效期内不使用，且该状态不间断地持续三年以上。三年期间的时间起算，应当自申请人向

商标注册部门申请撤销该注册商标之日起，向前推算三年。

对撤三程序立法意图的理解，影响到对实体审理焦点问题的判定，涉及如何认定商标的使用、如何认定使用的主体、如何认定使用的标识、如何认定撤销或维持的商品范围、如何认定不使用的正当理由等。撤三程序的立法目的在于督促商标的真实注册和使用，发挥商标的功能，避免商标资源的浪费，维护公平竞争。首先，从商标的基本功能角度看，商标的功能有赖于商标的实际使用才能实现，商标所有人应有真实的商标使用意图，并且存在实际使用的事实，才能使商标发挥区分商品或服务来源的作用。商标注册人享有商标专用权的权利，亦负有规范使用和连续使用注册商标并积极维护注册商标显著性的义务。一方面，商标的使用是商标专用权得以维持的必要条件；另一方面，商标所承载的商誉只有通过商标的使用方可获得。其次，从清除权利障碍的角度看，撤三程序可以将市场上闲置不用或已经死亡的商标从商标注册簿上清除，为在后商标申请人扫除法律障碍。虽然撤三程序对申请人主体资格并无要求，但实践中，撤销商标往往是为了解决实际使用中的权利冲突，因此，当事人多为在后商标注册申请人、商标侵权案件的被告人等，商标是否撤销同其有着直接的利害关系。再次，从诚实信用原则的角度看，不具备真实使用意图的申请注册行为，其权利的维持与行使都将面临质疑。撤三程序的制度设计初衷虽与打击商标恶意注册并不直接相关，但对于明显缺乏真实使用意图的恶意注册类型而言，在撤销及复审程序中对大量注册商标者提交的使用证据从严审查，撤销其注册不失为解决这类问题的另一条路径。在这种情形下，撤销程序可以对囤积注册行为发挥震慑作用，这也体现出我国商标法在注册制度下越来越强化商标注册人的使用义务。

撤三程序的核心在于对使用证据的认定，解决的是商标"生"或"死"的问题。因此，在形式上，只要能从商标使用方式、对相关公众产生的使用效果等方面，综合分析是否属于"用于识别商品来源的行为"即可，如果注册商标通过使用在市场上发挥了商标的作用，就应当维持注册；在使用强度上，《商标法》第49条的使用与第32条已达到一定影响的"使用"等条款中的使用所要调整的关系并不相同，故而不应做过高要求；撤三程序中"不使用"是"连续"的，并不要求"使用"是"连续"的，即三年连续的是"停止"而非"使用"。

注册商标成为其核定使用商品的通用名称，是指原本具有商标显著特征的注册商标，在市场实际使用过程中，退化为其核定使用商品的通用名称。商标退化为通用名称不属于无效宣告请求的事由，这要注意与商标为核定商品固有通用名称的情形相区分，后者属于无效宣告事由。如"苹果"之于水果商品，违反了《商标法》第11条的规定，应通过无效程序予以纠正，其效力是商标注册被视为自始无效；而商标注册申请注册时或核准注册时具有显著性，授权并无瑕疵，但由于使用和保护不当导致其退化为业内通用名称，则使商标权丧失了继续受保护的基础，应通过撤销程序解决，撤销的法律效力是自撤销公告之日丧失注册专用权。

撤销复审程序给予不服商标局撤销决定的当事人以救济机会。一方面，从商标注册人的角度看，撤销决定意味着注册商标专用权的丧失，因此应给予商标注册人提起复审的权利。如商标注册人在撤销程序中未收到提供使用证据通知故未能在期限内提交商标使用证据，复审除应对商标局的决定进行审理，也应审理当事人复审时的事实、理由和请求。另一方面，从撤销申请人的角度看，在商标局做出不予撤销决定的情形下，因该结果通常与撤销申请人有利害关系，因而该撤销申请人也应享有提起复审的权利；此外，复审中有完备的证据交换程序，可以确保当事人对商标注册使用与否、证据是否真实进行质证。

三、商标撤销的具体要求

（一）主体资格

以注册商标没有正当理由连续三年不使用或退化为其核定商品通用名称为由提出撤销申请，主体可以是任何单位或者个人。

不服商标局撤销或不予撤销决定提起复审的主体，既包括被撤销商标的注册人，也包括撤销申请人。商标局决定为撤销部分商品的，双方当事人均可申请复审。这种情况下，特别提醒商标注册人，如对部分撤销决定不服，应主动申请复审，而不是在撤销申请人提出复审自己进行答辩时才主张被撤销的部分商品不应被撤销。这是因为，复审应基于请求原则进行审理，商标注册人不主动申请复审的商品或服务项目不应纳入复审范围。

（二）连续三年期限的计算

连续三年，是指系争商标在其注册有效期内停止使用，且该行为不间断持续三年以上，从提出撤销申请人向商标局递交撤销申请之日起向前推算三年。

可以提起撤三申请的时间起点，依据《商标法实施条例》第 66 条第 3 款的规定，一般情况下，应为该注册商标注册公告之日起满 3 年后。经异议核准注册的商标，三年期限起算点为该商标注册公告（即注册公告（二））之日起满 3 年后。这是因为，商标被提出异议后，只有经裁定异议不能成立而核准注册的，商标注册人能否取得商标专用权才得以确定，从而才具备《商标法》规范商标使用行为的前提。对国际注册商标，依据《商标法实施条例》第 49 条第 1 款的规定，应为该商标国际注册申请的驳回期限届满之日起满 3 年后；驳回期限届满时仍处在驳回复审或者异议相关程序的，应为准予注册决定生效之日起满 3 年后。

（三）提交撤三申请的形式要件

申请撤销连续三年不使用注册商标，应当向商标局提交撤销连续三年不使用注册商标申请书。①申请书填写的商标注册人、注册号、商标、类别、撤销商品或者服务项目应与商标注册信息一致。②系争商标应为有效注册商标，且注册已满三年。③应列明具体撤销理由，撤销理由应当说明系争商标连续三年不使用的有关情况，并列出初步调查的证据。④委托代理机构办理的，委托书和身份证明文件应符合要求，撤销申请委托代理机构与商标注册人委托代理机构不能为同一代理机构。

撤销申请未注明撤销理由、被申请人名义与商标注册人名义不相符、申请撤销的商品与该商标核定使用商品不对应的，商标局可以向申请人发出补正通知，限其自收到通知之日起 30 日内按照指定内容补正。按规定补正的，商标局予以受理。期满未补正的或未按照要求进行补正的，商标局不予受理，书面通知申请人。

申请手续不符合要求、重复提交相同内容的撤销申请、申请撤销的商品或商标已经无效、商标注册未满三年的，不予受理。

（四）撤三案件中商标注册人关于使用证据的举证

1. 《关于提供注册商标使用证据的通知》的送达

撤销申请符合受理条件的，商标局予以受理，书面通知申请人，并向商标注册人发出《关于提供注册商标使用证据的通知》。

由于撤三程序中商标注册人对使用情况负举证责任，否则就须承担商标被撤销的不利后果，因此，商标注册部门为提高实际有效送达比例，及时通知注册人，保障注册人参与举证程序，从而维护商标注册人权益，对提供使用证据通知的送达采用了主送同时抄送的方式。但主送当事人视为送达；抄送当事人收到该通知不作为送达依据。主送无法送达商标注册人或主送邮件退回的，商标注册部门刊登注册公告，自公告之日起30日视为送达；抄送邮件退回的，不刊登送达公告。

主送包括：①注册人为内地（大陆）自然人、法人或者其他组织的，按照商标档案记录的注册人地址直接送达注册人。注册人名义地址信息发生变更的，可以按照国家企业信用信息公示系统显示的变更后的名义地址送达；正在办理商标注册人名义、地址变更的，可以按变更后的名义、地址送达。②注册人非内地（大陆）自然人、法人或者其他组织的，按照商标档案记录的文件接收人直接送达注册人。没有指定文件接收人的，主送给该商标最近业务代理机构。③马德里国际注册商标，按照世界知识产权组织网站记载的注册代理人名义及地址送达注册人；没有代理人的，按照注册人的通信名义及地址送达注册人；没有注册人的通信名义及地址的，按照注册人登记的名义及地址送达注册人。抄送包括：①正在办理转让的商标，可抄送受让人和转让人代理机构。②正处于冻结或质押状态的商标，可抄送冻结方或质押方。③已完成变更、转让、续展、许可备案等业务的商标，抄送最近业务代理机构。④注册人此前办理过的其他商标业务的商标代理机构。

撤三案件中，商标注册人能否提交商标使用证据事关商标权利的存废，而他人对注册商标启动撤三程序，往往是在商标注册多年后。因此，提醒注册人，一是为确保与商标注册部门的通信方式畅通有效，商标注册人名义、地址变更的，应及时向商标注册部门提交变更申请；二是重视查收商标注册部门信件。也建议代理机构及时将抄送收到的文件同时转交商标注册人。

2. 商标注册人的举证责任

商标案件中，一般采取民事程序"谁主张谁举证"的原则。但在撤三案件中，撤销申请人目前仅需列出关于系争商标连续三年不使用的初步市场调查证据，而商标是否进行了使用，举证责任由商标注册人承担。举证期限内未提交使用证据材料、提供的使用证据材料无效、提供的不使用正当理由证据材料无效的，商标注册人将承担商标被撤销的法律后果。

对商标使用证据的审查详见下文重点难点部分。在此概述使用证据从形式到证明力标准，应能证明商标使用主体在规定的时间内在申请撤销的商品上使用系争商标，从而使相关公众能够据此区分提供商品的不同市场主体。主要体现在以下几个要素：

一是商标使用主体。商标使用人应当是商标注册人、被许可使用人或其他不违背商标注册人意志使用商标的人；

二是规范使用商标标识，未改变其显著特征；

三是商标使用在他人申请撤销的核定商品上；

四是在指定的时间内，即撤销申请之日起向前推算三年内；

五是使用地点应当在中国大陆地区。

商标注册人提交使用证据，应制作目录，并按照目录顺序装订成册。提交的使用证据一般不予退还。

商标注册人提交使用证据，应在提供使用证据通知规定的期限内。虽然超出规定期限，但仍在商标注册部门完成相关审查程序之前，该部分证据可以作为在案使用证据参考采纳。在商标注册部门完成相关审查程序之后提交的使用证据，不作为在案使用证据予以审查。

为便利当事人，切实减轻商标注册人举证负担，商标注册人于在先的撤三案件中提交的使用证据能够证明本案中商标使用行为的，可不再重复提交。但要注意前案使用证据应在使用时间、使用的商品/服务、使用的商标标识等方面与本案一致或重合。商标注册人应说明撤三前案相关的申请号等信息，以便审查员查阅。未予以说明或说明不清晰无法查阅的，视为本案未提交相关证据。

（五）提交撤通申请的形式要件

申请撤销成为通用名称的商标，应当向商标局提交撤销成为商品/服务通用名称注册商标申请书。①申请书填写的商标注册人、注册号、商标、类别、撤销商品或者服务项目应与商标注册信息一致。②系争商标应为有效注册商标。③应列明具体撤销理由，撤销理由应当说明系争商标成为核定商品/服务通用名称的有关情况，并附送相关证据。申请文件及证据材料应当提交一式两份。④委托代理机构办理的，委托书应符合规定要求。

注意撤通程序不同于撤三程序的是，证明系争商标已退化成为核定商品通用名称的举证责任在申请人。其撤销申请理由和证据需经商标注册人答辩，因此，撤通申请文件及证据材料应一式两份。

（六）撤通案件的答辩

撤通申请受理后，应通知注册人答辩。答辩通知书送达主送当事人视为送达，抄送当事人收到该通知不作为送达依据。寄送主送方当事人答辩通知书的同时需附送申请人证据材料副本，抄送当事人不需要附送。

注册人提交答辩材料和证据应制作目录，并按照目录顺序装订成册。注册人应在答辩通知要求的规定期限内答辩到案。

（七）撤销复审程序的法定期限及其他程序性事项

撤销复审案件提出申请的法定期限，与其他类型的复审案件一样，均为收到商标局通知之日起15日内。对复审申请形式要件的要求与其他类型评审申请基本一致。

无论是撤销申请人还是商标注册人提出复审请求，复审程序均有完备的答辩和证据交换程序，复审决定采信的证据必须经过双方当事人质证。因此，无论复审启动方是谁，均应按对方当事人的数量提交相应份数的副本，另一方当事人的答辩材料也应按照申请人的数量提交相应份数的副本。

双方当事人均有3个月内补充有关材料的机会。但应在申请书或答辩书的显著位置注明，并自首次提交申请书或答辩书之日起3个月内一次性提交，否则视为放弃补充有关材料。超期证据能否采信，由审查员以能否对案件结论产生实质影响为标准进行判断，如可采信，需要补充证据交换。需要提醒当事人的是，应充分重视行政程序，尽量在行政程序中提交证据，避免过度依赖司法程序，直至诉讼程序仍补充提交证据。因为从严格意义上讲，诉讼程序中提交的证据并非评审部门做出行政决定的依据，实体公正离不开程序公正的保障。而如果司法机关在诉讼程序中不允许商标注册人无正当理由补交使用证据，商标注册人面临的可能就是商标权灭失的不可承受之痛。

撤销复审与其他评审案件类型一样，也主要采取书面审理的方式。但由于撤销复审案件的焦点几乎全部集中在对使用证据的审查，对证据"三性"（合法性、客观性、关联性）和证明力的攻防抗辩更为激烈；加之，如证据原件核验、电子数据证据验证等直接影响对证据的认定，因此，以口头审理方式更有助于查明案件事实。

（八）撤销和撤销复审程序的撤回

商标注册部门对撤销申请的审查程序尚未终结时，申请人提交撤回撤销申请，经审查可以准许其撤回。撤回撤销申请委托的代理机构如与撤销申请时委托的代理机构不一致，申请人应同时提交变更代理机构的书面文件。

撤销复审程序中，如撤销申请人与商标注册人达成和解，撤销申请人拟撤回其最初启动的撤销申请，这种情况下，因已进入复审程序，复审案件申请撤回的只能是复审申请人。而如果撤销程序中的决定是对系争商标在全部或部分商品上的注册予以撤销，由商标注册人提出复审，则商标注册人撤回复审申请将导致复审程序结案，撤销决定生效，这显然与双方当事人的意愿相悖。因此，《商标评审规则》第8条规定，对于双方当事人达成和解的案件，处理的方式可以是结案，也可以是做出决定。具体到上述情形中，就是做出维持注册的决定。在此需要提醒商标注册人注意的是，基于前述撤销程序督促使用这一最主要立法目的和商标注册人承担举证责任等制度设计，商标注册人即便与撤销申请人达成和解，也应尽可能地提交一些使用证据。

四、撤销和撤销复审程序的重点和难点

（一）部分撤销决定复审的审理范围

撤三程序中申请人如针对系争商标全部商品提出撤销申请，《商标审

查审理指南》（2021）施行前，商标局做出的决定一般是对系争商标核定商品全部维持或全部撤销；《商标审查审理指南》（2021）施行后，商标注册人证据如仅能证明在核定使用的部分商品上使用注册商标的，商标局的决定仅对与该部分商品相类似的商品予以维持。在此情况下，撤三案件的双方当事人如对部分撤销决定不服，均可申请复审。尤其提醒商标注册人，依据请求原则，商标注册人如不就部分撤销的商品主动申请复审，则视为在这部分商品上的撤销决定已经生效，商标注册人提交的使用证据能否证明系争商标在这部分商品上的使用不再进入复审的审理范围。如果撤销申请人就部分维持的商品申请复审，商标注册人在答辩时主张被撤销的部分商品不应被撤销，该主张不属于复审范围。同样，如果商标注册人就部分撤销的商品申请复审，撤销申请人并未就部分维持的商品申请复审，而只是在答辩时主张维持注册的那部分商品也不应该被维持。该主张亦不属于复审范围，复审程序不再对商标注册人提交的使用证据能否证明系争商标在这部分商品上的使用进行审理。而如果双方当事人均就同一份部分撤销决定申请复审，可申请两案合并审理。

（二）商标的使用——用于识别商品来源的行为

关于什么是商标的使用，有"商标法意义上的使用""商标的商业使用"等提法。其实，无论什么样的概念，关键在于这种使用行为是否能发挥"识别商品来源"的作用。在《商标法》2013年修改前，2002年《商标法实施条例》第3条对商标使用的表现形式做出了界定，即"商标法和本条例所称商标的使用，包括将商标用于商品、商品包装或者容器以及商品交易文书上，或者将商标用于广告宣传、展览以及其他商业活动中"。但是，并非只要符合该条所指使用形式，就构成商标的使用。《商标法》2013年修改时，在2002年《商标法实施条例》第3条的基础上增加了重要的一句话，就是"用于识别商品来源的行为"，明确了商标的使用不仅体现在使用形式上，更本质的是要体现在实现商标的功能上。即通过使用，将使用商标的商品与特定的市场主体联系起来。

以此定义为逻辑起点，首先，从证据形式上，可以列举出有效的使用证据，排除无效的使用证据，并根据优势证据规则、日常生活经验和逻辑判断，依据证据各自证明力的大小，相互之间联系等方面进行综合判断，构建形成证据链，尽量还原客观真实。其次，从证明内容上，使用证据应证明商标的使用符合真实、公开、合法的要求。其中，真实、公开是商标通过使用实现"识别商品来源"功能的内在要求，合法是维持商标权利的必然要求。关于撤三制度中使用的强度，既不同于《商标法》第4条所指的使用意图，也不同于《商标法》第32条所指的已形成"一定影响"的"使用"。即撤三制度中的使用，不仅要有使用的意图，还应有实际使用的行为。但通过使用发挥"识别商品来源"的功能即可，并不要求通过使用达到"一定影响"。此外，在当前的数字经济时代，日常消费、经济生活各种场景已全面转向线上，商标的使用形式也必然与时俱进。体现在新业态新商业模式中，当事人代理人对电子数据的取证、举证、质证，也要与之相适应。下文就这些问题依次展开论述。

1. 商标使用的形式

商标使用在指定商品上的具体表现形式，参见《商标审查审理指南》(2021)，不再赘述。在此基于能否发挥"识别商品来源"的功能，列举部分不被视为商标的使用情形如下：①商标注册信息的公布或者商标注册人关于对其注册商标享有专用权的声明。如曾有商标撤销复审案中，商标注册人提交证据证明委托他人对自己的注册商标发布推介广告，但推介的目的为"愿与各单位和各行业的有识之士进行生产、销售、许可使用、转让等各种方式的业务合作"。这种所谓推介广告，其目的并不是以商标对自己提供的商品进行宣传，从而无法使消费者直观地将系争商标所使用的商品与特定的市场主体联系起来，因此，不视为商标的使用。②仅有转让或许可行为而没有实际使用。这种行为仅限于转让人与受让人、许可人与被许可人之间，不具有面向消费者昭示商标的功能，没有发挥区分不同商品来源的作用，因此，不视为商标的使用。

有观点认为，商标的使用主要指在商业流通领域内使用，尤其是销售行为。这种观点可能失之偏颇，商标的使用不以该商标所使用商品的实际生产、销售为前提，该商标所使用商品的宣传活动，亦为该商标的使用，因为广告宣传恰恰是商标实现"识别商品来源"功能的重要途径。此外，如单纯出口行为，显然未在大陆市场销售，依然视为在中国大陆地区的使用。

2. 用证据形式——传统证据 + 电子数据

《商标审查审理指南》(2021) 撤销注册商标案件的审查审理部分，关于商标使用在指定商品上的具体表现形式，明确指出，与商品销售有联系的交易文书或与服务有联系的文件资料包括电子商务经营的交易单据或者交易记录，广告宣传包括互联网等媒体上的为商标或使用商标的商品进行的广告宣传。因此，适应电商、互联网交易的发展，电子商务平台交易单据、交易记录、网络广告等电子数据已被接纳为使用证据。如在第11892697号"DUNGEON STRIKER 及图"商标撤销复审案中，系争商标用于"在线网络游戏"服务，商标注册人大量商业活动都是通过互联网进行，因此其提交的证据不可避免地来源于网络。又如微信聊天记录、转账记录，如能相互印证，显示明确的商标标识、交易时间、交易对象和收款记录，符合个体经营者正常交易行为的特点，则应予以采信。

电子数据相较于传统证据，证据"三性"和证明力等共性要求在本质上并无不同，区别仅在于表现形式特性上的不同。虽然早在2008年就有观点针对电子数据提出非歧视原则，但在实践中，电子数据易灭失、易篡改、技术依赖性强的一面总被习惯性地作为争议策略片面夸大，从而攻击电子证据的真实性和证明力。但事实上，电子数据本身又具有强稳定性和安全性的一面，即如果电子数据是孤立存在的，那么被篡改的可能性就比较大；但如果电子数据是以系统数据的形式存在，那么对它造假的可能微乎其微。又因修改产生的文件属性信息和系统日志的变化往往难以掩盖，所以在这个意义上，电子证据又具有很强的稳定性。还有观点认为，电子证据只有经过公证才可接受，这种观点也是基于电子数据易篡改性的传统偏见。事实上，如网页证据客观存在于真实网络环境中，可经勘验；电子数据之间、电子数据与传统证据之间还可以相互印证，足以认定其真实性；又如第三方网络平台的搜索结果证据，是基于中立第三方的数据及平台形成，其真实性和可靠性一般较高，可进一步与当事人提交的电子数据相互印证，从而确定其真实性。

此外，电子数据出示相较于传统证据的特性还体现在证据形式上往往缺乏完整性，如网页截图等证据。完整性既可能影响电子数据的证据资格，也可能影响电子数据的证明力，因此电子数据的完整性是相较于传统证据"三性"之外的一项独立审查标准。网页截图等证据不仅缺乏形式上的完整性，来源的可靠性也较低，所以真实性难以保障。如第4121314号"ZEN"商标撤销复审案中，系争商标注册人提交的证据3为其官网宣传青岛创新未来科技有限公司为其中国经销商的网页，撤销申请人质证认为该证据仅为一张不完整的网页截图，不足以证明经销关系的存在。但系争商标注册人还提交了证据2该青岛公司通过其官网展示商品的页面，以及证据5有关产品介绍的网页，且证据2、证据5均为经公证的互联网档案馆抓取的网页。上述证据可以证明该青岛公司在其官网上宣传的商品即为使用了系争商标的部分核定商品，形成时间亦在指定期间内。因此，系争商标注册人证据2、证据3、证据5及其他证据形成了证据链，可以证明系争商标在指定期间内在部分核定商品上的使用。由此案例，建议当事人代理人应注意通过来源不同，但证据信息指向一致的其他证据（如真实性更高完整性更强的其他电子数据、传统的物证或书证等）与此类电子数据相结合，形成能够相互印证的证据链条，以加强此类电子数据的真实性与可靠性。

关于电子数据的取证、举证、质证，可详见商标局官网发布的《商标评审案件电子数据证据指引课题研究报告》。

3. 证据链的构建

《商标审查审理指南》（2021）列举仅提交下列证据，不视为《商标法》意义上的商标使用：①商品销售合同或提供服务的协议、合同；②书面证言；③难以识别是否经过修改的物证、视听资料、网站信息等；④实物与复制品。这些证据之所以难被采信为有效的使用证据，重点就在于这个"仅"字，即单独一份这样的证据。如果仅提供商品销售合同或提供服务的协议，但缺少发票、报关单等证据，无法形成证据链，佐证合同或协议的履行情况，从而不能体现使用"真实、公开、合法"的要求，就不能证明系争商标通过使用实现了"识别商品来源"的作用。

构建证据链一般应对各项证据予以全盘考虑，而不是先按照使用人、标识、商品、时间、地域等要素对单项证据各个击破排除后，再仅依据体现出各项要素的个别"完美"证据构建证据链。因为这种割裂证据之间内在关联性的逻辑，脱离了市场实际和日常经验法则，且不符合高度可能性原则，也与新业态中小微企业的经营管理方式存在矛盾。如某些照片证据，不能体现使用时间，或即便有拍摄时间也不能确保真实性，但如有其他证明力较强的证据予以佐证，也不排除该照片可以作为证据链中的一环予以采信。如系争商标注册人提供了 3 年期间内与 A 公司签订的采购合同、商标授权使用书、质量协议、发票、送货单等证据，以及与 B 公司签订的定制合同、销售货物或者提供应税劳务/服务清单、发票等证据。若以能否体现使用人、标识、商品、时间、地域等要素逐一质疑上述每个单项证据，可能没有什么"完美"证据，如发票上通常不会出现商标，采购合同或定制合同与发票并不完全对应，送货单属于所谓自制证据。但是，如果对上述所有证据予以综合全盘考量，其中采购合同、商标授权使用书、质量协议显示注册人授权 A 公司定牌加工，发票显示的商品与核定使用商品类似，送货单显示供应商为 A 公司，收货公司为注册人；与 B 公司签订的定制合同显示 B 公司向注册人采购使用系争商标的商品，后附相应发票予以佐证，销售货物或者提供应税劳务/服务清单显示的商品与核定使用商品类似，后附相应发票予以佐证。上述发票复印件均经与全国增值税发票查验平台查验一致，则上述证据形成了证据链闭环，可以证明系争商标注册人授权 A 公司定牌加工使用系争商标的商品，B 公司向注册人采购使用系争商标的商品的情况，从而证明了系争商标注册人以许可使用的方式在三年期间在核定使用商品上使用了系争商标。

实践中，以能否体现商标"识别商品来源"的功能为标尺，被排除在证据链之外的证据主要还包括以下形式：一是店面、广告照片，商品、包装照片或实物，而无其他证据佐证，这些照片单独出现时，不能体现使用时间、传播的范围等有效信息，对商标实际使用行为没有任何证明力。二是自行统计的数据，无其他证据佐证的企业自我宣传和推广材料；企业内部、关联企业之间的使用证据，经销商、用户等专为本案出具的证言而无其他证据佐证。这四种证据或为自证，或由存在利害关系的主体出具，均缺乏中立客观性，真实性存疑。并且即便真实，也有失公开性。其中，如无其他证据佐证的企业自我宣传和推广材料，不能体现宣传的持续时间、地域特别是受众范围；关联企业之间的使用证据不足以证明向公众传递了商品来源的信息。除上述两大类形式的证据外，关于检验报告，需要区分是送检报告还是抽检报告。如果只是送检报告而无其他证据佐证，一般认为只能证明商品质量，而对该商品是否实际使用了系争商标没有证明作用；而抽检报告系当地相关主管部门对管辖区域的商品主动进行抽样检查后形成的报告，恰恰反映出使用系争商标的商品已实际进入市场流通的情况。

4. 真实使用

真实使用的核心首先在于证据的真实。如作为定案证据的发票须与全国增值税发票查验平台查验一致。上节被排除在证据链外的证据的列举也多是由于真实性难辨。这些证据往往也多被归纳为"自制证据"，撤销复审案件的裁定及后续行政诉讼的判决中，往往否定"自制证据"的证明力。其实并非自制证据均不可采信，而是孤立的自制证据难以确认其真实性及形成时间，因此被否定的主要原因并不是"自制"而是缺乏佐证。关于电子数据的真实性前文也已经述及。

关于证据复印件，一方面，《商标评审规则》第40条第1款规定，当事人提供书证的，应当提供原件；提供原件有困难的，可以提供复印件；但另一方面，该条第3款规定，一方当事人对另一方当事人所提书证的复制件存在怀疑并有相应证据支持的，被质疑的当事人应当提供或者出示有关证据的原件或者经公证的复印件，因此，撤销申请人如对系争商标注册人使用证据为复印件提出质疑，应提供相应证据。实践中，行政机关从便利当事人减轻当事人举证负担的角度出发，对以复印件形式提交的证据采信持较为宽松的态度，但没有其他佐证的复印件证据不能单独作为认定事实的依据。提醒注册人务必注意的是，仍应保留证据原件，以备核验质证。一是撤销复审案件采用口头审理方式更有助于查明案件事实，二是撤销复审如进入后续行政诉讼，根据《最高人民法院关于行政诉讼证据若干问题的规定》第57条第（六）项，当事人无正当理由拒不提供原件又无其他证据印证，且对方当事人不予认可的证据的复制件不能作为定案依据，即无法与原件核对的复印件证据很可能不会被采信。

但并非证据形式上真实，就足以认定使用行为的真实性。第一种情况是证据自相矛盾，如发票与合同在金额、时间等方面无法对应，且无合理解释（如多份订单一并开具发票、返点促销等符合交易习惯，解释具有合理性）；或如委托制作产品说明书的合同对应的却是产品的销售发票或发货单。第二种情况是多个案件一套证据，这里要区分涉及的是同一个商标，还是多个不同的商标。如果是同一个商标，如前所述，商标注册人于在先的撤三案件提交的使用证据能够证明本案中商标使用行为的，可不再重复提交，前案使用证据应在使用的时间、商品/服务、商标标识三方面与本案一致或重合。但如果注册人在多个不同的商标撤销案件中提交的证据相同，或涉嫌证据造假，或涉嫌象征性使用。由于发票在撤销复审案件中证明力较强，证据造假的常见形式就是先有真的发票后倒签假的合同。在第12602500号"大安电"商标撤销复审案中，系争商标注册人曾将相同的发票在关联案件中作为证据使用，但两案中三张发票对应的合同却不相同，对于该明显矛盾之处注册人未能作出合理解释。第三种情况是使用行为不符合商业惯例、交易习惯或有关规定，违背常理。在第11204437号"京天红"商标撤销复审案中，销售炸糕这样的金额较小的交易每次都签订书面合同的做法就在行政诉讼中被一审、二审法院认为不符合市场交易习惯。还有一些情况如内部关联交易、自买自卖，且缺乏合理解释。在"耐克"商标撤销复审案中，商标注册人授权A公司使用系争商标，A公司委托他人B制作产品说明书，该他人B要求A公司将款项汇入自然人C账户，但自然人C却是A公司的采购员。注册人辩称B、C为夫妻关系。上述行为被认定属于内部交易行为。又如A公司将商品发货给自然人D、E，自然人D、E又均将商品退回A公司。注册人辩称是收货人超出时限未汇货款被收回货品，但注册人提交的发货证据均有退货记录，不足以证明系争商标通过真实、公开地使用发挥了"区分商品来源"的作用。

行政程序中审理撤销复审案件，倡导提高口头审理的比例，以便于当庭质证。如上述"耐克"商标撤销复审案中，商标注册人提交了发布产品宣传的微信朋友圈截图书面证据，口审中经当庭质证，对比出同一条朋友圈书面证据上的点赞数和点赞人，与商标注册人当场登录微信展示朋友圈显示的点赞数和点赞人不一致。在此提醒当事人代理人，若行政机关、司法机关确认某一使用证据造假，可能会形成对注册人诚信的负面评价，代理机构可能面临行政部门的监管查处，在行政诉讼程序中当事人代理人可能还会被依法追究其他法律责任。

5. 公开使用

公开性与真实性密切相关，但公开性更强调商标的信息传播功能，通过公开使用向相关公众传递商品提供者的信息，从而实现"识别商品来源"的作用。

有观点认为，公开使用即在公开的商业领域内进行使用，进而将公开的商业领域等同于商业流通领域，认为只有销售才是公开的有效使用行为，这种理解失之偏颇。"公开"的判断标准在于是否能够为相关公众所知晓，因此，即便如某些国外品牌虽然尚未正式在中国市场销售，但在杂志等媒体上所做的商业广告当然也可作为公开的使用证据。

使用公开性问题还与不使用的正当理由相关。如"可立克"商标复审案中，申请人称"该商标的使用计划属于商业秘密，不便公开"。复审决定认为，商标的使用应是公开的使用，且使用计划仅仅是计划，不等于使用，因此，注册人该项理由不予支持。

6. 合法使用

使用的合法性问题应限定于使用行为本身的合法性，但某些情况下也可能和商标标识本身的合法性问题交织在一起。关于"违法"使用的认定，还要首先厘清违的"法"是仅指商标法，还是也包括指定商品所在行业领域的相关法律法规；其次要明确如果商标使用违反了指定商品所在行业领域相关法律法规也应被认定为"违法"使用，因此要注意商标使用的合法性。

1）关于"违法"所指"法"的范围。

首先，"违法"使用指违反《商标法》的使用行为。最高人民法院典型审判案例中曾认定攀附式的侵权使用不构成合法使用，判决撤销涉案商标。

其次，关于"违法"使用是否包括违反了指定商品所在行业领域相关法律法规的使用行为，实践中曾有以下演变：在第 738354 号"康王"商标撤销复审案中，北京市第一中级人民法院（2006）一中行初字第 1052 号行政判决书认为，进入市场销售的化妆品均应标注有生产许可证号及卫生许可证号，商标注册人包装盒证据上缺少上述标注，不符合相关规定，此种商品即使投入市场亦非合法使用，而《商标法》所保护的商标使用仅适用于合法使用。北京市高级人民法院（2007）高行终字第 78 号行政判决书认为，化妆品的生产许可和卫生许可制度是国家为了保障消费者的生命健康安全而对化妆品生产企业采取的强制性的行政许可制度，因此，在云南滇虹公司没有证据证明昆明滇虹公司在生产该产品时已经取得上述许可证的情况下，涉案化妆品的生产行为违反了行政法规的强制性规定，因此不能发生《商标法》意义上的商标使用行为。最高人民法院（2007）行监字184-1号驳回再审申请通知书认为，判断使用是否合法不限于商标法及其配套法规，对违反法律强制性、禁止性规定的商标使用，如果认定法律效力，则可能鼓励和纵容违法行为。但在第1372099号"卡斯特"商标撤销复审案中，北京市第一中级人民法院（2008）一中行初字第40号行政判决书认为，撤三程序要解决的根本问题是商标"是否在使用"，而不是"如何使用"。如果商标使用人在生产许可、卫生许可、进口许可等方面存在问题，则应适用不同的法律规范，由其他执法机关管理和查处。评审部门无权在审查三年不使用问题中，适用其他行政管理领域的规范性文件对班提公司销售卡斯特葡萄酒的行为是否违反法规直接予以认定并加以制裁。北京市高级人民法院（2008）高行终字第509号行政判决书认为，班提公司销售卡斯特干红葡萄酒时尚未取得《进出口食品标签审核证书》的问题，属对进出口销售管理的问题，与商标的使用及合法使用无关。最高人民法院（2010）知行字第55号行政书认为，班提公司使用商标的经营活动是否违反进口、销售等方面的法律规定，并非撤三程序所要规范和调整的问题。而至2019年，《北京市高级人民法院商标授权确权行政案件审理指南》将"违法"使用界定为：商标使用行为明确违反《商标法》或者其他法律禁止性规定的，可以认定不构成商标使用。

目前司法实践中，现有判决体现了上述两种不同的观点。另有观点依据《民法典》第153条关于违反法律、行政法规的强制性规定的民事法律行为无效的规定，认为《北京市高级人民法院商标授权确权行政案件审理指南》中所指禁止性规定可以等同于上述"强制性规定"，进而将法律、法规中的强制性规定区分为效力性强制性规定和管理性强制性规定，认为违反效力性强制性规定的商标使用行为应当自始无效；违反管理性强制性规定的行为，一般可以认定构成商标使用的。至于什么是效力性强制性，什么是管理性强制性，并无明确定义或目前尚未见公开的归纳，以目前实践概括，明显关系国计民生的，如涉及食品、药品、婴幼儿配方食品生产许可或安全的，多会被认为属于效力性强制性情形；而关于某些特定行业生产、经营资质、是否开具发票、是否纳税，销售形式是否违反公司法规定等问题，多会被认为属于管理性强制性情形。

综上，所谓"违法"，不仅指违反《商标法》，也可能包括违反了商品所在行业领域的禁止性规定或强制性规定。

2) 关于如何确定商标使用合法性的审查范围。

在前述认识基础上，如何确定商标使用合法性的审查范围？一是禁止性规定是否等同于强制性规定尚存在争议；二是所谓效力性强制性和管理性强制性目前也无明确区分；三是商标涉及的商品和服务包罗万象，不可能要求审查员无所不知，根据职权法定原则，更不可能要求审查员对商品涉及的各行各业所有禁止性规定或强制性规定均代行行政审查管理职能。因此，商标使用合法性的审查范围中关于使用是否违反了商品所在行业领域的禁止性规定，主要还是应依据当事人代理人在质证中发表的意见提供的相应证据来确定。

3) 撤销申请人对使用合法性的质疑，可能还会以使用行为不合法提出抗辩，但背后混杂的是商标标识本身的合法性问题。如第 9804658 号"恒大丽晶山泉"撤销复审案中，撤销申请人认为商标注册人及其生产商均未获得山泉水的取水许可，却将带有"山泉"文字的系争商标使用在由普通地下水、自来水制成的饮用水商品上，具有欺骗性，容易导致相关公众对商品质量或原料产生误认，违反《商标法》第 10 条第 1 款第（七）项、《食品安全法》第 71 条、《预包装食品标签规则》第 3.4 款、第 4.1.2.2 款、第 4.1.4.1 款等法律禁止性规定。因此，系争商标的使用行为既违反了《商标法》，也违反了商品行业相关禁止性规定，属于违法使用，不构成商标使用。该主张在行政裁决及后续行政诉讼一审、二审、再审程序中均未获支持，行政机关及司法机关均认为该主张不属于撤销案件的审查范围。因为该违法使用抗辩背后实质上是否定了系争商标本身的注册合法性，但系争商标注册合法性问题属于无效宣告程序的调整范围。撤销的程序设计是为了督促注册商标真实使用，在此程序中若以上述理由在表象上认定违法使用，实则隐含的是对有效注册商标本身合法性的直接否定性评价，以撤销注册代行宣告无效，会模糊不同程序的边界，破坏制度设计的稳定性。在此案撤销复审决定做出后，评审部门在另案无效宣告程序中，支持了申请人关于系争商标违反《商标法》第 10 条第 1 款第（七）项的主张，裁定宣告系争商标无效。无效宣告裁定在后续行政诉讼一审、二审、再审程序中均获法院支持。

7. 使用的程度

如前所述，撤三程序中的使用的强度，不仅要有《商标法》第 4 条所指的使用意图，也要有实际使用的事实；但通过使用发挥"识别商品来源"的作用即可，并不要求通过使用达到"一定影响"。然而，曾有判决认为，如果商标注册人"商标意义上的使用行为"已具有一定规模，通常应推定此种使用行为系"真实、善意的商标使用行为"。反之，如果其仅是偶发，未达到一定规模的使用，则在无其他证据佐证的情况下，通常应认定此种使用行为并非"真实、善意的商标使用行为"。这种逻辑似乎混淆了"使用"与"使用并有一定影响"的平衡，如仅因当事人使用商标的时间较晚、销售数额较小就否定其使用行为，未免附加给商标注册人超出制度立法目的的举证责任。

实践中，将商标使用行为认定为象征性使用，往往在于综合考虑商标注册人注册情况、使用情况，不足以认定其具有真实的使用意图，通过使用实现商标"区分商品来源"的功能。在第1046939号"SK及图"商标撤销复审案中，三年期间有效使用证据仅有一张发票，同一张发票上涉及商标4件，指定商品为袜子，数量各10双。即便考虑商标注册人个体工商户的性质，其交易行为和发票开具行为都难以用交易习惯解释。因此，该证据难以被认定为对系争商标的真实使用，而是仅以维持商标注册为目的的象征性使用。又如有撤销复审案件中，商标注册人提交的服装销售合同和发票能够相互对应，合同上载有系争商标注册号、商标标识、核定使用的不同类似群组的商品各若干项，证据在形式上完全符合商标使用的要求。但是，正如前文关于真实使用部分所述，并非证据形式上真实就足以认定使用行为的真实性。恰恰是该证据过于完美，反而显见其对商标的描述方式、就少量商品交易订立销售合同的行为均与一般商业惯例不符。上述证据亦仅涉及少量商品和一个交易相对方。因此，该证据不足以证明使用行为真实、公开，而明显具有规避撤三制度的象征性使用特征。

（三）商标的使用方式

商标的使用方式包括三种：①商标注册人自行使用；②他人经许可使用；③其他不违背商标注册人意志的使用。

关于许可使用，审理标准曾经历了一个从严格到宽松的演变。曾有观点认为，许可使用须事前明示许可，在商标被他人提出撤三申请之后，对他人的使用追认为许可使用，而没有其他相关证据佐证在此之前确有明确的使用许可关系存在的,不视为商标注册人的使用。如第738354号"康王"商标撤销复审案中,评审部门经审理认为,该商标被核准转让于云南滇虹公司前,当时的商标注册人与云南滇虹公司签订了《商标使用许可合同》,使用期限与三年期间部分重合。云南滇虹公司提交的在案证据可以证明昆明滇虹公司在第3类化妆品上使用了系争商标,由于昆明滇虹公司是云南滇虹公司与美方大东公司合资成立的控股子公司,因此,需就昆明滇虹公司使用"康王"商标的有效性作出判断。评审部门认为,虽然昆明滇虹公司与云南滇虹公司在民事主体身份上为两个相互独立的经济实体,但从昆明滇虹公司百分之七十四的注册资本由云南滇虹公司认缴出资这一事实来看,原先以云南滇虹公司名义开展的经营活动,现已全部调整到昆明滇虹公司名下。云南滇虹公司并明确授权昆明滇虹公司无偿使用其注册的重要商标。在云南滇虹公司明确授权且未遭到商标许可使用人反对的情况下,昆明滇虹公司对系争商标进行了使用,该事实与云南滇虹公司履行《商标使用许可合同》的约定义务并无冲突,因此,昆明滇虹公司对"康王"商标的使用应视作商标注册人对系争商标的使用。但北京市第一中级人民法院一审判决认为,虽然云南滇虹公司与昆明滇虹公司存在控股关系,但二者仍为独立的民事主体,各自独立享有民事权利并承担民事义务。云南滇虹公司虽享有使用系争商标的权利,但不意味着昆明滇虹公司亦当然享有。据此,昆明滇虹公司在无证据证明有权使用系争商标的情况下,其对系争商标的使用行为不能认定是云南滇虹公司的使用行为。但另一种观点认为,许可包括书面许可和默示许可,对于后一种许可,可以采取事后追认。在撤三案件中,只要注册商标存在事实上的使用,即使实际使用主体与注册人或者与被许可人不一致但有正当理由,就应视为合理有效的使用。虽然该种使用存在某种程度上的瑕疵,但仍应认为该商标在市场上未死亡,其注册应当维持。这种观点目前被普遍接受,更符合撤三制度的立法意图。

接受不违背商标注册人意志的使用可视为商标注册人使用,也体现了关于许可使用观点的逐渐演变。关于不违背商标注册人意志的使用,一方面,依据《与贸易有关的知识产权协定》(TRIPS)第19条关于使用的要求第2款,在商标受其所有人控制时,他人对商标的使用,亦应承认其属于为了保持注册所要求的使用。但另一方面,若商标注册人已经对他人使用系争商标的行为明确表示不予认可，在撤销案件中又依据该他人的行为主张使用系争商标的，不予支持，即禁反言。

关于第三方宣传报道等证据是否属于所谓"被动"使用，从而不应被认定为商标注册人"主动"使用的问题，笔者认为，第三方宣传报道一般不是建立在虚无缥缈的空中楼阁之上，往往恰恰通过社会评价和公众关注反映出了第三方对商标的使用情况，只要能够向社会公众昭示商品来源，就应认定为不违背商标注册人意志的使用。当然，如果仅有第三方宣传报道证明商标使用情况似仍有不足，商标注册人还是应尽量充分提供不同形式的使用证据，彼此形成印证。

与不违背商标注册人意志的使用问题相关的，还有与新型商业模式共生的商标使用问题，如类似海淘代购的情形，在中国的商标使用可能并不是商标注册人自发主动的行为，但中国消费者可以通过各种方式在中国获得系争商标标识的商品。商标注册人若提交在此过程中所形成的使用证据，即表明这种使用行为并不违背其意志，并且通过这种形式系争商标发挥了"识别商品来源"的作用，这样的使用证据可被采信以维持商标注册。在国际注册第1160702号"ORAJEL"商标撤销复审案中，一审判决认为商标注册人虽未提交证据证明其直接在中国境内销售，但通过亚马逊、淘宝网、京东全球购等多种电子商务途径进行了销售，中国境内相关公众在指定期间均能购买标有"ORAJEL"商标的牙刷；消费者还在小红书、百度知道等平台上对该品牌产品进行交流，可认定系争商标已进行了实际的商业使用。

（四）所使用的标识

1）是否作为商标使用。

使用证据应能显示出使用的系争商标标识，但并非相关标识出现必然构成商标意义上的使用。如第11827900号"Aliyun"商标撤销复审案，二审判决认为"aliyun.com"单独使用或作为组合标志的一部分，均易被相关公众识别为域名而非商标，故上述使用方式均不构成对系争商标的商标性使用。在第10128107号图形商标撤销复审案中，一审判决认为相关公众易将系争商标图形的雕塑与特劳特先生或其书籍相对应，认为商标注册人是在宣传特劳特先生及其"定位"理论或其书籍，而非在商业管理咨询顾问等服务上的商标性使用。

2）使用的标识应为系争商标标识，或与系争商标标识有细微差别，但未改变其显著特征。

所使用的标识在使用行为中出现的标志应为系争商标标识，但实践中更普遍的实际情况是实际使用的商标标识与核准注册的商标标识有细微差别，但未改变其显著特征的，一般可以视为注册商标的使用。

如何判断主要部分和显著特征是否发生明显变化？应以商标近似判断中"普通消费者""一般注意力"为衡量标准，在具体案件中结合注册人商标注册情况、行业惯例、使用的具体表现形式等因素进行综合判断。

①若以"普通消费者""一般注意力"易被认为是同一商标的，一般可视为是作为注册商标使用；易被认为不是同一商标的，不视为是作为注册商标使用，而应视为是作为未注册商标或其他注册商标使用。

②关于结合注册人商标注册情况因素判断。

一种情况是注册人在指定期间在类似商品上并未注册与系争商标近似的其他商标，鉴于市场主体在市场经营活动中使用商标在客观上有多种形式，即便使用的标识与系争商标并不完全一致，也可认定为系争商标的使用。如第3964927号"科时迈 COSMED Pulmonary Function Equipment 及图"商标撤销复审案，虽然证据上仅显示了系争商标的图形和英文部分，未显示中文部分，但在指定期间内，系争商标注册人并未注册包含中文商标的近似商标，亦未将系争商标的图形和英文组合单独申请注册，且系争商标中的"COSMED"与中文"科时迈"具有对应关系，故可认定系争商标在复审商品上的使用。

此种情况下还有一种特殊情形是，注册人在类似商品上仅有一件注册商标，且注册人证据可以证明实际使用行为，甚至即便使用证据没有直接体现注册商标，但由常理判断，注册人没有理由不使用其注册商标。这种情况下，若对使用证据的审查过于机械严苛，可能会对注册人的实际经营造成重大困难。

但另一种情况是注册人在指定期间在类似商品上有多件近似注册商标，司法实践一般认为在此情况下，若在案证据难以与系争商标形成唯一对应关系，则不宜认定系争商标进行了实际使用。如第15217861号"奇胜"商标、第15217860号"奇胜"商标撤销复审案，系争商标注册人在相同商品上分别注册了繁体、简体商标，一审判决认为系争商标注册人提交的证据均显示为简体"奇胜"商标的使用，因此，第 15217861 号繁体"奇勝"商标在复审商品上的注册应予以撤销，第 15217860 号简体"奇胜"商标在复审商品上的注册可予以维持。在第 13873178 号"微博及图"商标撤销复审案中，法院采信撤销申请人在诉讼程序中提交的证据，认为系争商标注册人的使用行为实际上指向其第 13873123 号图形商标、第 13872830 号"腾讯微博"文字商标，或是二者的结合，不能视为对系争商标的使用。因此，建议当事人商标注册行为与使用行为尽量保持一致，用什么就注册什么，注册什么就用什么。这一注册策略一以贯之体现在其他程序中对证明其他法律事实也是有益的，如在对他人商标的无效宣告程序中，若主张中文商标的知名度，但提供的是英文商标的使用证据且不能证明中、英文商标已形成对应关系的，则缺乏证明力；又如在驳回复审程序中，若系争商标为单纯图形，但提供的是图形与文字组合商标的使用证据，通常会被认为证据不足以证明单纯的图形本身已具备了独立的显著性或与他人近似商标的区别性。

关于注册人在指定期间在类似商品上有多件近似注册商标，笔者认为有些情况也不应一概而论，需要区分这些商标的近似程度。若这多件近似商标的文字构成、排列顺序完全相同，只是字体、字号、字母大小写或者文字排列方式横排竖排之分，或者仅改变汉字、字母、数字等之间的间距、颜色等，以"普通消费者""一般注意力"难以区分这些细微差别的，就没有必要苛责商标注册人究竟是在其中哪件商标上进行了使用。因为若消费者都无法分辨，裁判者区分的意义又是什么呢？而且若因此认为无法确定是在哪件商标上进行了使用，则可能导致这些商标都被认为没有使用而全部面临被撤销的风险，这显然也与客观事实不符。特别是，撤销程序不是惩罚重复申请的制度，审理标准过于严苛背离了制度设计的立法意图。但从另一面，也提醒当事人代理人注意，如果商标表现形式只是上述细微变化，实无逐一申请的必要，不仅徒增商标管理的成本，更可能招致本不应存在的风险。除非商标使用的主要形式确实发生变化，确有重新申请系争商标的必要，也应充分注意提供的使用证据足以证明使用的主要形式确与系争商标的表现形式一致。

第三种情况是已注册商标与未注册商标组合使用，如第 3372497 号

"YUN NAN SHAN QUAN"商标撤销复审案,一审判决认为在案证据虽然显示有"YUN NAN SHAN QUAN"商标与"雲南山泉"未注册商标的组合使用,但"雲南山泉"字体较大,为组合使用中显著识别部分,发挥识别商品来源的功能,在案证据不足以证明系争商标"YUN NAN SHAN QUAN"起到了指示商品提供者的作用。如基于组合使用而认定系争商标的使用,则无异于变相给予了"雲南山泉"注册商标的保护,从而有悖"雲南山泉"文字商标无法被核准注册的事实。因此,"YUN NAN SHAN QUAN"商标的注册应予撤销。该观点一方面似乎赋予撤销复审程序本没有的过高的程序价值,在未注册商标与已注册商标组合使用的情况下,撤销程序的审查对象只是已注册商标,并无对未注册商标赋权的功能;另一方面从撤销复审的立法意图出发对系争商标的审理结论似乎又过于严苛,如因组合使用就将未注册商标亦已使用的事实认定为未使用进而撤销其注册,不仅有失客观,更似乎惩戒有余督促不足,偏离了撤销程序的立法意图。

而第四种情况则与打击恶意注册相关,若注册人涉嫌或已在另案中被认定构成囤积注册,对其审查可能从严,从而使撤销程序对囤积注册行为发挥震慑作用。

③关于结合行业惯例、使用的具体表现形式判断,最常见的情形是图文组合商标中,由于图形一般不便于统一呼叫,因此在商业票据中对商标的描述往往忽略图形部分;或者如果图形部分在使用中形成了相对固定的称谓,在商业票据中也可能以该称谓指代图形部分;外文商标如果在使用中形成了与中文翻译稳定的对应关系,依据中国相关公众的语言习惯,在商业票据中也可能以该中文翻译指向该外文商标。只要上述情形中,系争商标注册人并无其他单纯文字商标或中文商标,上述形式均实现了商标的识别功能,认可上述形式构成对系争商标的使用,符合商业惯例和中国消费者的认知习惯。

在第14545968号"Simpla cornfield及图"商标撤销复审案中,一审判决认为虽然系争商标注册人在第21类商品上另注册有"新浦乐玉米田"商标,但考虑到"新浦乐"与"SIMPLA"、"玉米田"与"CORNFIELD"分别存在对应关系,故不能排除在实际使用中对"玉米田"指代系争商标的情况。在第8214063号"HI-P"商标撤销复审案中,二审判决认为虽然系争商标注册人在复审商品上还注册有第 8343579 号"hi-p"商标,但多份销售合同及参展合同中均明确标注了"HI-P"标识,属于对系争商标的使用,且"hi-p"系对"HI-P"的艺术化设计,两者具有一定对应性,应正确认识系争商标在合同中标注的法律意义。在第 10136470 号"双十一"商标撤销复审案中,评审部门对系争商标核定使用在广告、为零售目的在通信媒体上展示商品、替他人推销服务上的注册予以维持。撤销申请人认为商标注册人使用的商标为汉字与数字组合构成的"双 11"或"天猫双 11"等,而非全汉字表现形式的系争商标"双十一"。在该案后续行政诉讼中,北京知识产权法院一审判决认为,商标注册人通过各类招商活动招募平台商家参与,并在平台上设立专门的"双十一"活动会场,在参与商家和活动商品上标注"双 11",起到了展示商品信息、区分来源和商品分类的作用,消费者通过"双十一"活动会场和商家、商品上的"双 11"标签信息,可以快速找到参与双十一促销活动的商家和商品信息。在上述商业情形中,"双十一""双 11"文字及标签的使用,正是互联网服务场景中典型的商标使用行为。虽然"双 11"和"双十一"存在一定差异,但考虑到商标注册人上述真实的使用意图、"双十一"与"双 11"在呼叫和含义上完全相同,相关公众在使用过程也习惯将"双 11"和"双十一"对应起来,因此,商标注册人的使用行为符合商业惯例,也符合相关公众的认知习惯,属于未改变系争商标显著特征的使用,可以视为对系争商标的使用。

3)在标注他人商标的商品上同时贴附系争商标、系争商标注册人在同一商品上同时使用包括系争商标在内的多个商标等情形,能否视为系争商标在核定商品上的使用,均应如前所述,一方面尊重市场行为具有多样性、灵活性的客观实际,另一方面坚持相关公众能否通过这种使用"识别商品来源"于系争商标注册人的标准,从而判定是否构成系争商标的使用。在第 838525 号"EDGE"商标撤销复审案中,一审判决认为虽然系争商标在实际使用中与商标注册人的其他商标均同时使用,但这一使用方式并不违反商标法的立法精神,且实践中出于细分市场、提高市场占有率等考虑,一件商品上使用两个以上注册商标也是常见的形式,故这一使用方式并不影响对系争商标使用行为的认定。

（五）使用的商品

1. 维持注册的商品范围

商标注册人在核定使用的商品上使用注册商标的，在与该商品相类似的商品上的注册可予以维持，撤销申请人仅针对特定商品项目提出撤销申请的情况除外。这是因为，撤销程序虽然没有主体资格的限制，但大多撤销程序的启动主要是为了解决实际的权利冲突，如驳回复审程序中，申请人对引证商标指定商品中与申请商标相冲突的部分提出部分撤销申请。引证商标对在后申请商标发生影响的不只是逐项相同商品，而是类似商品。如果注册商标在一种核定使用商品上进行了使用，若仅维持该商品上的注册，对与该商品类似的其他商品予以撤销，他人在与该商品类似商品上的注册依然不能获准。因此，对系争商标在实际使用商品相类似的商品上的注册亦予以维持，与仅维持实际使用商品注册的影响效果并无不同，并不会损害他人的利益。

2. 关于在核定的商品上使用

依据《商标法》第 56 条，注册商标的专用权，以核准注册的商标和核定使用的商品为限。依据《商标法》第 4 条，申请主体申请注册商标时指定使用哪些商品，就是为了在哪些商品上取得注册专用权。而撤销案件审理实践中，有一种情况恰恰是指定使用、实际使用的商品均为规范的商品名称，且两者为类似商品，但指定使用的是 A 商品，实际使用的却是 B 商品。这种情况下，因为是注册人自己在申请注册时选择了放弃在 B 商品上寻求注册保护而只寻求在 A 商品上寻求注册保护，因此，其在 B 商品上的使用，系超出注册专用权范围的使用，不应视为对注册商标的使用，而应认定为对未注册商标的使用，很可能不能维持 A 商品的商标注册。如第 1129187 号"GNC"商标撤销复审案，核定使用商品仅一项，即第 30 类非医用营养鱼油，而实际使用证据是在蜂蜜等蜂产品上，蜂蜜与非医用营养品鱼油属于类似商品。评审决定对系争商标的注册予以维持。后续行政诉讼中，北京市高级人民法院二审认为，蜂蜜等蜂产品上的使用，并非在涉案商标核定商品非医用营养鱼油商品上的使用，因此不属于注册商标的使用。在第 8326772 号"来福士"商标撤销复审案中，商标注册人提交的证据中显示的商品是"75%酒精消毒液",二审判决依据撤销申请人在诉讼程序中提交的新证据认为,依据《类似商品和服务区分表》(以下简称《区分表》),系争商标核定使用的 0102 群组"酒精"指工业酒精,而"75%酒精消毒液"应属 0501 群组医用酒精,因此,在案证据不足以证明系争商标在核定商品上进行了使用。

3. 关于规范的商品名称

"规范的商品名称"的概念,本身并不规范。实践中,规范商品名称一般指《区分表》中收录的商品名称,在注册申请程序中被接受的暂未被《区分表》收录的商品名称也可被视为规范的商品名称。撤销案件中常见的一种情形是,系争商标核定使用的商品为《区分表》收录的商品名称,实际使用的商品与核定使用的商品仅名称不同,本质上属于同一商品,可以认定构成核定商品的使用;或者实际使用的商品与核定使用的商品有种属关系,前者属于后者下位概念的,可以认定构成核定商品的使用。在第 7240197 号"GRAPHICSPLAYER 及图"商标撤销复审案中,一审判决认为,系争商标实际使用的网络摄像头并非《区分表》中的规范商品名称,从功能、用途及消费群体等市场因素考虑,与其核定使用的"音响设备、影碟机"商品不属于同一商品,也不是这两项商品的下位概念,因此,系争商标在这两项商品的注册不能因在网络摄像头商品上的使用而得以维持。

1) 判定是否属于同一商品的几种常见情形。

最简单的情形是日常称谓只是与《区分表》收录的名称不同,如常用的洗衣液商品与核定使用的洗衣剂商品属于同一商品,常用的洗发水商品与核定使用的洗发露商品属于同一商品。

第二种情形是实际使用的商品如可归入《区分表》中多个不同群组,如何判定与其最接近的商品是否为核定使用的商品?该问题往往也涉及《区分表》的变化。需要结合《区分表》关于商品分类的原则和标准,商品的物理属性、商业特点等因素作出综合认定。在第 3889420 号"箭牌"商标撤销复审案中,一审、二审判决均认为,根据系争商标申请注册时的第八版区分表,实际使用的"浴霸"并非规范商品名称,根据其功能、用途、生产部门、销售渠道、消费群体等因素,可以认定与之最接近的商品应为 1109 卫生设备(不包括盥洗室用具)群组的"浴室装置"等商品,而非系争商标核定使用的1111小型取暖器群组的"小型取暖器"商品，这从第九版区分表中浴霸商品调整加入的商品群组，亦可得到印证。因此，在案证据不足以证明系争商标在核定使用商品上进行了使用。

第三种情形是实际使用的商品难以纳入《区分表》中某一项特定商品中，对系争商标在相关商品上的注册如何保护。由于商品包罗万象，《区分表》不可能无所不包；并且由于成文的《区分表》相较于日新月异的社会经济生活实践，具有滞后性，因此为了满足实际客观需要，并鼓励创新，可以接受市场主体将实际使用的商标注册在密切关联的《区分表》既有项目上，并予以积极保护。认定实际使用的商品是否与《区分表》既有项目密切关联，应当综合考量商品的功能、用途等自身属性，生产部门、消费渠道、行业经营需求等市场因素以及消费习惯等相关公众认知等因素。如第6621955号"AFIELD"商标撤销复审案，系争商标申请注册于2008年，核定使用在第42类计算机系统设计、工程、建筑学咨询、建筑制图、建筑项目的开发等服务项目上。2015年、2018年先后两次被他人针对计算机系统设计一项服务提出撤三申请。评审部门经审理认为，系争商标注册人提交的使用证据可以证明其从事建筑智能化设计与施工经营活动。经查，我国住房和城乡建设部制定的《建筑智能化工程设计与施工资质标准》中规定，具备建筑智能化工程设计与施工资质的企业承担的业务范围包括综合布线及计算机网络系统工程、智能化系统集成工程等共13项内容。建筑智能化是一个新型的处于不断发展中的概念，建筑智能化工程设计施工服务的具体内容和方式存在复合性和多样性，难以纳入《区分表》中某一项特定服务的外延中，为鼓励创新，应当允许经营者将其商标注册在相关服务上并获得相应的保护。商标注册人提交的获奖证据、施工合同书及相应的完工证明、宣传材料等证据，足以形成完整的证据链证明商标注册人在指定期间在建筑智能化工程设计和施工服务中对系争商标进行了实际使用，其实际提供的工程服务包括了计算机系统设计服务的内容。因此，系争商标在计算机系统设计服务上的注册应予以维持。

2）关于上、下位概念商品。

商标注册人为尽可能扩大注册专用权的保护范围，并为今后的经营发展预留空间，申请注册时有可能选择属概念的商品，但实际使用的商品只是种概念的商品，如实际使用的护手霜商品可视为核定使用的化妆品商品的下位概念，可以维持核定商品上的注册。

而如果实际使用的商品属于核定使用商品上位概念的，是否可以认定构成核定商品的使用？如上所述，《区分表》不可能穷尽现实生活中所有商品，因此，需要结合商品的具体形态和分类、消费者的认知和行业惯例等因素具体判断。如第 13650996 号"天天动听"商标撤销复审案中，核定使用的商品为耳塞机，使用证据中出现的商品名称为耳机，为耳塞机的上位概念，但实际使用的具体种类即为耳塞机，因此，系争商标在该核定商品上的注册应予以维持。

3）当关于使用商品判定的多个规则可同时适用，而彼此之间有冲突时，又该如何判定？在第 3039675 号"海天添丁"商标撤销复审案中，系争商标申请注册时，食用油脂、芝麻油均是当时版本《区分表》中的规范商品，商标注册人只指定了食用油脂商品而未指定芝麻油商品，但使用证据证明的恰恰是系争商标在芝麻油商品上的使用，按照注册商标专用权以核定使用的商品为限的规则，似乎应撤销系争商标在核定使用的食用油脂商品上的注册。但是，一审判决认为，从相关公众通常的生活经验而言，芝麻油是食用油脂的一种；从食用油脂生产者的角度而言，通常也是生产销售玉米、葵花籽、橄榄等具体作物压榨的食用油，而不是将商品直接称为食用油脂；从商品分类规则而言，食用油脂是芝麻油的上位概念，因此，系争商标在芝麻油商品上的使用可以维持其在食用油脂商品上的注册。概言之，当关于使用商品判定的多个规则彼此交叉时，要结合日常生活经验法则，尊重行业惯例，并以有利于当事人作为权衡取舍的导向来具体判定。

但在第 14008902 号"水星"商标撤销复审案中，系争商标申请注册时，螺丝刀、钳子、扳手、手工操作的手工具等商品均是当时版本《区分表》中标准的商品名称，商标注册人指定了手工操作的手工具商品但并未指定螺丝刀、钳子、扳手等商品。一审、二审判决均认为，即便使用证据可以证明系争商标在螺丝刀、钳子、扳手等商品上进行了使用，但手工操作的手工具一般指除螺丝刀、钳子、扳手等该类具有标准商品名称外的其他手工操作的手工具，因此，系争商标注册人提交的在螺丝刀、钳子、扳手等商品上的使用证据不能认定在手工操作的手工具商品上的使用。该判决对上、下位商品概念或《区分表》罗列商品之间非此即彼的判定虽然似乎符合注册专用权以核定使用的商品为限的规则，但与普通公众的日常经验判断和注册主体的市场行为倾向距离较远，对《区分表》罗列商品的严谨、完美程度过于理想化，撤销注册的结果似乎成了对商标注册人指定上位概念商品的惩罚，由此倒推对商标注册人申请注册时如何选择指定商品的影响，似乎对市场主体的商标注册行为课以过严过细的限制，对其使用行为的要求也有失客观。

4. 关于《区分表》的变化

由于市场交易状况不断变化，商品和服务项目不断更新，而《区分表》由于成文性必然带来滞后性，很多创新商品和服务难以及时纳入《区分表》。如果系争商标核准注册时，核定的未实际使用商品与已实际使用商品在《区分表》中不属于类似商品，但因《区分表》的变化，在案件审理时属于类似商品的，以案件审理时的事实状态为准，可以维持未实际使用商品的注册。而如果系争商标核准注册时，核定的未实际使用商品与已实际使用商品在《区分表》中属于类似商品，但因《区分表》的变化，在案件审理时不属于类似商品的，以核准注册时的事实状态为准，可以维持未实际使用商品的注册。

总体上，以有利于维持商标注册维护注册人利益的原则对待《区分表》的变化，《区分表》的变化并非归因于商标注册人，因此不能因《区分表》的变化让商标注册人承受商标被撤销注册的后果，以维护商标注册人合理的期待利益。第 6098055 号"法斯德 faside"商标撤销复审案中，系争商标核定使用在第 11 类电热水器等商品上，商标注册人提交的证据可以证明系争商标在电开水器商品上进行了使用。撤销申请人质证认为，商标注册人证据中显示使用商品为"电开水器"，并没有按规定填写商品名称，不能视为在电热水器等商品上对其注册商标的使用。评审部门经审理认为，商标注册人申请注册系争商标时依据的是基于尼斯分类第九版的《区分表》，收录在当时的区分表中的商品名称为"电热水器"，而无"电开水器"；但至案件审理时，基于尼斯分类第十一版的《区分表》（2017 文本、2018 文本）收录的商品名称不再有"电热水器"，而是区分为"电开水器"和"洗涤用热水器（煤气或电加热）"。商品名称的变化仅因《区分表》的变化造成，但根据注册人提供的使用证据，系争商标在电开水器商品上进行了使用，与其注册人根据申请注册当时区分表选择的电热水器，依据商品的功能用途、生产部门、消费渠道、消费习惯等因素判定，指向实为同一商品。因此，系争商标在电热水器等类似商品上的注册应予维持。在第 1987593 号"健心"商标撤销复审案中，一审判决认为结合行业惯例和公知常识，可以认定在系争商标申请注册时，"牛奶制品"商品系"奶粉"商品的上位概念。虽然 1997 年《区分表》、2002 年《区分表》中尚不存在"奶粉"商品，但不能因为区分表的变更而否定商标注册人实际的商标使用行为。商标注册人对系争商标在"奶粉"商品上的使用可以认定为其在"牛奶制品"商品上的使用。系争商标在"牛奶制品"及"牛奶"等类似商品上的注册可以维持。

5. 在服务上的使用

由于服务相较于实体商品的无形性，直接证明服务商标的使用客观上难度较大。《指南》结合实践列举了商标使用在核定服务上的多种具体表现形式，例如，餐饮服务上字号或商标往往一致，多出现在服务场所牌匾上，因此，《指南》列举了商标直接使用于服务场所，包括使用于服务场所招牌、店堂装饰上属于商标在核定服务上的使用形式。又如，餐厅服务员服装上的商标，并非服装商品上的使用，而仍是餐饮服务上的使用。而对于单位统一定制的制服类服装，如学校校服、企业工装等，如果服装上带有定制单位的商标，应视情况区分是该商标在第 25 类服装商品上的使用还是在第 40 类服装定制服务上的使用。

实践中颇为困扰的服务商标使用问题包括：第 35 类"替他人推销"服务，需要注意区分证据证明的是替商标注册人自己的商品推销还是替他人的商品推销，提供的是替他人推销服务还是销售服务。第 35 类"进出口"服务，需要注意区分证据证明的是商标在进出口的商品上的使用还是在进出口服务上的使用。伴随着新业态、新场景、新平台的发展，还有越来越多的撤三案件涉及可下载的手机应用软件 App，需要注意区分证据证明的是商标在第 9 类商品上的使用，还是商标在 App 所提供的服务上的使用；是在第 9 类商品上的使用，还是在第 42 类软件设计相关服务上的使用。面对这些困扰，要从常识和客观实际出发，实事求是地分析消费者认为商标指向什么商品或服务，指向哪个来源，那么商标就是在这些商品或服务上进行了使用。

（六）使用的时间——一般应在指定期间内

指定期间指撤销申请之日起向前推算三年内。指定期间之后开始大量使用注册商标的，一般不构成在指定期间内的商标使用。但当事人在指定期间内使用商标的证据较少，在指定期间之后持续、大量使用系争商标的，在判断是否构成商标使用时可以进行综合考虑。如在第 1248056 号"LUCKY"商标撤销复审案中，商标注册人提交的使用证据中，发生在三年指定期间的证据非常有限，但在三年之后的证据较为充分。基于此，二审认为，商标注册人提交了大量证据证明，系争商标不仅在本案诉争的三年期间内进行了实际的使用，而且其实际使用系争商标的意图是长期一贯、持续至今的，在此情况下，如撤销系争商标，与撤三程序的立法本意相悖，因此，系争商标的注册应予以维持。

（七）使用的地点——中国大陆地区

使用地点应当在《商标法》效力所及地域范围内，即中国大陆地区，包括在中国大陆地区从事商品的生产、加工、销售或提供的相关服务。

这里常见的一种特殊情形，是系争商标实际使用的商品未在中国大陆地区流通而直接出口，即涉外定牌加工，可以认定构成核定商品的使用。这一方面是因为商品的生产、出口行为均发生在中国大陆地区，并且在出口环节也能够发挥"识别商品来源"的作用；另一方面是因为切合对外贸易的政策需要。这里需要区分的是单纯出口行为在撤三程序中，视为在中国大陆地区的使用；在依据《商标法》第 15 条第 2 款禁止特定关系抢注的无效或异议案件中，也视为第 15 条第 2 款所指的"在先使用"；但在依据《商标法》第 32 条禁止抢注他人在先使用并有一定影响商标的无效或异议案件中，通常认为这种在先使用所能影响到的相对主体较为有限，因此不足以认定这种在先使用已可形成一定影响，除非抢注人即为涉外定牌加工链条中的一环。在这种情形下，在《商标法》第 32 条后半句"不正当手段"和"一定影响"两个要件此消彼长的平衡中，可以适当降低对"一定影响"的要求。但是，建议当事人代理人还是主张《商标法》第 15 条第 2 款更为恰当。

（八）不使用的正当理由

1. 准确理解不使用的正当理由

《商标法实施条例》第 67 条列举了四种不使用的正当理由，包括不可抗力、政府政策性限制、破产清算和其他不可归责于商标注册人的正当事由。这些不使用的理由之所以正当，核心在于是由于不可归责于商标注册人的原因致使注册人无法使用，商标注册人未使用注册商标非不为也实不能也，因此不使用注册商标不应导致商标注册人承受商标被撤销的后果。在第 8325964 号"YuanWa"商标撤销复审案中，注册人为一商标代理机构，复审称，系争商标为自然人创作的"缘娃 YuanWa"动漫影视作品人物，因该自然人当时无个体户营业执照及企业法人营业执照，无法以其个人名义和公司名义申请注册该商标，故委托注册人先后代理申请注册该商标及与动漫剧相关的商标，指定商品涉及原创动画片上映后的衍生品。如果该商标在先于该电视动画片的播映前使用，有可能会造成他人摹仿、抄袭，因此，出于对著作权保密、保护需求，动画片没上映时，大部分商标不可公开使用。评审部门经审理认为，《商标法》保护的是区分商品来源的识别标志，系争商标注册人所称影视作品人物衍生而来的商标也只有通过使用才能实现商标的功能，任何商标的使用都有可能造成他人摹仿、抄袭，但是否因可能造成作品被他人摹仿抄袭而不行使所谓衍生出来的商标权，明显属于注册人对自己所主张权利如何保护的自主选择，并非上述所指的不可归因于注册人的正当事由。

2. 不可抗力

《民法典》第 180 条规定，因不可抗力不能履行民事义务的，不承担民事责任，即不可抗力可作为免责事由。不可抗力指不能预见、不能避免且不能克服的客观情况，通俗讲可用天灾人祸概括，常见的不可抗力如地震、水灾、疫情、战争、暴恐事件等。撤三案件中近年常见的不可抗力多涉及疫情。在第 16794061 号"金秸秆"商标撤销复审案中，商标注册人主张系争商标在三年指定期间（2017 年 10 月 30 日至 2020 年 10 月 29 日期间）内遭遇不可抗力事件，2020 年 1 月开始因疫情导致的政府政策性限制等构成未使用的正当理由。评审部门经审理认为，判断新冠疫情导致的政府政策性限制是否构成商标无法使用的不可抗力，应从核定商品范围、行业特点、规定三年的时间期限、所在地防控措施严格程度、疫情及政府管控措施对其使用的影响程度、与疫情严重地的关系密切程度等因素进行综合考虑。本案中，系争商标注册人并未提交相应证据证明新冠疫情、政府防控措施等对其商标在广告宣传等服务上使用产生何种政策性限制，且注册人以最大努力仍不能克服其所谓政策性限制对其商标使用造成的根本性障碍，故注册人关于其有不使用系争商标的正当理由之主张不成立。由此案例也可见，即便是不使用的正当理由，在该原因对使用造成的影响消除后，商标注册人应积极履行商标使用义务，不使用的正当理由不能为不使用终身豁免。

3. 政府政策性限制

该情形指政府出于政策考虑，对特定行为的限制，导致商标注册人经过努力仍无法将商品/服务投入使用。《与贸易有关的知识产权协议》第19条第1款规定："如果要将使用作为保持注册的前提，则只有至少3年连续不使用，商标所有人又未出示妨碍使用的有效理由，方可撤销其注册。如果因不依赖商标所有人意愿的情况而构成使用商标的障碍，诸如进口限制或政府对该商标所标示的商品的其他要求，则应承认其为'不使用'的有效理由。"进出口限制、政策性限制生产销售等原因是政府政策性限制的主要情形。

案件审理实践中常见的问题是，对生产经营资质的行政审批能否构成不使用的正当理由，需要区分不同情形进行具体分析。在第1515870号"GRAND CATHAY"商标撤销复审案中，系争商标由大华证券股份有限公司申请注册在第36类证券经纪等项目上。商标注册人提交的证据可以证明，台湾地区经济主管部门投资审议委员会批准了其在大陆地区设立办事处的申请，中国证监会批准了其在香港的全资子公司在上海设立代表处，这些证据及网络宣传资料等在案证据足以表明系争商标注册人有真实使用系争商标的意图及实际使用系争商标的必要准备，但因特定历史原因，大陆与台湾地区尚未签署《证券期货监管合作谅解备忘录》，因此系争商标在指定时间内未在中国大陆地区使用，是受两岸特殊情况的影响及大陆及台湾地区有关政策性规定的限制，属于因其他客观事由未能实际使用的情形。而在第3031090号"九鼎"商标撤销复审案中，系争商标由自然人申请注册在第36类保险、银行、金融服务等项目上,商标注册人主张中国目前禁止个人从事金融服务等业务活动,因此,国家政策所限应视为其未使用系争商标的正当理由。评审部门经审理认为,商标注册人提出商标注册申请时,应当有真实的使用意图,其明知我国目前禁止任何个人从事金融服务等相关业务,自己并不具备将系争商标使用在银行等服务项目上的资质,依然申请注册系争商标并指定使用在银行等服务项目上的行为,不属于未使用的正当理由。在第1129187号"GNC"商标撤销复审案中,系争商标核定使用商品为非医用营养鱼油,根据《保健食品管理办法》的规定,鱼油类产品属于保健食品,应当经过卫生部的审批才能进行生产、销售。在该案后续行政诉讼中,二审判决认为,系争商标注册人并未提交其进行相关行政审批的证据,故不能表明其有正当的理由不能使用系争商标。综合上述案例,试总结以下主要情形:一是系争商标注册人证据可以证明其有真实使用系争商标的意图,并为获得审批进行了必要且合理的努力,但却因其他客观原因无法获准,则可接受为不使用的正当理由;二是系争商标注册人并未努力申请审批并尽量满足审批条件,或其证据不能证明其为获得审批进行了必要且合理的努力的,其关于不使用有正当理由的主张不成立;三是系争商标注册人在提出商标注册申请时,明知相关政策性限制仍申请注册的,其主张不使用的正当理由不属于不能预见、不能避免且不能克服的情形。如果系争商标注册人明知不可为而为之,则其注册商标的意图是令人怀疑的。

4. 破产清算

在第12198210号"Lady star及图"撤销复审案中,三年期间为2015年7月27日至2018年7月26日。商标注册人提交了河南省许昌市中级人民法院作出的民事裁定书,可以证明其已进入破产重整程序中;商标注册人又提交了2019年3月8日河南省许昌市中级人民法院做出的民事决定书,可以证明在三年指定期间内其一直处于破产重整程序中,在此期间,其未对系争商标进行使用有正当理由。撤销申请人则认为破产清算与破产重整程序不同,企业在破产重整程序中可以进行正常经营活动;并且商标注册人在2015年12月30日至2019年3月8日进行破产重整的期间未能完全覆盖上述三年期间,故其至少应提供2015年7月27日至2015年12月30日的使用证据。评审部门经审理认为,依据《企业破产法》第70条对破产清算和破产重整的规定，在破产清算期间，符合一定条件时，方可向法院申请重整，因此两个程序并非完全不相关。由商标注册人提供的法院裁定可知，其先后与两家拟重整投资企业进行多轮谈判，但均无法达成正式重整投资协议，因此，商标注册人不具备在此期间开展正常生产经营的客观条件，并不违反《企业破产法》第73条、第74条的规定。许昌法院直至2019年3月8日才做出裁定，批准商标注册人的重整计划，此时已超出三年期间。撤销申请人认为商标注册人应提交2015年7月27日至2015年12月30日的使用证据，压缩了"连续三年"的期间，于法无据。商标注册人三年期间未能使用系争商标具有正当理由，系争商标在复审商品上的注册应予维持。但在第12658744号"HIFUN"商标撤销复审案中，三年期间为2016年4月24日至2019年4月23日，系争商标注册人提交的证据仅能证明其2019年1月开始着手破产重整申请，2019年3月当地法院受理破产重整申请，仅占指定期间截止前一个月，对企业在指定期间的正常生产经营活动并不构成实质影响，因此，不属于不使用的正当理由。由上述正反两个案例可见，一是破产清算是否构成不使用的正当理由，关键在于商标注册人证据能否证明其在破产清算过程中有积极努力使用系争商标的真实意图；二是不能因破产清算明显不合理地延长或压缩"连续三年"的期间。

5. 实际使用的必要准备

商标注册人有真实使用商标的意图，并且有实际使用的必要准备，因其他客观原因尚未实际使用注册商标的，亦可以认定其有不使用的正当理由。其中，"其他客观原因"往往也属于商标使用过程中不能预见、不能避免且不能克服的商标注册人无法控制的客观事由。在第8616770号"店老琵琶"商标撤销复审案中，系争商标核定使用在住所（旅馆、供膳寄宿处）、寄宿处、餐馆等服务上，指定期间为2013年8月1日至2016年7月31日。系争商标注册人在此期间提交的使用证据主要体现了其将系争商标在客栈等服务上进行广告宣传的情况，但欠缺直接提供相应服务的证据。商标注册人复审称，生产经营活动具有一定的周期性，尤其像系争商标涉及的第43类餐馆、供膳寄宿处等属于特种行业，从立项、准备、报批、前期策划到后期运营及消防检查等需要一个过程，涉及多个环节，这些环节不一定能够在指定的三年时间内全部完成。其在指定三年内虽然没有对商标进行大量、公开使用,但是已经为使用进行了准备,且在指定的三年后进行了持续的公开使用。商标注册人就此提交了房屋拆迁证,商铺安置通知书,琵琶老店平面设计方案,房屋租赁合同,建筑施工合同,收房手续及收据,消防合格证,大同消防大队不同意投入使用、营业决定,特种行业许可证等证据。评审部门经审理认为,上述证据可以证明商标注册人于指定期间的末期2016年7月26日接受消防检查,但未予通过,后经整改后于2016年10月取得消防安全检查合格证。同时,结合其提交的房屋拆迁证、商铺安置通知书、特种行业许可证等证据,可以证明其有真实使用商标的意图,并且有实际使用的必要准备。加之申请人提交了指定期间对系争商标进行宣传的证据,及指定期间后持续使用的证据,故对系争商标的注册予以维持。

6. 防御性注册不构成不使用的正当理由

我国《商标法》并无关于防御商标和联合商标注册及使用的规定。实践中,往往有商标注册人基于其驰名商标,主张相应的防御性注册虽未使用但亦属于不使用的正当理由。该主张与商标的功能及商标注册人的使用义务存在矛盾,也可能不合理地扩大驰名商标的保护范围。因为,对驰名商标扩大保护的类别范围也是有限制的,需要考量驰名商标的独创性、知名程度,系争商标与驰名商标的近似程度、各自使用的商品/服务的关联程度等因素综合判定,而如果对注而不用的驰名商标所谓防御性注册一律给予撤销豁免,则相当于对驰名商标扩大保护不再有类别限制,这与我国驰名商标保护制度相冲突。因此,在撤三案件中,一般将防御商标和联合商标视为普通商标,根据使用证据的实际情况作出决定。

(九) 撤通复审

注册商标成为其核定使用商品的通用名称,是指原本具有商标显著特征的注册商标,在市场实际使用过程中,退化为其核定使用商品的通用名称。因此,两方面适用要件缺一不可:一是注册商标在其获准注册之时尚未成为其核定使用商品的通用名称;二是注册商标在市场实际使用过程中,丧失了其识别商品来源的功能,在被提出撤销申请时已成为其核定使用商品的通用名称。下文就分别从通用名称和退化为通用名称两个层次进行阐释。

1. 通用名称

商品通用名称是指为某一范围或某一行业中所共用的，反映一类商品与另一类商品之间根本区别的规范化称谓。商品通用名称表示商品的自然属性，用以区别不同种类的商品；而商标表示的是商品的社会属性，用以区分同种类商品的不同生产者或销售者。通用名称不具有识别商品来源的功能，因此不具备作为商标的显著性。商品通用名称为同行业生产者、经营者、广大消费者所共知共用，属于公共资源，而商标为注册人独占专用。这样的内在矛盾必然决定了禁止通用名称获得商标注册，其立法目的就在于避免某个生产者对于商品通用名称通过商标注册获得垄断利益，其保护的主要是同行业其他厂商的利益及消费者通过商标识别商品来源的权利。

通用名称一般分为法定的通用名称和约定俗成的通用名称，包括全称、简称、缩写、俗称。法定的商品通用名称指我国相关法律、国家标准、行业标准、行业产品或商品目录等规定或收录的商品名称；约定俗成的商品通用名称指经过长时间使用，相关公众普遍认为某一名称能够指代一类商品的情形。判定约定俗成的通用名称，取决于相关公众的普遍认知，被专业工具书、辞典等列为商品名称的，可以作为确定约定俗成的商品通用名称的初步证据和参考，但并非绝对的依据。判定约定俗成的通用名称考虑的地域范围，以全国为原则，以部分为例外，即约定俗成的商品通用名称一般以全国范围内相关公众的通常认识为判断标准。"相关公众"不仅包括商标所标识的商品的生产者或服务的提供者、消费者，也包括商标所标识的商品所在经销渠道所涉及的经营者和相关人员等。由于历史传统、风土人情、地理环境等原因形成的相关市场较为固定的商品，该特定地域、特定行业的生产者、经营者也可以成为判定是否属于通用名称的主体，因此在该相关市场内通用的称谓，也可以认定为商品通用名称。商标注册人若明知或者应知其申请注册的商标为部分区域内约定俗成的商品名称的，应视其申请注册的商标为通用名称。

判定通用名称的时间点，一般以商标注册申请时为准，但考虑核准注册时的事实状态，如果申请时不属于通用名称，但在核准注册时系争商标已经成为通用名称的，仍应认定其属于本商品的通用名称；而在申请时虽属于本商品的通用名称，但在核准注册时已经不是通用名称的，则不妨碍其取得注册。

2. 退化为通用名称

通用名称为一定范围内的生产者、经营者、消费者共同使用，不应具有排他性。而如果商标退化为通用名称后，注册人仍持续具有排他的专用权，就形成了对该商品名称的垄断，不仅与公众认知规律相冲突，如对抗他人正当使用，更会损害同行业其他生产者、经营者的权益。因此，基于防止垄断公共资源、维护公共利益和经济秩序的目的，注册商标退化为其核定使用的商品的通用名称的，任何单位或者个人可以向商标局申请撤销该商标。

注册商标之所以会退化为核定商品的通用名称，不外乎内因、外因两个方面。就内因而言，主要指商标注册人使用及管理不当，如注册人自己将取得专用权的商标作为商品名称使用、宣传，致使本来具有显著性的商标标识沦为通用名称而丧失显著性，则应自行承担不利后果。如"84"现已成为消毒剂类商品的通用名称，但其诞生的背景是1983年上海甲肝暴发流行，为了满足家用消毒杀菌、阻断疾病传播的需求，北京地坛医院的前身北京第一传染病医院，于1984年研制了能迅速杀灭各类肝炎病毒的消毒液，定名为"84"肝炎洗消液，后更名为"84消毒液"。所以，"84"指代的是这种消毒液的研制年份，如作为有一定影响的商品的特有名称使用保护，可以发挥区分商品来源的识别作用，因此可以作为商标受到保护。但是，"84"并未被作为商标及时申请注册，地坛医院向全国多家企业进行技术转让，许可其生产销售"84"消毒液，在技术转让许可合同中，并未对"84"名称有何特殊约定，以至于"84"消毒液作为该类商品的名称被普遍使用，且各个受让企业均在使用该商品名称的同时，标明各自所使用的商标。因此，市场上生产销售"84"消毒液的产品名称均是各生产企业的商标与"84"消毒液的文字组合，区分该类产品的标志是各生产厂家的商标，而非"84"消毒液的商品名称，"84"成了本行业普遍认可的消毒液商品的通用名称。

就外因而言，主要指竞争对手等第三方因素，包括竞争对手等第三方将注册商标作为商品名称使用，或他人在辞典、著作、媒体宣传中将商标作为商品名称使用。这种情况下，如果商标注册人怠于行使权利，放任他人将自己的商标作为商品名称使用，降低商标区分商品来源的强度，致使其商标逐渐通用化，则需为其不作为承担后果。但如果商标注册人坚持通过广告宣传、声明及行政救济、司法诉讼等各种方式积极行使权利，若仍因他人的侵权使用而使注册人的商标专用权灭失，是否可能显失公平存在争议。

就注册商标因通用化而失权的制度设计而言，其根本原因仍应基于商标与商品通用名称本质上的内在冲突，如果注册商标已不再具备区分商品来源的功能时，撤销其注册是在平衡商标注册人个体利益与广大消费者及其他生产经营者公共利益后的取舍选择。因此，判定的重点在于通用名称化的客观后果是否已经形成，而非通用名称化的原因，商标注册人在通用化的过程中是否存在主观过错或在阻止通用化的过程中是否积极努力，可能均无法影响撤通案件的定性。

因此，判定系争商标是否已退化为核定商品的通用名称，应以上述商品通用名称的概念为依据，判定该商标的功能是区分不同商品还是区分不同商品来源，如商标的主要功能是区分不同商品，则应判定为已退化为通用名称。不同于撤三申请，撤通申请的举证责任在撤销申请人，案件应依据撤销申请人提供的字典、工具书、国家或者行业标准、相关行业组织的证明、市场调查报告、市场上的宣传使用证据以及其他主体在同种商品上使用该商标标志的情况等证据进行审理。判定的时间点，一般应以提出撤销申请时的事实状态为准，案件审理时的事实状态可以作为参考。判定系争商标是否属于商品的通用名称，应当仅认定通用名称指向的具体商品，对与该商品类似的商品不予考虑。

在第515218号"摩卡MOCCA"商标撤销复审案中，系争商标于1989年5月5日提出注册申请，1990年3月30日获准注册在咖啡、可可、茶三项商品上，在另案中曾被认定为咖啡商品上的驰名商标。但是，一审判决综合行政程序及诉讼程序中的在案证据认为，①"摩卡"并非独创或臆造的词汇，其有指代位于也门红海岸边的一个港口城市等含义。追溯其历史渊源和文化背景，早在16—17世纪，摩卡曾是全世界最大的咖啡贸易中心。由此可知，在系争商标申请日之前，"摩卡"或"MOCHA"即与咖啡商品存在特定关联。②从消费者的认知情况来看，撤销申请人提交的证据反映出消费者认为摩卡是一种特定口味的咖啡。消费者认知度调查情况显示，北京、上海、广州、大连、成都80%~90%的被调查者知道摩卡咖啡，其中又有80%~90%以上的被调查者认为"摩卡"是一种咖啡口味而不是一个咖啡品牌。该调查选择了不同地域的5个城市，在公证人员的监督下采用街头问卷的方式进行，通过对一定数量样本的采集得出调查结果。商标注册人虽对调查的客观性和代表性有质疑，但并未提出相应反驳证据。③从同业经营者的使用情况来看，撤销申请人提交的证据表明COSTACOFFEE（咖世家咖啡）、MAANCOFFEE（漫咖啡）、COFFEEBENE（咖啡陪你）、太平洋咖啡（PacificCoffee）、上岛咖啡等多个连锁咖啡店均提供摩卡口味咖啡，Nestle（雀巢咖啡）、Maxim（麦馨咖啡）、Mings（铭氏咖啡）等多个即溶咖啡品牌均推出摩卡口味咖啡，另有不少商家销售摩卡咖啡专用设备。亚洲咖啡协会、福建省咖啡业协会等多个行业协会网站中关于"摩卡"的介绍文章亦反映了当下咖啡行业经营者的普遍认知和经营情况。以上证据表明，"摩卡"已经广泛被其他同业经营者作为商品名称使用。④从第三方的介绍和报道来看，相关书籍、报纸期刊、网络媒体中有大量关于"摩卡""摩卡咖啡"的介绍文章，时间跨度从系争商标申请日不久的1990年到提出撤销申请之时的2015年，既包括《广东科技》《南方都市报》《天津日报》等地方性报刊，也涵盖了《中国商报》《环球时报》《食品工业》等全国性报刊和专业杂志，文章大都介绍"摩卡"是一种咖啡口味或一个咖啡品种。媒体的介绍和报道一方面是对消费者认知状况和同行业者经营状况的反映，另一方面会进一步推动和强化社会公众的认知。⑤从词典的收录情况来看，出版日期早于系争商标申请日的现代出版社1988年11月版《朗文现代英汉双解词典》中关于"mocha"的释义即为"摩卡咖啡（红海摩卡港出口之一种咖啡）"，出版日期晚于系争商标申请日的上海译文出版社2007年3月第1版《英汉大词典》关于"mocha"的释义亦包含"摩卡咖啡，优质阿拉伯咖啡"，《牛津高阶英汉双解词典（第八版）》《新德汉词典》等中关于"mocha"的释义也均提到"摩卡咖啡（一种优质咖啡）"等内容。即使是商标注册人所列举的梁实秋编1963年版《最新实用英汉辞典》、商务印书馆1984年版《英华大词典》、山西人民出版社1989年版《最新·牛津现代高级英汉双解词典》关于"mocha"的释义为"摩加"或"穆哈"，而非"摩卡"。但其也都包括"一种咖啡"的含义，而"摩加"或"穆哈"只是音译的方式不同。除传统词典外，百度词典、必应词典、有道词典等多个网络词典都提到"摩卡""mocha"是一种巧克力、咖啡和牛奶混合成的饮料。综合以上情况，现有证据能够证明至迟在本案审理时，包括消费者和同业经营者在内的相关公众已普遍认为"摩卡"指代的是一类咖啡商品，且上述认知并不限于特定地域，而是全国范围内的普遍现象，"摩卡"已成为咖啡类商品上约定俗成的通用名称。系争商标由中文"摩卡"及英文"MOCCA"组成，虽然"摩卡"的对应英文多呈现为"MOCHA"，但亦有部分词典将"MOCCA"对应于"摩卡"。同时，考虑到"MOCCA"与"MOCHA"的发音和字母构成均十分相近，根据中国相关公众的一般认知水平，易将"MOCCA"识别为"摩卡"的音译。故系争商标作为一个整体使用在咖啡商品上，已无法发挥商标应有的识别商品来源的作用，应当予以撤销。

商标注册人主张系争商标经过其长期使用具有较高知名度，并未成为咖啡商品的通用名称，但其证据不足以证明系争商标已与商标注册人建立唯一对应关系。商标注册人还主张其针对同业经营者傍名牌、搭便车的恶意侵权行为积极维权，故系争商标理应维持注册。但如前所述，因"摩卡"在系争商标申请日之前即与咖啡商品存在特定关联，故其他经营者在系争商标核准注册后、成为咖啡商品的通用名称前，未经许可将"摩卡"作为商品名称使用虽存在过错，但主观恶性不大，该行为虽会破坏系争商标与商标注册人之间的联系，但难以认定属于傍名牌、搭便车。

鉴于撤销申请人提交的在案证据不能证明系争商标已成为另两项核定商品可可、茶上的通用名称，故系争商标在这两项商品上的注册予以维持。

（十）关于注册商标通用名称问题的不同程序选择

涉及商标通用名称的案件有两种情形，一种是将固有通用名称注册为商标，如"苹果"之于水果商品，则违反了《商标法》第11条的规定，可以宣告无效；另一种是商标注册申请注册时或核准注册时具有显著性，但在使用中退化为业内通用名称。

《商标法》第三次修正后，第一种情形属于无效的绝对事由，即该商标本不应被核准注册，因此，应通过无效程序予以纠正，归入第44条第1

款，由商标局宣告无效或由任何单位、个人请求商标评审部门宣告无效。商标局或评审部门做出无效宣告决定后，该商标专用权自始无效。第二种情形是发生在使用过程中的变化，因此，归入第49条第2款，任何单位或个人可以请求商标局撤销其注册，当事人对商标局维持或撤销注册的决定不服的，可以向评审部门申请复审（表4-2）。此类案件中，涉案商标被撤销后，其商标专用权自撤销公告之日丧失，撤销效力不溯及既往，从而使得此类商标专用权的起止时间更为合理。

表4-2 关于商标通用名称问题的两种程序

项目	退化为通用名称	固有通用名称
条款	《商标法》第49条第2款	《商标法》第11条第1款、第44条第1款
程序	请求商标局撤销 ——向评审部门申请撤销复审	请求评审部门宣告无效 商标局依职权宣告无效 ——向评审部门申请无效宣告复审

（十一）注册商标无效宣告和撤销程序的比较

《商标法》2013年修正后，才第一次明确区分了已注册商标的无效宣告和撤销程序。两者之间最重要的区别在于法律后果的不同，无效宣告的法律效力是商标注册被视为自始无效，而撤销的法律效力是自撤销公告之日丧失注册专用权（表4-3）。这是因为撤销程序的适用情形是系争商标的授权并无瑕疵，但存在不使用行为、不当使用或使用中通用名称化等问题，从而使商标权丧失了继续受保护的基础。撤三程序的立法意图之一在于敦促商标注册人履行商标使用义务。而无论撤三程序还是撤通程序，制度设计的主要目标均在于确保注册商标实现区分商品来源的基本功能，审查的证据时间点是商标注册后的使用过程中。而无效宣告程序的适用情形是系争商标在申请注册时即存在《商标法》所规定的不应予以注册的情形；立法意图主要在于对不当注册予以事后纠正。因此，无效宣告的法律后果应回溯至该商标申请注册时，并且鉴于此，审查的证据时间点应为该商标申请注册时的事实状态，以申请注册日之前的证据作为定案的基本依据。

表4-3　注册商标无效宣告和撤销程序的比较

项目	无效宣告	撤销
适用情形	不具备注册合法性	使用中
立法意图	不当注册的事后纠正	督促注册人履行商标使用义务 确保注册商标实现区分商品来源的功能
程序	评审部门依申请 商标局依职权	商标局审查 评审部门复审
证据时间点	系争商标申请日	注册后的使用期间
法律效力	被无效商标视为自始无效	被撤销商标自撤销公告之日丧失专用权

第四节　商标无效宣告代理

一、法律法规的相关规定

（一）《商标法》

第四十四条　已经注册的商标，违反本法第四条、第十条、第十一条、第十二条、第十九条第四款规定的，或者是以欺骗手段或者其他不正当手段取得注册的，由商标局宣告该注册商标无效；其他单位或者个人可以请求商标评审委员会宣告该注册商标无效。

商标局做出宣告注册商标无效的决定，应当书面通知当事人。当事人对商标局的决定不服的，可以自收到通知之日起十五日内向商标评审委员会申请复审。商标评审委员会应当自收到申请之日起九个月内做出决定，并书面通知当事人。有特殊情况需要延长的，经国务院工商行政管理部门批准，可以延长三个月。当事人对商标评审委员会的决定不服的，可以自收到通知之日起三十日内向人民法院起诉。

其他单位或者个人请求商标评审委员会宣告该注册商标无效的，商标评审委员会收到申请后，应当书面通知有关当事人，并限期提出答辩。商标评审委员会应当自收到申请之日起九个月内做出维持注册商标或者宣告注册商标无效的裁定，并书面通知当事人。有特殊情况需要延长的，经国务院工商行政管理部门批准，可以延长三个月。当事人对商标评审委员会的裁定不服的，可以自收到通知之日起三十日内向人民法院起诉。人民法院应当通知商标裁定程序的对方当事人作为第三人参加诉讼。

第四十五条 已经注册的商标，违反本法第十三条第二款和第三款、第十五条、第十六条第一款、第三十条、第三十一条、第三十二条规定的，自商标注册之日起五年内，在先权利人或者利害关系人可以请求商标评审委员会宣告该注册商标无效。对恶意注册的，驰名商标所有人不受五年的时间限制。

商标评审委员会收到宣告注册商标无效的申请后，应当书面通知有关当事人，并限期提出答辩。商标评审委员会应当自收到申请之日起十二个月内做出维持注册商标或者宣告注册商标无效的裁定，并书面通知当事人。有特殊情况需要延长的，经国务院工商行政管理部门批准，可以延长六个月。当事人对商标评审委员会的裁定不服的，可以自收到通知之日起三十日内向人民法院起诉。人民法院应当通知商标裁定程序的对方当事人作为第三人参加诉讼。

商标评审委员会在依照前款规定对无效宣告请求进行审查的过程中，所涉及的在先权利的确定必须以人民法院正在审理或者行政机关正在处理的另一案件的结果为依据的，可以中止审查。中止原因消除后，应当恢复审查程序。

第四十六条 法定期限届满，当事人对商标局宣告注册商标无效的决定不申请复审或者对商标评审委员会的复审决定、维持注册商标或者宣告注册商标无效的裁定不向人民法院起诉的，商标局的决定或者商标评审委员会的复审决定、裁定生效。

第四十七条 依照本法第四十四条、第四十五条的规定宣告无效的注册商标，由商标局予以公告，该注册商标专用权视为自始即不存在。

宣告注册商标无效的决定或者裁定，对宣告无效前人民法院做出并已执行的商标侵权案件的判决、裁定、调解书和工商行政管理部门做出并已执行的商标侵权案件的处理决定以及已经履行的商标转让或者使用许可合同不具有追溯力。但是，因商标注册人的恶意给他人造成的损失，应当给予赔偿。

依照前款规定不返还商标侵权赔偿金、商标转让费、商标使用费，明显违反公平原则的，应当全部或者部分返还。

（二）《商标法实施条例》

第四十九条 ……

依照商标法第四十四条第一款规定申请宣告国际注册商标无效的，应当自该商标国际注册申请的驳回期限届满后向商标评审委员会提出申请；驳回期限届满时仍处在驳回复审或者异议相关程序的，应当自商标局或者商标评审委员会作出的准予注册决定生效后向商标评审委员会提出申请。

依照商标法第四十五条第一款规定申请宣告国际注册商标无效的，应当自该商标国际注册申请的驳回期限届满之日起5年内向商标评审委员会提出申请；驳回期限届满时仍处在驳回复审或者异议相关程序的，应当自商标局或者商标评审委员会作出的准予注册决定生效之日起5年内向商标评审委员会提出申请。对恶意注册的，驰名商标所有人不受5年的时间限制。

第五十四条 商标评审委员会审理依照商标法第四十四条、第四十五条请求宣告注册商标无效的案件，应当针对当事人申请和答辩的事实、理由及请求进行审理。

第六十二条 申请人撤回商标评审申请的，不得以相同的事实和理由再次提出评审申请。商标评审委员会对商标评审申请已经作出裁定或者决定的，任何人不得以相同的事实和理由再次提出评审申请。但是，经不予注册复审程序予以核准注册后向商标评审委员会提起宣告注册商标无效的除外。

二、无效宣告制度的设计理念与基本思路

本节所指的无效宣告仅限于依申请启动的无效宣告程序，即已经注册的商标，任何人基于绝对理由，或者在先权利人或利害关系人基于相对理由，请求商标评审部门对系争商标的注册做出宣告无效的裁定。中国的商标体系采取注册制度而非使用制度，且遵循申请在先原则。在此体系之下，如果质疑一个商标的注册合法性，在商标授权之前适用异议程序，在商标授权之后适用无效宣告程序。因此，商标被获准注册并不意味着高枕

无忧，如果商标本身不具有可注册性、本来应当在审查程序不予初步审定或在异议程序中不予核准注册，但由于审查疏漏或权利人没有及时发现并主张权利等种种原因而予以核准注册，无效宣告制度就提供了纠正的机会。无效宣告的效力是该注册商标专用权被视为自始即不存在。因此，无效宣告程序是从根本上否定该商标的注册合法性的程序。该程序设置的立法意图是对不当注册予以事后纠正，有效弥补审查和异议程序的不足，并为在先权利人提供救济手段，同时通过社会监督保护公序良俗。

依当事人申请的无效宣告程序是行政裁决的一种特殊形式，也是行政体制内的纠纷解决机制。《商标法》自2013年修改后，商标局在注册前异议程序中做出准予被异议商标注册决定的，异议人无权向评审部门申请复审；或者，被异议商标经不予注册复审程序核准注册的，异议人也无权就此复审决定提起行政诉讼，都只能待被异议商标获准注册后，再向评审部门请求宣告该注册商标无效。因此，从这个角度来说，无效宣告也是给异议人提供的一种对准予注册决定不服的救济程序。异议人对经不予注册复审程序予以核准注册的商标向评审部门提起无效宣告的，不受"一事不再理"原则的限制，即异议人可以基于相同的事实和理由提出无效宣告申请。评审部门审理上述无效宣告案件，应当另行组成合议组进行审理。

三、注册商标无效宣告代理的具体流程

（一）申请主体和可以主张的理由

依申请启动的无效宣告程序，其申请人主体资格及可以主张的无效理由与异议程序中异议人主体资格及可以主张的异议理由相同。

《商标法》第44条是基于绝对理由请求宣告无效的程序性条款。依据此条款提出无效宣告请求的主体可以是任何单位和个人，没有主体资格限制。这是因为第44条涉及的实体性条款均为绝对理由，从维护不特定主体公共利益和公序良俗的角度出发，任何人均可依据这些条款对注册商标的合法性提出质疑。依据此条款提出无效宣告请求的理由包括《商标法》第4条禁止不以使用为目的的恶意注册，第10条禁用条款，第11条禁注条款，第12条关于三维标志的功能性审查条款，第19条第4款禁止商标代

理机构在代理服务范围以外申请注册商标；此外，第44条第1款关于禁止"以欺骗或者不正常手段取得商标注册"的规定也使第44条本身兼有了实体性条款的性质。

《商标法》第45条是基于相对理由请求宣告无效的程序性条款。依据此条款提出无效宣告请求的主体应为在先权利人或利害关系人。这是因为第44条涉及的实体性条款均为相对理由，系争商标损害的主要是特定主体的利益，因此有权提出无效宣告请求的只能是这些特定主体，即在先注册商标、在先使用商标或其他在先权利的权利人或者利害关系人。利害关系人的判定参见异议和不予注册复审章节。依据《商标法》第45条提出无效宣告请求可以主张的理由包括《商标法》第13条关于驰名商标保护的条款，第15条禁止代理人、代表人或者其他有特定关系的人抢注的条款，第16条关于地理标志保护的条款，第30条、第31条对在先商标注册或在先商标注册申请保护的条款，第32条前半句对商标权以外的其他在先权利如著作权、商号权等保护的条款，以及第32条后半句对在先使用并有一定影响的未注册商标保护的条款。

实践中，申请人提出无效宣告请求往往不严格区分上述程序性条款，而是倾向于主张所有相关条款。建议申请人还是要增强针对性，增强所主张实体性条款适用要件的事实呈现和说理分析，在最有效的篇幅内让审查员看到最有说服力的理由和最有证明力的证据。否则，过犹不及，反而会稀释最想让审查员接受的信息和观点。

（二）提出无效宣告申请的法定期限

基于绝对理由提起的无效宣告，《商标法》并未设定时限，这是因为绝对理由涉及公共利益和公序良俗，为充分体现无效宣告程序社会监督的程序价值，任何人在系争商标获准注册后的任何时间均可向商标评审部门提起无效宣告请求。但需要注意的是，1988年1月13日颁布实施的《商标法实施细则》才第一次对注册不当撤销程序做出规定，根据立法渊源和不溯及既往的原则，理论上，1988年1月13日前获准注册的商标不可被宣告无效。

基于相对理由提起的无效宣告，法定期限为系争商标注册之日起5年内。但是，恶意注册他人驰名商标的，不受5年的时间限制。5年的期限规定一方面是为了敦促在先权利人或利害关系人积极行使权利,另一方面是为了保障商标权利人的利益、维护注册商标权利的稳定性和交易的安全性。商标注册之日的确定,经过一般注册程序核准注册的商标,自注册公告之日起计算。需要注意的是,依据《商标法实施条例》第12条的规定,注册公告当日不能提起无效宣告请求。经异议或者不予注册复审程序核准注册的商标,依据《商标法实施条例》第28条第2款的规定,5年期限的起算点应自商标局重新发布注册公告(二)之日起计算。系争商标为国际注册的,依据《商标法实施条例》第49条处理,其中需要注意的是,如果在商标国际注册申请驳回期限届满前该国际注册商标在中国已获准领土延伸保护,对其申请宣告无效仍应在驳回期限届满后提出。这是因为依据《商标法实施条例》第44条,国际注册有关事项无须在中国另行发布公告,因此有必要对国际注册商标在中国权利状态的确定规定一个统一的判断时间点,如在驳回期限届满前未被驳回,即意味着在中国获准了领土延伸保护。

关于无效宣告请求的主体、理由及期限,可以参见表4-4。

表4-4 无效宣告请求的主体、理由及期限

申请主体	可以主张的理由	法定期限
任何单位或个人(《商标法》第44条第1款)	《商标法》第10条禁用条款	无明确限制(原则上,1988年1月13日前获准注册的商标应不可无效)
	《商标法》第11条禁注条款	
	《商标法》第12条三维标志功能性审查条款	
	《商标法》第4条禁止不以使用为目的的恶意注册	
	《商标法》第19条第4款禁止商标代理机构在代理服务范围以外申请注册商标	
	《商标法》第44条第1款关于禁止以欺骗手段取得商标注册的规定	
	《商标法》第44条第1款关于禁止以不正当手段取得商标注册的规定	
在先权利人或利害关系人(《商标法》第45条第1款)	《商标法》第13条第2款对未注册驰名商标的保护	系争商标注册之日起5年内
	《商标法》第13条第3款对已注册驰名商标的保护	
	《商标法》第15条第1款禁止代理人、代表人抢注	
	《商标法》第15条第2款禁止特定关系人抢注	

续表

申请主体	可以主张的理由	法定期限
在先权利人或利害关系人（《商标法》第45条第1款）	《商标法》第16条第1款对地理标志的保护	系争商标注册之日起5年内
	《商标法》第30条、第31条对在先商标注册或在先商标注册申请的保护	
	《商标法》第32条前半句对商标权以外的其他在先权利的保护，如著作权、商号权等	
	《商标法》第32条后半句对在先使用并有一定影响的未注册商标的保护	

（三）参加无效宣告程序的书件要求

提出无效宣告评审申请的方式、途径、材料要求与其他评审案件类型没有区别，请参见商标驳回复审章节。关于主体资格要求和书件正副本的要求可参见商标不予注册复审章节。需要说明以下几点：一是以《商标法》第30条、第31条对在先商标注册或在先商标注册申请为由提出无效宣告请求的，引证商标发生转让、移转的，建议受让人或者承继人及时以书面形式声明承受相关主体地位，参加后续评审程序并承担相应的评审后果。二是系争商标为共有商标的，建议在《无效宣告申请书》（首页）将所有共有人全部列明。

系争商标注册人作为无效宣告案件中的被申请人，收到无效宣告申请书副本及有关证据材料的，应当自收到申请材料之日起30日内提交答辩书，并按照申请人的数量提交相应份数的副本。答辩材料应依次包括答辩通知书及其送达证据、答辩理由书、答辩人主体资格证明、证据目录和证据材料，如委托代理机构答辩，还应提交商标评审代理委托书。类似于申请书件的补正程序，答辩材料经审查认为需要补正的，被申请人应自收到补正通知书之日起30日内补正。被申请人未在规定期限内补正或经补正仍不符合规定的，视为未答辩。按照双方当事人对等原则，被申请人首次提交答辩书之日起3个月内，也可以提交补充证据材料，但应在答辩理由书的显著位置注明。被申请人未在答辩书中声明或期满未提交的，视为放弃补充有关证据材料。但是，在期满后生成或者被申请人有其他正当理由未能在期满前提交的证据，在期满后提交的，评审部门将证据交换申请人质证后可以采信。其他情况的逾期答辩或逾期提交补充材料，是否采信并进行质证需经实质审理审查员判断对案件结论是否有实质影响。有实质影响的，根据案件审理需要进行证据交换，未经质证的证据不予采信。

申请人质证，也应当按照被申请人的数量提交相应份数的副本，质证材料包括证据交换通知书及其送达证据、质证理由书等。

（四）相对理由无效宣告案件的中止

依据在先权利启动的无效宣告程序，依据《商标法》第45条第3款，"所涉及的在先权利的确定必须以人民法院正在审理或者行政机关正在处理的另一案件的结果为依据的，可以中止审查。中止原因消除后，应当恢复审查程序"。这一规定不仅是基于案件审理的必要性实际需求，更是为了确保合法权利人权益，避免程序循环、切实减轻当事人负担。但为了兼顾效率与公平及商标注册秩序的稳定性，避免中止制度成为延宕案件正常进度的手段，这里所指的在先权利相关案件应为本案审理期间已经在审理中的案件。

四、注册商标无效宣告中的重点和难点

（一）审理范围

本节所指无效宣告程序仅指依申请启动的无效宣告程序，依照《商标法实施条例》第54条的规定，评审部门对此类无效宣告请求案件，应当针对当事人申请和答辩的事实、理由及请求进行审理。因此，依据请求原则，当事人未提出的主张，评审部门不应审理。

（二）导致宣告无效的主要相对理由——相同近似条款

据2020—2022年的不完全统计，近3/4的无效宣告请求得到了评审部门的支持，系争商标在全部或部分商品或服务上的注册被宣告无效。其中，相对理由中适用最多的条款是《商标法》第30条、第31条，即近似问题是导致商标被宣告无效最常用的相对理由；绝对理由中适用最多的条款是《商标法》第44条第1款所指"其他不正当手段"，该条款已成为打

击损害公共利益或商标囤积等恶意注册行为的有力武器。

近似条款之所以成为导致无效最常用的相对理由，是因为其体现了维护诚实信用原则、打击恶意注册行为的导向。在无效宣告和不予注册复审案件中，对于恶意明显的系争商标，个案中可适当降低商品类似的判定标准，突破《类似商品和服务区分表》。

突破《类似商品和服务区分表》的适用要件包括：①在先商标具有较强的显著特征；②在先商标具有一定的知名度；③系争商标与在先商标具有较高的近似度；④系争商标指定的商品或服务与在先商标核定使用的商品或服务具有较强的关联性；⑤系争商标所有人主观恶意明显；⑥系争商标的注册或者使用，容易导致相关公众混淆和误认。适用这一标准，就是在考虑个案案情的基础上，从维护诚实信用原则的立法宗旨出发，按有利于打击恶意注册行为的方向把握，对商标的保护范围作出更合理的界定，全面考量上述适用要件，但并不以满足全部适用要件为要求。鉴于对《区分表》的突破旨在对恶意申请人予以惩戒，避免相关公众产生混淆，因此，上述④、⑤两项要件最为关键。要件④商品是否具有较强关联性，应结合具体商品在功能、用途、主要原料、生产部门、销售渠道、销售场所、消费对象等方面是否具有较强关联性进行认定。要件⑤系争商标所有人主观恶意是否明显，应结合双方当事人之间接触情况、行业、地域，以及商标独创性、知名度等综合认定。要件①、②的逻辑在于，如果在先商标既无知名度，也缺乏显著性，则很难推定系争商标是对在先商标的抄袭或模仿。要件①中显著性一般指标识本身的固有显著性，臆造性词汇、独创性图形等一般被认定为具有较强显著特征。要件②在先商标知名度是获得较高保护的重要条件，也符合商标法下商标知名度越高，保护范围越大的基本规则。要件③双方商标标识本身具有较高的近似度，是指双方商标在商标构成、排列顺序、含义等方面近似程度较高，是突破《区分表》的前提。对《区分表》的突破在满足上述要件的情况下，还应遵循"一案一议"的原则，即只是个案突破，对其他案件的处理并不具有强制适用性。

突破《区分表》的审理标准，适用的案件类型不仅包括无效宣告，也包括不予注册复审。这是因为，异议和无效程序，属于处理特定主体权益纠纷，与强调客观性、一致性、易于操作性的审查程序相比，具有不同的制度功能。公平与效率的天平更应倾向于公平，以追求法律适用效果的公平为价值取向。根据商品的客观属性和个案具体情况对商品类似与否进行综合判定，对恶意注册人予以惩戒，避免相关公众产生混淆。

再以前述第 6304198 号 iPhone 案为例，苹果公司在该商标异议复审案中未获支持，该商标于 2016 年 5 月 14 日获准注册。一个月后，苹果公司向评审部门提出无效宣告请求，无效理由中与异议复审案件中异议理由重复的部分因"一事不再理"原则被驳回，但苹果公司无效理由中新增了引用《商标法》第 30 条，并增加了一个新的引证商标。该引证商标指定的商品包括第 9 类手机、充电器等，共计 42 项，其中有一项商品是皮革或仿皮革制流动电话机套，该商品与系争商标指定的第 18 类护照保护套（皮革制）等商品在原料、生产技术、功能用途等方面密切关联。在此基础上，评审部门基于引证商标的独创性和知名度，被申请人明知或应知的主观状态，突破了《类似商品和服务区分表》的界限，在个案中判定系争商标与引证商标构成使用在类似商品上的近似商标，适用《商标法》第 30 条，对该商标的注册宣告无效。

（三）导致宣告无效的主要绝对理由——《商标法》第 44 条第 1 款所指"其他不正当手段"

依据《商标审查审理指南》（2021）和最高人民法院商标授权确权案件司法解释，《商标法》第 44 条第 1 款所指"其他不正当手段"是指扰乱商标注册秩序、损害公共利益、不正当占用公共资源或者以其他方式谋取不当利益的注册行为。该条款适用于打击《商标法》第 13 条、第 15 条、第 32 条等条款规定的损害特定主体民事权益以外的，违反诚实信用原则或滥用商标注册制度，从而损害不特定主体公共利益的恶意注册行为。

以第 10619071 号"UL"商标无效宣告案为例，日本株式会社迅销是核定使用在第 25 类服装、鞋等商品上的"UNIQLO"、"UNIQLO"、"优衣库"等注册商标专用权人，其 2011 年设计的超轻羽绒服（Ultra Light Down）被《财富》杂志评为 100 个杰出的现代设计之一。但 Ultra Light 的字头缩写"UL"2012 年被广州市指南针会展服务有限公司、广州中唯企业管理咨询服务有限公司作为共有商标申请注册在服装等商品上，即第 10619071 号UL商标。2013 年，该商标获准注册后，该两公司将其在华唯商标转让网上公开出售，并向迅销公司提出 800 万元转让费。因迅销公司不愿意购买，该两公司就转而在全国各地法院发起对迅销公司的"维权围剿"，采用公证取证方式从迅销公司设在广东、上海、浙江、北京等地的服装专卖店购买被控侵权的服装，主张迅销公司未经许可在其销售的服装商品上突出使用 UL 标识，侵犯了其 UL 注册商标专用权，要求迅销公司及其在各地的服装专卖店停止侵权并承担赔偿责任。在这 40 多起侵权诉讼案件中，全国各地法院呈现了不同的裁判观点：第一种观点认为， UL 注册商标受保护，迅销公司使用 UL 标识构成商标侵权，迅销公司应停止侵权并赔偿损失。第二种观点认为，迅销公司使用 UL 标识虽然构成商标侵权，但因商标注册人并没有实际使用注册商标的意图，且仅用注册商标投机取巧作为索赔的工具，因此判决迅销公司停止侵权，但无须承担赔偿责任。第三种观点认为， UL 注册商标并未实际使用，其识别作用尚未发挥。而在被控侵权商品均来源于迅销公司提供的"UNIQLO"、UNIQLO、"优衣库"商标的背景下，消费者施以一般注意力，不会认为迅销公司提供的服装与 UL 注册商标有特定联系，故迅销公司使用 UL 标识与 UL 注册商标既不相同也不近似，因此，不构成商标侵权，判决驳回商标注册人的诉讼请求。第四种观点认为， UL 商标属于恶意注册，商标注册人指控迅销公司侵害商标权的诉讼请求不予支持。但考虑到 UL 商标尚处于有效注册状态，迅销公司使用 UL 标识时，应保持与 UL 注册商标有明显区分的相关使用环境和状态，尽可能避让该注册商标。

与商标注册人的大规模诉讼并行的是迅销公司的反诉，迅销公司向评审部门请求对该商标宣告无效。经评审程序及后续诉讼程序，该商标终被宣告无效。第一，至案件审理时，共有商标的两个注册人分别申请注册了 1931 件、706 件商标，数量巨大。第二，这些商标中，部分与他人知名商标在呼叫或视觉上高度近似，如"欧米嘉派克""GUESSJOY""凡希哲""舒马仕 SHEMARCH 及图""派宝龙 PABOORAGON"等商标分别与他人知名的"OMEGA 欧米茄""PARKER 派克""GUESS""范思哲""爱马仕""万宝龙"等商标近似。第三，至案件审理时，商标注册人先后向他人转让了各类商标共 164 件，通过大量转让商标获利。第四，两个注册人非以使用为目的注册系争商标，而是意图以高价转让的方式获取巨额转让费，其向迅销公司提出的系争商标转让费高达800万元。第五，两个注册人将系争商标作为索赔工具，基于相同事实向迅销公司及其关联主体在全国各地提起大规模诉讼，主观恶意明显。综上，商标注册人非以使用为目的且无合理或正当理由大量申请注册并囤积包括系争商标在内的注册商标。此外，还通过商标转让、恶意诉讼等手段实现商标牟利，其行为严重扰乱了商标注册秩序、损害了公共利益，并不正当地占用了社会公共资源，构成2001年《商标法》第41条第1款所指"以其他不正当手段取得注册"的情形。随着该商标在行政程序中被宣告无效，商标注册人所谓维权行为在民事程序中如同被釜底抽薪而予终结。

"其他不正当手段"适用的案件类型，不仅包括针对已注册商标的无效宣告案件；针对未注册商标的异议和不予注册复审案件，依据《商标审查审理指南》（2021）也可参照适用。

什么样的情形可以被称为"其他不正当手段"？评审部门在大量案件审理实践经验总结的基础上，基于定性和定量两方面的考量，进行了类型化的归纳，《商标审查及审理标准》（2016）列举了三种典型的"其他不正当手段"：①多件＋与他人具有较强显著性的商标构成相同或者近似的；②多件＋与他人字号、企业名称、社会组织及其他机构名称、知名商品的特有名称、包装、装潢等构成相同或者近似的；③大量＋明显缺乏真实使用意图，这种情形中最典型的就是商标囤积行为。"其他不正当手段"一般不会仅表现为上述某一种情形，往往更可能是多种情形交织在一起。

关于定量标准和定性标准，上述前两种具体情形中"多件"与第三种情形中的"大量"在数量上有所不同，在案件审理实践中，并没有绝对的定量标准，定性问题才是判定"其他不正当手段"的关键因素。前两种"多件"的情况下，首先要看商标的构成，系争商标注册人申请注册的都是什么样的标识，是否（在非类似商品或服务类别上）抄袭或复制了他人具有较强独创性或一定知名度的商业标识，标识构成是否具有合理来源及正当性；同时也参考注册后，注册人在使用中是否存在误导宣传、搭便车等不正当行为。申请商标的数量并非构成《商标法》第44条第1款所指"其他不正当手段"的充分条件。申请注册的商标数量少，并不必然就不构成《商标法》第44条第1款所指"其他不正当手段"，反之亦然。第三种"大量"的情形下,主要问题不在于标识构成是否存在抄袭复制行为,而在于是否明显缺乏真实使用意图。一般从是否基于生产经营的合理需要、注册人申请注册后的行为两方面来综合判定系争商标注册人在申请注册当时的主观状态。比如商标申请数量、类别跨度和时间跨度相较于申请主体的经营状况、专业资质等特点是否明显超出了合理的限度,是否涉嫌滥用商标注册制度;申请注册后是否存在向第三方或真正权利人兜售商标、胁迫交易、索要高额许可使用费、阻止第三方入场等有违商业道德或行业惯例的行为;是否存在注册后并不使用而是将商标作为维权工具,滥用注册商标专用权发起侵权投诉或诉讼,迫使在先使用的真正权利人给付高额和解费或支付损害赔偿金,从而牟取不正当利益等行为。2019 年 11 月 1 日《商标法》修改施行后,这种情形可适用第 4 条新增的"不以使用为目的的恶意商标注册申请,应当予以驳回"的规定予以规制。

关于定量,申请商标的数量并非构成《商标法》第 44 条第 1 款所指"其他不正当手段"的充分条件。如 Valagro 瓦拉格罗 商标无效宣告案,被申请人虽然只申请注册了 4 件,但都是他人在肥料、农药等特定专业行业领域的域外知名商标;再如 FRANTOI REDORO DAL 1895 商标无效宣告案,被申请人是宁波一家从事中国与意大利两国之间贸易的公司,申请商标注册 16 件,虽然不是很多,但是,这 16 件是在三个月间专门挑意大利具有显著性或知名度的商标申请注册。其行为明显违反了诚实信用原则。目前,也存在一类恶意注册行为专门针对特定行业特定领域的趋向。因此,申请注册的商标数量少,并不必然就不构成《商标法》第 44 条第 1 款所指"其他不正当手段",反之亦然。

关于标识并非抄袭模仿他人商标的情形,前述两种具体情形中"多件"显然比第三种情形中"大量"少,但标识构成一般与他人具有较强独创性或一定知名度的商业标识近似。因此,可能会有一种认识误区,认为只要标识不是抄别人的,就不构成恶意注册。比如,有观点认为,有些公司专门申请注册商标,再转让给有需求的市场主体,但都是自己设计出来的,并没有抄袭任何人,因此就不构成恶意注册。在此需要强调的是,商标权的授权基础是商标通过使用形成的商誉,而不是商标标识这个符号本身。不同形式的智力劳动成果可以享有不同形式的知识产权保护，但权利基础和制度体系各不相同。商标标识设计中体现出的智力劳动不是商标专用权的授权基础，商标法并不是为了奖励对商标标识符号的设计而存在的，商标法不是商标著作权法。即便自己设计出来的商标，如果不为使用，而是将商标本身作为商品进行交易，依然扭曲了商标注册的授权基础和制度体系，构成对商标注册制度的滥用。

关于《商标法》第44条第1款所指"其他不正当手段"与《商标法》第4条所指"不以使用为目的的恶意商标注册"适用上的区别：首先，从新旧法适用一般规则而言，2019年11月1日起开始施行的《商标法》，第4条增加了"不以使用为目的的恶意商标注册申请，应当予以驳回"的规定，因此，在此时间点前已经获准注册的商标，如属于"不以使用为目的"的囤积行为，按照法不溯及既往的原则，依据《商标评审规则》第57条，不能直接适用《商标法》第4条宣告无效，而仍应适用《商标法》第44条第1款予以规制。《商标审查审理指南》（2021）制定过程中，把上述《商标审查及审理标准》（2016）列举的三种典型"其他不正当手段"之③大量+明显缺乏真实使用意图删除，是因为这种囤积行为已被纳入现行《商标法》第4条规制范围。

其次，《商标法》第4条规制的恶意注册行为仅限于"不以使用为目的"的情形，实践中，对于兜售牟利或长期、分散转让等单纯囤积行为，无须考虑标识构成，即可适用《商标法》第4条。而在现实生活中，恶意注册行为一般不会仅局限在某一单一情形，而更可能是多种情形交织在一起，如上述《商标审查及审理标准》（2016）列举的前两种"其他不正当手段"，注册人往往不仅具有使用意图，还具有实际使用行为，其目的之一就是在使用中通过攀附他人商誉从而搭便车谋取不正当利益。但是，注册后的使用行为不仅不能改变其申请注册当时的行为性质，反而更印证了注册人申请注册当时的主观意图，这些情形可以适用《商标法》第44条第1款予以规制，因此，《商标法》第44条第1款适用范围更广。

关于商标转让情况不影响对恶意注册情形的认定，无效宣告案件中商标受让人作为被申请人，往往答辩称受让是善意取得，而且受让后还进行了使用。但《规范商标申请注册行为若干规定》第9条明确规定，商标转让情况不影响对恶意注册情形的认定。实践中确实存在系争商标已经转让给善意第三人的情况，但是，因为注册商标无效宣告的效力是导致注册商标专用权被视为自始即不存在，因此，判定系争商标注册合法性应以其申请注册时的事实状态为准，商标转让行为或善意第三人受让后的使用行为均不能改变系争商标申请注册当时的行为性质，并不能使其免于被无效宣告；否则，就容易使商标法打击恶意注册的条款通过转让行为而被规避。系争商标原注册人不能以转让为由妄图全身而退，这对于打击将商标作为投机或投资工具的商标恶意注册行为尤为重要，这样才能切断大量注册、大量转让的套利模式。而如果转让人与受让人具有关联关系，存在串通合谋行为，或受让人受让后在使用中刻意攀附他人商标声誉进一步加大混淆可能，或转让人申请注册商标不以使用为目的而以兜售牟利为目的，则均可进一步印证系争商标申请时的恶意注册行为性质。另外，对某些受让人而言，也许认为其受让行为并无恶意却要承担商标无效的后果有失公平。但应明确的是，受让人应自觉遵守诚实信用原则，本身亦负有必要的检索、避让义务，商标转让往往与经营具有重大关系，应当进行商标领域的尽职调查。受让人应需要注意如果受让这样的商标，无论经过几手转让，也无论受让后是否有使用行为，都可能会承受无效宣告的后果，并且对其提起无效宣告程序不受时间限制。这里，需要提醒当事人代理人注意《商标法》第47条第3款，该条从保护善意第三人的利益、提高商标恶意注册的违法成本出发，对于规定不返还商标转让费、商标使用费等明显违反公平原则情形的，应当全部或者部分返还。此外，还有一种情形是系争商标转让给了无效宣告申请人，这里又可以依据无效宣告申请人是否为相对权利的真正在先权利主体来加以区分：如无效宣告申请人并非真正的在先权利人，系争商标注册人与无效宣告申请人私相授受达成和解不是准予撤回的合理理由；但如果无效宣告申请人恰恰是真正的在先权利人，虽然《商标法》第44条第1款主要体现的是对公共利益的维护，而非针对申请人的私权主张，但系争商标注册人的行为往往也包括对真正在先权利人标识的抄袭、复制、模仿，在此情形下，如果能按照目前《商标法》的修改动向，引入强制移转制度，可能会在维护无效宣告申请人私权和公共利益之间取得更全面的平衡。综上，就个案中的个体而言，商标转让情况不影响对恶意注册情形的认定，可能是不可承受之重；但就"没有买卖就没有伤害"的政策导向而言，唯此才能让商标恶意注册行为失去市场，有利于营造风清气正的商标注册环境,从而最终减轻商标注册人的商标注册负担。

关于《商标法》第 44 条第 1 款与其他条款的平衡,有观点认为,案件审理中能够适用商标法其他条款的,应限制"其他不正当手段"条款的适用。但是,首先,恶意注册往往是各种情形混杂在一起,不同条款解决的是不同情形的恶意注册问题,如果被申请人的注册行为同时违反了导致无效的相对理由和绝对理由,并非必须做出非此即彼的取舍,相应条款应用尽用,并行不悖。其次,不同条款的主体资格、适用要件、举证责任各不相同,例如对比《商标法》第 44 条第 1 款的"其他不正当手段"与《商标法》第 32 条后半段的"不正当手段",一是启动程序的主体不同,第 32 条的启动主体是在先权利人或利害关系人,而第 44 条第 1 款的主体可以是任何人。二是期限不同,主张第 32 条后半段应在 5 年期限内,而主张第 44 条不受 5 年的时限限制。三是举证责任不同,第 32 条后半段重在证明申请人商标的在先使用和一定影响,而第 44 条第 1 款重在证明被申请人行为本身不正当。所以,相对理由条款和绝对理由条款在适用上并无竞合,没有限制适用的必要。

(四)无效宣告程序适用相对理由或绝对理由的选择

《商标法》第三次修改对基于绝对理由的无效宣告与基于相对理由的无效宣告进行了区分。相对理由和绝对理由各条款又可以从两个角度进行解读,一个角度是损害了他人的合法权益,主要表现为搭便车、抢注、非法盗用、攫取他人商誉等,涉及的条款主要是相对理由;另一个角度是商标所有人注册行为本身的不正当性,主要表现为囤积和滥用商标注册制度,涉及的条款主要是绝对理由。主张相对理由首先需要当事人证明自己享有权利;其次,有 5 年的期限限制;最后,其打击范围通常限于近似的标识和类似的商品。《美国时装设计师协会 2018 中国恶意商标注册后果及影响调研报告》里提到,52% 的协会成员的商标被以相同的形式抢注,但很多标识只是非常小的新兴品牌或设计师姓名一类的自创品牌,可以通过代购等灰色贸易渠道实现线上即时购买,中国大陆地区的消费者还可以通过在线新闻、时尚博主博客、出国旅游等途径即时获取品牌信息,但并没有直接在中国使用的证据。这种情况下,由于当事人难以证明在中国的使用,要想主张"对正当权益的损害"就会存在障碍;特别是,如果系争商标所有人把该标识注册在了非类似商品上，当事人想要主张权利就非常困难。在此情形下，绝对理由相关条款不失为解决这类恶意注册问题的务实选择。因为，在涉及注册行为本身不正当这种绝对理由的情况下，打击范围不受类似商品的限制；并且，适用绝对理由并不是基于对他人在先标识的保护，而是基于系争商标所有人注册行为本身不具有正当性。当然，所谓"恶意"不能凭空诛心，如上所述，注册时的主观意图往往可以从注册的数量、标识的构成以及注册后的行为中得到印证。

（五）一事不再理

依据《商标法实施条例》第62条，申请人撤回商标评审申请的，不得以相同的事实和理由再次提出评审申请。评审部门对商标评审申请已经作出裁定或者决定的，任何人不得以相同的事实和理由再次提出评审申请。但是，经不予注册复审程序予以核准注册后向评审部门提起宣告注册商标无效的除外。

所谓"一事"，除异议和无效程序衔接外，一般指同一种案件类型之间，不同程序之间一般不属于"一事"的范畴，因此，不受"一事不再理"原则的限制。如依据《最高人民法院关于审理商标授权确权行政案件若干问题的规定》第29条第2款，驳回复审程序和异议程序之间、驳回复审程序和无效宣告程序之间，就不存在所谓"一事不再理"的问题。即在商标驳回复审程序中，评审部门以申请商标与引证商标不构成使用在同一种或者类似商品上的相同或者近似商标为由准予申请商标初步审定公告后，引证商标所有人或者利害关系人依据该引证商标提出异议或无效宣告请求，不视为"以相同的事实和理由"再次提出评审申请。这是因为，这些程序的当事人、审查的重点、举证责任等方面不同，若存在"一事不再理"的限制则无法实现异议程序和无效宣告程序的救济目的。驳回复审程序是依系争商标申请人的请求而启动，在该程序中，由于引证商标权利人不是评审当事人，无从知晓系争商标申请人的主张，没有机会对系争商标与引证商标是否近似这一问题发表意见并提供相应证据。系争商标初审公告或核准注册后，引证商标权利人认为系争商标与其在先注册的引证商标构成冲突的，只能通过后续的异议或者无效程序予以解决。不能因为存在在先的驳回复审决定而剥夺引证商标权利人异议或请求宣告无效的权利，否则将严重损害引证商标权利人的权益。《商标法》明确设置了异议和无效等制度，商标注册申请人本身就要承担被异议或被无效的制度风险。

而异议程序和无效宣告程序都是对商标注册合法性提出质疑的程序，一个前置，一个后置，但在启动主体、救济目的、举证责任等方面具有共通性。因此，这两个程序间可能存在"一事不再理"的问题。而之所以规定对经不予注册复审程序予以核准注册提起无效宣告请求，不受"一事不再理"原则限制，就是因为如开篇所述，《商标法》2013年修改后，被异议商标注册前经异议程序核准注册的，异议人无权向评审部门申请复审；被异议商标经不予注册复审程序核准注册的，异议人也无权提起行政诉讼，都只能待被异议商标获准注册后，再向评审部门请求宣告该注册商标无效，因此，无效宣告程序实为给异议人对核准注册决定不服的救济途径，不适用"一事不再理"原则。这里，需要注意区分《商标法》2013年修改前经异议程序或异议复审程序获准注册的商标，如果异议人当时享有复审或行政诉讼的救济机会，其程序权利得到了充分的保障，但自行放弃这些救济机会，再提起无效宣告请求的，仍应受到"一事不再理"原则的限制。面对现实中异议和无效程序衔接各种纷繁复杂的情况，要以当事人没有救济机会还是自己放弃救济权利为区分，总体规律就是既不能因为法律的修改使当事人丧失救济途径，同样也不能因此法律的修改使当事人获得额外救济。如因法律修改导致当事人没有救济的机会，则不适用"一事不再理"；而如果只是当事人自己放弃权利，导致本可以提出复审的异议决定或本可以提出行政诉讼的异议复审裁定生效，则不应通过以相同的事实和理由重新提起无效宣告请求的方式获得额外救济。

依照"一事不再理"原则，评审部门对商标评审申请已经作出裁定或者决定的，任何人，而非同一申请人，均不得以相同的事实和理由再次提出评审申请。这主要体现了以下几个方面的程序价值：一是信赖利益保护，商标权利人基于对已生效裁定的信赖进行进一步的生产经营活动，由此形成的市场秩序和利益格局应受到尊重，以保护商标权利人利益和权利状态的稳定。二是尊重既判力，已确定的行政行为对行政主体、双方当事人均应产生拘束力，以维护法律秩序的安定性，尊重裁决确定的权利义务格局。三是程序经济原则，对再次提出评审申请的事实和理由作出限制，防止行政资源和司法资源的浪费，敦促当事人积极履行诚实信用的举证责任，一次性解决争端，减轻商标权利人的负担。根据尊重既判力的原则，这里"作出"裁决指该裁决已经生效。是否为"相同的事实和理由"，由评审案件审查员与前案对比，依照在理由和证据上是否存在差别予以判断。对已经受理的评审申请，经审查存在"一事不再理"情形的，依据《商标评审规则》第19条的规定，应予以驳回；部分事由涉及"一事不再理"的，驳回该部分理由，仅对不同的理由或相同的理由但不同的证据呈现的不同的事实进行审理。

申请人撤回商标评审申请，再次以相同的事实和理由提出评审申请的，严格意义上讲，相关事实和理由可能还没被"理"过，但仍受"一事再理"原则限制，这主要是为了限制申请人任意提出或撤回评审申请，漠视程序或滥用程序，影响商标权利的稳定性。因此，当事人或代理人应慎重对待撤回评审申请，实际发生的案例中有代理人仅因个别文字错误就撤回评审申请，其实这类问题完全可以通过提交补充材料等方式更正错误。评审申请由当事人委托代理机构办理的，应注意撤回商标评审申请需特别授权。

第五章　商标纠纷解决代理合规

注册商标专用权的权利范围应当以核准注册的商标和核定使用的商品为限❶，超出该权利范围则存在侵犯他人商标权的可能。根据我国《商标法》第57条之规定，注册商标专用权侵权主要有以下五种类型：

1）在未经商标注册人许可的前提下，不当使用商标标识而侵犯权利人的注册商标专用权。这种侵权情形主要有三种：

①在同一种商品上使用与他人注册商标相同或近似的商标；②在类似商品上使用与他人注册商标相同或者近似的商标；③或将他人注册商标作为商品名称或者商品装潢使用，误导公众的。❷《商标法》第13条关于驰名商标保护属于该规定的例外情形，根据该条规定对注册驰名商标的保护，不限于相同或类似商品。

2）在流通环节，存在以下三种侵犯他人注册商标专用权的情形：

①销售侵犯他人注册商标专用权的商品的；

②销售伪造、擅自制造的注册商标标识的；

③反向假冒，即未经商标注册人同意，更换其注册商标并将该更换商标的商品进行销售的。

3）伪造、擅自制造他人注册商标标识的。

4）故意为侵犯他人商标专用权行为提供便利条件，帮助他人实施侵犯商标专用权行为的。❸

---

❶《中华人民共和国商标法》（2019年修正）第56条规定，注册商标的专用权，以核准注册的商标和核定使用的商品为限。

❷《中华人民共和国商标实施条例》（2014年修订）第76条规定："在同一种商品或者类似商品上将与他人注册商标相同或者近似的标志作为商品名称或者商品装潢使用，误导公众的，属于商标法第五十七条第二项规定的侵犯注册商标专用权的行为。"

❸ 蓝玉. 梧州六堡茶地理标志侵权案件分析及法律救济[C]//广西曙光知识产权服务有限公司. 2018中国—东盟数字经济高端论坛. 广西来宾. 2018.12.

5）给他人的注册商标专用权造成其他损害的。❶

在我国实践中，商标代理机构接受委托人的委托，可以以委托人的名义在代理权限范围内依法办理商标注册申请、商标变更、续展、转让、注销、商标异议、商标撤销、无效宣告、商标复审、商标纠纷的处理以及其他商标事宜。❷ 而律师事务所可以接受当事人委托，指派律师办理商标侵权证据调查、商标侵权投诉、商标行政复议、诉讼案件，代理参加商标纠纷调解、仲裁等活动，担任商标法律顾问，提供商标法律咨询，代写商标法律事务文书。❸ 本书将就商标调解、诉讼、仲裁的代理展开详细介绍，力求代理人在代理相关案件过程中的代理活动能够合法合规。

第一节 商标调解代理

一、商标纠纷调解

（一）商标纠纷调解的定义

调解是替代性纠纷解决机制（Alternative Dispute Resolution，ADR）的重要形式之一，指中立的第三方在发生矛盾的当事人之间组织协商，解决

---

❶ 蓝玉．梧州六堡茶地理标志侵权案件分析及法律救济［C］//广西曙光知识产权服务有限公司．2018中国—东盟数字经济高端论坛．广西来宾．2018.12.

❷《商标代理监督管理规定》第2条规定："商标代理机构接受委托人的委托，可以以委托人的名义在代理权限范围内依法办理以下事宜：（一）商标注册申请；（二）商标变更、续展、转让、注销；（三）商标异议；（四）商标撤销、无效宣告；（五）商标复审、商标纠纷的处理；（六）其他商标事宜。本规定所称商标代理机构，包括经市场主体登记机关依法登记从事商标代理业务的服务机构和从事商标代理业务的律师事务所。"

❸《律师事务所从事商标代理业务管理办法》第5条规定："律师事务所可以接受当事人委托，指派律师办理下列商标代理业务：（一）代理商标注册申请、变更、续展、转让、补证、质权登记、许可合同备案、异议、注销、撤销以及马德里国际注册等国家工商行政管理总局商标局（以下简称商标局）主管的有关商标事宜；（二）代理商标注册驳回复审、异议复审、撤销复审及注册商标争议案件等国家工商行政管理总局商标评审委员会（以下简称商评委）主管的有关商标事宜；（三）代理其他商标国际注册有关事宜；（四）代理商标侵权证据调查、商标侵权投诉；（五）代理商标行政复议、诉讼案件；（六）代理参加商标纠纷调解、仲裁等活动；（七）担任商标法律顾问，提供商标法律咨询，代写商标法律事务文书；（八）代理其他商标法律事务。律师事务所从事前款第一项、第二项商标代理业务，应当向商标局办理备案。"

纠纷的社会活动。❶

商标纠纷调解是指在当事人之外的中立第三方组织的主持下，当事人自愿协商达成调解协议，解决商标纠纷的活动。

（二）商标纠纷调解的主要形式

商标纠纷调解属于知识产权纠纷调解的一种。根据主持调解的主体不同，商标纠纷调解可以分为人民调解、行政调解以及司法调解。❷

上述三种调解形式各有特点。其中，人民调解即民间调解，形成时间最早，在我国有深厚的传统；行政调解起步较晚，还处在逐步发展阶段，且由于行政机关进行调解要有相关法律的授权，所以行政调解能解决的纠纷类型较为有限；司法调解正在成为当事人优先选择的调解方式，其地位在众多的调解模式中不可小觑，也不可替代，具有独特的优势。第一，根据我国现有的相关法律规定，通过诉讼调解达成的调解协议，经过司法确认，该调解协议即具有强制执行力。因此，从可执行的角度来说，司法调解对当事人具有更大的吸引力。第二，法院对知识产权纠纷的审理有足够的经验，对法律规则熟悉，可以达到在分清是非的基础上进行调解的要求。且商标纠纷的复杂性使得商标纠纷的解决需要有专门的商标法律知识和实践经验，而法院具有丰富的审判经验，恰好可以满足这样的要求，其也可以比较深刻地了解和把握双方当事人的利益诉求。因此，诉讼调解成为当事人选择调解的主要方式。

从实际数据看，司法调解对于商标纠纷的解决也将更重要。❸ 最高人民法院知识产权法庭微信公众号在 2023 年 8 月 7 日发布的《常态化！最高法按季度对外公布司法裁判工作主要数据》一文中指出，全国法院坚持"抓前端、治未病"，有力践行"把非诉讼纠纷解决机制挺在前面"，诉前调解实质性化解矛盾纠纷功能凸显，诉前调解质效持续提升。2023 年上半年全国法院诉前调解纠纷 770.7 万件，占诉至法院纠纷量的 36%，同比增长 41.5%，调解平均时长 13.9 天。其中，499.6 万件调解成功，同比增长 51.2%，当事人自动履

---

❶ 刘丹. 我国律师调解制度研究 [J]. 争议解决，2022，8 (4)：942－953.
❷ 颜艳. 商标纠纷调解制度研究 [D]. 湘潭：湘潭大学，2012：7.
❸ 李燕军. 商标侵权纠纷解决机制的改进：以博弈论为视角 [D]. 湘潭：湘潭大学，2017：2－3.

行率达 94.6%。人民法院调解平台"进乡村、进社区、进网格"工作深入推进，10.1 万家基层治理单位与人民法庭进行在线对接，就地解决纠纷 91 万件，是去年全年总量的近 3 倍，100 多万件纠纷在村、社区、街道得到有效化解。

2023 年 4 月 23 日，广东省高级人民法院发布《广东法院知识产权司法保护状况白皮书（2022 年度）》，介绍了近 5 年广东省知识产权案件新收及审结案件量（图 5－1），同时还详细披露了结收案件比与民事案件调撤率（图 5－2）。

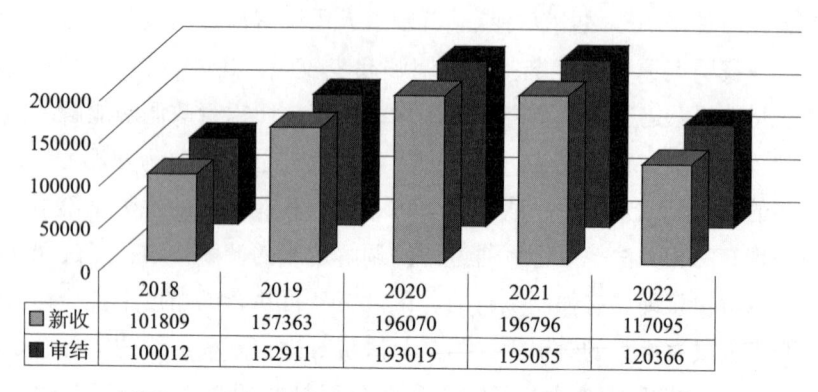

	2018	2019	2020	2021	2022
新收	101809	157363	196070	196796	117095
审结	100012	152911	193019	195055	120366

图 5－1　近 5 年广东法院新收、审结知识产权案件数❶

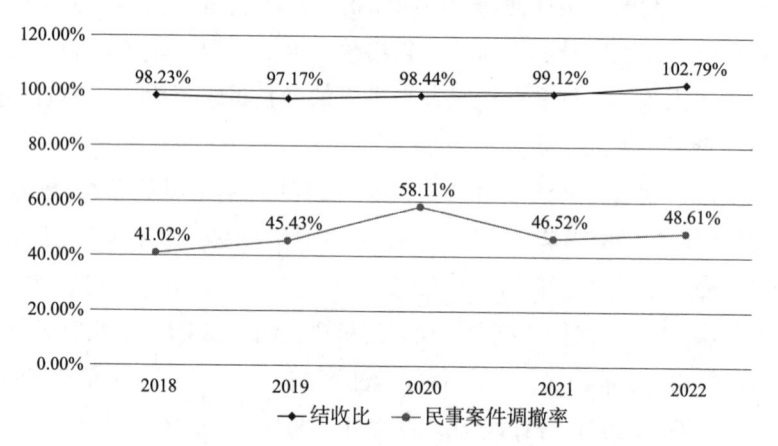

图 5－2　近 5 年各类案件结收比、调撤率趋势❷

---

❶ 广东省高级人民法院. 广东法院知识产权司法保护状况白皮书（2022 年度）［EB/OL］.（2023－4－23）［2024－11－13］. https：//www. gdcourts. gov. cn/img/0/580/580099/1151345. png

❷ 广东省高级人民法院. 广东法院知识产权司法保护状况白皮书（2022 年度）［EB/OL］.（2023－4－23）［2024－11－13］. https：//www. gdcourts. gov. cn/img/0/580/580101/1151345. png

这些数据均间接地反映了我国商标纠纷解决诉讼调解的总体趋势，反映了诉讼调解对我国商标纠纷的解决起到了重要作用。

| 典型案例 5-1 | 广东省某通信有限公司与南昌县某手机维修中心等商户知识产权纠纷调解案 |

【案情简介】

广东省某公司对某知名品牌电话机、手机、手机配件、饰品等商品和服务拥有注册商标。因江西省南昌市南昌县某手机维修中心等六家手机销售和维修商户在经营活动中，存在销售假冒某知名品牌注册商标的手机充电器、数据线等行为，某公司向法院提起诉讼，要求六家商户赔偿侵犯其知识产权造成的经济损失和合理开支。六家商户均不同意某公司诉求。法院经研究，将案件移送至某知识产权纠纷人民调解委员会进行调解。

调解员全面详细阅读了某公司的起诉状和证据材料，并查阅了各地法院对类似商标侵权案件的裁判文书，重点了解赔偿金额的计算标准和方法，同时与双方当事人进行了沟通。调解员向六家商户指出，根据《中华人民共和国商标法》的规定，销售假冒他人注册商标商品的行为属于商标侵权行为，如无法提供证据证明自己履行了销售商注意义务、存在法定免责情形，则应承担相应的法律责任。同时，调解员建议某公司考虑六家商户的经营状况和实际收益，以及其主要目的是为了打击假冒产品并非获得赔偿金等因素，尽量降低赔偿要求。在调解员耐心劝导下，双方就赔偿数额达成一致意见并签订调解协议。❶

二、商标纠纷诉讼调解

商标纠纷诉讼调解是指在审判人员的主持下，双方当事人就彼此之间发生的商标权纠纷，自愿、平等协商达成协议，解决纠纷的诉讼活动和结案方式。

---

❶ 司法部.司法部发布人民调解工作指导案例[EB/OL].（2023-9-1）[2024-11-13]. https://mp.weixin.qq.com/s/ngALzJVZnCtgjL-6jsydTA.

(一) 商标纠纷诉讼调解的特点

如上文所述,诉讼调解是我国商标纠纷解决的方式之一,且日趋重要,但商标纠纷存在特殊性,除应满足一般民事纠纷诉讼调解的特点外,商标纠纷对诉讼调解提出了更高的要求。

1. 专业性

商标纠纷往往涉及复杂的专业性问题,如商标纠纷侵权认定问题、商标相似混淆问题、侵权损害赔偿金额的确定等,这些问题的解决不仅需要调解员对商标有关专业问题非常了解,还需要调解员对复杂的法律规则、消费者认知等进行准确的理解。所以,解决商标纠纷需要委派商标领域相关专业人士担任调解员。经验丰富的调解员在充分了解纠纷的情况下,能够迅速、直接地抓住纠纷解决的要点,从而有助于节省纠纷解决的时间和费用。[1]

2. 高效性

在法院案件量和工作量日益增长以及司法资源持续缺乏的背景下,调解为当事人提供了快捷、高效的解决商标纠纷的方式。调解程序开始后,当事人可以立即开始谈判,不需要受严格的程序规则的限制,一般在很短的时间内就能解决纠纷,大大节约了纠纷解决的时间。

3. 灵活性

与诉讼解决纠纷方式相比,商标诉讼调解更加具有灵活性,且可以采用创新的方式解决当事人长期以来未能解决的争议。诉讼调解不受民事诉讼法的程序规则和证据规则的影响,且任何一方当事人及调解员在达成并制作书面调解协议之前,都可以退出调解,不受时间限制。

通过协商,当事人可以约定共同使用注册商标;或者约定在不同的地域范围或商品或服务类别上使用商标,从而达成调解;或者双方约定商标专用权人授权许可给不享有权利的一方,不享有权利的一方通过缴纳许可费而获得注册商标权使用权等。双方当事人经过充分协商沟通达成灵活且具有创造性的调解方案,更有助于维护双方之间的利益平衡,以及商标纠

---

[1] 颜艳. 商标纠纷调解制度 [D]. 湘潭:湘潭大学, 2012.

纷争议的有效解决。

4. 非公开性

我国《商标法》第 8 条关于商标的定义属于列举式定义，该条指出商标是指任何能够将自然人、法人或者其他组织的商品与他人的商品区别开的标志。[1] 在企业日常经营过程中，商标权通常与企业的品牌分不开，而品牌往往与企业的商业信誉息息相关。商业信誉是在商标使用的过程中形成的，是附着在商标品牌上的价值体现。消费者在消费过程中并不太过关注某一商标是否为注册商标，而是会首先考虑到该商品或服务的质量如何、是否存在商业信誉减损情况、是否属于常见的大众知晓的品牌。对于企业来讲，公开的商标纠纷将可能直接影响企业的商业信誉和市场竞争力，可能影响企业股票价格或银行授信。商标权利人为了维护自己的商业信誉和品牌竞争优势，都会尽量避免公开的商标纠纷，以免给自己造成负面影响。

调解具有非公开性。诉讼调解为商标纠纷的解决提供了必要的隐私保护，双方当事人通过协商达成书面调解协议，可以共同请求人民法院制作调解书。当事人请求制作调解书的，法院审查确认后，可以制作调解书送交当事人。而调解书是不对外公开的，无须上传至裁判文书网的，避免了公众对当事人有关信息的窥探以及对公司声誉造成不良影响，对于争议双方都是有利的。商标纠纷当事人更乐于选择具有保密性的调解方式解决纠纷，维护商标权利人的商业信誉以及市场竞争优势。

（二）商标纠纷诉讼调解的基本原则

1. 自愿原则

自愿原则是指法院组织商标纠纷当事人调解时，必须征得双方当事人同意，在双方当事人自愿的前提下组织调解，不得在当事人明确表示不同意调解的情形下，违背当事人的自主意志强行启动调解程序，或者强迫当事人接受调解方案。达成调解后，在制作书面调解协议时，对于调解协议

---

[1] 《中华人民共和国商标法》第 8 条规定："任何能够将自然人、法人或者其他组织的商品与他人的商品区别开的标志，包括文字、图形、字母、数字、三维标志、颜色组合和声音等，以及上述要素的组合，均可以作为商标申请注册。"

的内容双方当事人应当充分知悉且协议中当事人对其实体民事权益的处分必须自愿，且出于真实意思表示。

2. 合法原则

合法原则是指诉讼调解应当依法进行，诉讼调解的启动、所采取的方式、步骤以及调解协议的内容与调解书的制作、送达，均应符合法律规定。经双方当事人合意制定的调解协议的内容不得违反法律法规的强制性规定，亦不得损害国家利益、社会公共利益和他人的合法权益。

3. 查明事实、分清是非的原则

查明事实、分清是非的原则是指诉讼调解应当在纠纷事实清楚、是非分明的基础上进行。如商标纠纷事实不清楚、商标权属不稳定等情况下，不能通过调解解决争议。

（三）商标纠纷诉讼调解的程序

1. 诉讼调解的启动

诉讼调解的启动方式一般有两种，一种是依据当事人的申请而启动；另一种是在案件事实清楚、分清是非的基础上适合调解的情况下，法院依职权而主动启动调解。在第一审程序的立案、审前和庭审阶段，以及在第二审程序和再审程序中，都可以对案件进行调解。

2. 诉讼调解的开展

诉讼调解可以由审判人员一人主持，也可以由合议庭主持，并尽可能就地进行。且根据有关法律法规司法解释的规定，法院可以与案件当事人有特定关系或者与案件有一定联系的企事业单位、社会团体或其他组织协助调解工作的开展，同时还可以邀请具有专门知识、相关社会经验，或者与案件当事人具有特定关系并有利于促成调解的个人参与调解工作。[1]但是，人民法院委托上述单位或个人对案件进行调解的，需要征得案件各方当事人的同意；在达成调解协议后，人民法院应当依法予

---

[1] 《最高人民法院关于人民法院民事调解工作若干问题的规定》第1条规定："人民法院可以邀请与当事人有特定关系或者与案件有一定联系的企业事业单位、社会团体或者其他组织，和具有专门知识、特定社会经验、与当事人有特定关系并有利于促成调解的个人协助调解工作。"

以确认。

(1) 诉讼调解不公开

诉讼调解不公开指的是人民法院在审理民事案件时,除为保护国家利益、社会公共利益、他人合法权益,人民法院认为确有必要公开的,非经当事人同意,各方当事人达成的调解协议内容不公开。所有参与调解的人员,除为保护国家利益、社会公共利益、他人合法权益外,应当对整个调解过程及在调解过程中获悉的国家秘密、商业秘密、个人隐私和其他不宜公开的信息保守秘密。

(2) 关于调解协议的内容

案件当事人可以通过协商自行提出调解方案,主持调解的人员也可以提出调解方案供当事人参考。案件当事人通过充分协商后所得出的调解协议的内容可以超出诉讼请求。调解协议可以约定一方不履行协议应当承担民事责任,也可以约定一方提供担保或者案外人为当事人提供担保。人民法院制作调解书应当列明担保人,并将调解书送交担保人。担保人不签收调解书的,不影响调解书的效力。当事人或者案外人提供的担保在符合《民法典》规定的条件时生效。但对于案件当事人在调解协议中约定一方不履行协议,另一方可以请求人民法院对案件作出裁判的条款,人民法院不予准许。❶

3. 诉讼调解的终止

诉讼调解的终止一般有四种情况:一是通过调解员的斡旋,案件当事人调解成功。调解成功后当事人可以向法院申请出具调解书或者申请司法确认或者达成调解协议后权利人申请撤诉。二是调解不成功。调解不成功而导致调解结束一般有四种结案情况:当事人经过调解员调解未达成调解协议但权利人申请撤诉;或是案件当事人无法联系;或者案件属于不适合调解的情况;亦或者经过调解当事人直接无法达成调解协议。三是当事人

---

❶ 《最高人民法院关于人民法院民事调解工作若干问题的规定》第 8 条:"人民法院对于调解协议约定一方不履行协议应当承担民事责任的,应予准许。调解协议约定一方不履行协议,另一方可以请求人民法院对案件作出裁判的条款,人民法院不予准许。"第 9 条:"调解协议约定一方提供担保或者案外人同意为当事人提供担保的,人民法院应当准许。案外人提供担保的,人民法院制作调解书应当列明担保人,并将调解书送交担保人。担保人不签收调解书的,不影响调解书生效。当事人或者案外人提供的担保符合民法典规定的条件时生效。"

自行达成和解，权利人申请撤回起诉。四是其他情形。

4. 调解书及其效力

当事人各方同意在调解协议上签名或者盖章后调解书即发生法律效力。当事人请求制作调解书的，法院审查确认后，可以制作调解书送达当事人。当事人拒收调解书的，不影响调解协议的效力。调解书不适用留置送达和电子送达，必须送达双方当事人，且必须经双方当事人签收后才能生效。调解书生效时，诉讼程序结束，当事人不得上诉，但可以依法申请再审。生效的调解书终局地确定了当事人之间争议的实体权利义务关系。任何一方当事人都不得再就同一纠纷向法院提起诉讼。

三、商标调解代理

《律师事务所从事商标代理业务管理办法》第5条规定："律师事务所可以接受当事人委托，指派律师办理下列商标代理业务：……（四）代理商标侵权证据调查、商标侵权投诉；（五）代理商标行政复议、诉讼案件；（六）代理参加商标纠纷调解、仲裁等活动；……"该规定表明律师可以通过接受当事人委托的代理参加商标纠纷的调解。

律师在代理商标纠纷调解案件时需要注意以下几个方面。

（一）处理商标纠纷调解案件的原则

1）自愿原则。根据我国法律法规规定，民事诉讼调解必须出于当事人自愿，在没有取得委托人明确授权的情况下律师不得擅自处分委托人的有关权益。律师代理委托人进行调解，需取得委托人明确的书面授权，且授权需是委托人真实的意思表示，不存在被胁迫、欺诈等获得书面调解授权的情形。

2）合法原则。当事人就案件纠纷达成调解协议是纠纷解决的重要方式，律师不能够协助委托人通过调解规避法律或者追求其他违法目的。若知悉委托人企图通过诉讼调解侵犯他人合法权益的，律师应当拒绝接受委托。

3）审慎原则。律师在调解过程中，要努力确保委托人的合法权益，审慎处理有关事项，表达要严谨有序。

4）保密原则。律师要遵守法律法规规定，严守执业道德，除当事人一致同意或法律另有规定的外，调解事项、调解过程、调解协议内容等一律不得公开，不得泄露当事人的个人隐私或商业秘密。

（二）商标纠纷诉讼调解过程

在商标纠纷诉讼过程中，律师可以在取得委托人书面授权的基础上向法院提出调解请求。律师在参与调解协商的过程中，应当首先向对方当事人声明，为调解目的而做出的承诺以及对某些案件事实的认可不能作为以后的诉讼证据使用。

（三）关于调解协议

1. 调解协议的签订及规范使用

制作和签订调解协议时，律师应当避免出现同意将调解协议作为本案以后诉讼证据使用的表述和约定，律师不应同意将调解协议作为证据或者二审新证据进行质证。对方当事人将调解协议或者调解过程中的表达作为新证据使用的，律师应当向法院指出不能作为证据使用，更不能成为定案根据。律师不能向法院申请以双方调解协议的内容制作判决书。二审期间进行调解并达成调解协议的，应申请人民法院对调解协议进行审查，并请求人民法院根据调解协议制作调解书。

2. 执行调解协议

申请执行人与被执行人达成调解协议后，可以向执行法院请求中止执行或者撤回执行申请。一方当事人不履行或者不完全履行在执行的调解协议时，应向执行法院申请执行原生效法律文书。执行调解协议已经履行完毕的，不能向人民法院申请恢复执行。

第二节　商标诉讼代理

在这个社会经济不断高速发展的时代，商标侵权现象日益增多，作为商标权利人，当遇到商标侵权时，应当选择恰当有效的方式保护自己的商标权益不受侵害。商标诉讼是一种有效的定分止争的方式。相对于普通的民商事案件而言，商标诉讼专业性强、裁判规则特殊，这些特殊的裁判规则无法完全依靠民商事基础法律知识推导而出，因此商标权利人需要委托理论及实践经验丰富的代理人代为处理商标诉讼。在商标侵权诉讼中，代理人可以按照以下步骤更好地为商标权利代理诉讼，更为顺畅有序地开展商标诉讼代理工作。

一、适格的诉讼主体

（一）确认适格的原告

一件商标侵权诉讼案件的启动，首先要有适格的原告。商标侵权诉讼的原告主要有以下几种：

1. 注册商标权人

注册商标权人是商标侵权诉讼案件的当然原告，除商标注册证上登记的注册人外，《商标转让证明》载明的注册商标受让人以及注册商标的合法继承人均是适格的原告，均可被视为商标注册人。对于通过不同方式取得商标权的权利人，权利的起始时间略有不同。对于商标权转让，原则上受让人只能就受让后发生的侵权行为主张权利；若受让人主张商标权受让之前的侵权行为，应当取得转让人的明确授权。而商标移转、继承情形的权利人可以就移转、继承之前和之后的所有侵权行为主张权利。❶ 商标共有人在起诉时应当作为共同原告。

典型案例 5 – 2	香奈儿股份有限公司与广州某公共设施投资公司、胡某等侵害商标权纠纷案

【案情简介】

原告香奈儿股份有限公司是第 75979 号"CHANEL"（第 25 类商品）注册商标的注册人。原告诉称，2015 年 12 月 3 日原告在公证处全程公证下，在广州市越秀区地一大道亚洲首席地下服装展览中心 D31 铺购买了一

---

❶ 黄丽蕊. 哪些主体可以提起侵害商标权 [Z/OL]. (2022 – 9 – 19) [2024 – 11 – 13]. https://mp.weixin.qq.com/s/RbUHPxogptgAQVfUagYPLw.

件侵犯原告"CHANEL"注册商标权的衣服。该铺所在的批发市场为被告融智公司开办，其余被告对该铺享有经营权，为涉案商铺经营者提供了经营场所。2016年3月，原告曾就亚洲首席地下服装展览中心多家商铺侵犯原告商标权事宜向被告融智公司发函，要求被告融智公司履行管理职责，但被告融智公司并未履行职责。因此，五被告应共同承担商标侵权责任。

法院经审理后认为：原告香奈儿股份有限公司是第75979号"CHANEL"注册商标的注册人，该注册商标在注册有效期内，根据《中华人民共和国商标法》第3条之规定，原告依法对注册商标享有商标专用权，其有权为维护商标权利提起诉讼。

（2015）粤江江海第010089号公证书及公证封存物证实地一大道下层D区31号销售了"5NCHANNEL"标识的衣服，该标识虽以倒置方式使用，但在隔离状态下与原告第75979号"CHANEL"商标进行比对，显著部分构成近似，音、形近似，容易使消费者误认涉案衣物来源于原告，属于侵犯原告第75979号"CHANEL"注册商标专用权的商品。根据《中华人民共和国商标法》第57条第（三）项之规定，五被告共同销售涉案商品的行为构成商标侵权，依法应承担停止侵权及赔偿损失的民事责任。[1]

2. 未注册的驰名商标权人

为相关公众所熟知的商标，在其权利受到侵害时，可以依照《商标法》之规定请求驰名商标保护。未在中国注册的商标，使用人能够证明该商标达到驰名的程度，构成未注册驰名商标的，权利人有权提起诉讼。

| 典型案例5－3 | 拉菲罗斯柴尔德酒庄与上海保醇实业发展有限公司侵害商标权纠纷案 |

【案情简介】

原告是世界闻名的葡萄酒制造商。"拉菲"的历史最早可以追溯到

---

[1] 中国裁判文书网．（2018）粤0104民初7669号．香奈儿股份有限公司与广州某公共设施投资有限公司、胡某等侵害商标权纠纷一审民事判决书．https://wenshu.court.gov.cn/website/wenshu/181107ANFZ0BXSK4/index.html?docId=2qPlRbnPx+ALKskOql93RP8JwLySMMdoUmt0ASpm+shl/VOCRg1WfUKq3u+IEo4yd/X+R2VneGytqUADgPtHpqtSWwT4AB3HEo9D29gbNUgn5fGiGsBEGpusugNxpsZ。

1234 年，原告在 17 世纪已经具有一定规模，"LAFITE/拉菲"也渐渐出名。原告及其出产的拉菲葡萄酒已成为世界顶级葡萄酒的代名词，其在中国消费者群体中同样具有极高的知名度。美夏国际贸易（上海）有限公司（以下简称美夏公司）和圣皮尔精品酒业（上海）有限公司（以下简称圣皮尔公司）先后是原告在华独家经销商。1996 年 10 月 10 日，原告向中华人民共和国国家工商行政管理总局商标局（以下简称国家商标局）申请了"LAFITE"商标，该商标申请使用的商品为第 33 类"含酒精饮料（啤酒除外）"。1997 年 10 月 28 日，该商标获准注册，注册号为第×××××××号，至今有效。原告认为，"拉菲"作为原告注册商标"LAFITE"的音译，经过在中国的大量宣传和使用，已经具有极高的知名度和影响力，专门指代原告以及原告所生产的葡萄酒商品。"拉菲"已经与原告以及原告所生产的葡萄酒商品形成稳定的、唯一的对应关系，法院应予以认定"拉菲"为原告的未注册驰名商标。2015 年 5 月，原告发现两被告大量进口、销售带有"拉菲特庄园""CHATEAUMORONLAFITTE"标识的葡萄酒，并通过其官方网站 www.mellowines.com 以及在天猫网站（TMALL.COM）开设的"保醇食品专营店"宣传、展示、销售被诉侵权商品。本案中，被告保醇公司系被诉侵权商品的进口商和销售商，原告公证取证时是在被告保正公司处购买的被诉侵权商品，故两被告系共同销售被诉侵权商品，且被告保正公司曾系被告保醇公司控股股东，并故意为被告保醇公司的侵权行为提供物流、仓储、展示、销售等便利条件，帮助其实施侵权行为，两被告的行为共同侵犯了原告就涉案注册商标"LAFITE"和未注册驰名商标"拉菲"享有的合法商标权益，应承担连带赔偿责任。国家工商行政管理总局商标评审委员会（以下简称国家商评委）于 2017 年 2 月 13 日作出决定，核准注册"拉菲"商标注册。虽"拉菲"商标现已获准注册，但本案被诉侵权行为发生在此之前，故仍有必要对被诉侵权行为发生时未获注册的"拉菲"商标作为未注册驰名商标予以认定。因此，原告提起诉讼，请求法院支持其诉讼请求。

法院经审理后认为，根据原告提供的相关证据足以证明我国相关公众通常以"拉菲"指代原告的"LAFITE"商标，并且"拉菲"已经与原告的"LAFITE"商标之间形成了稳定的对应关系，在被诉侵权行为发生前"拉菲"已为中国境内相关公众广为知晓，可以被认定为未注册驰名商标。

被诉侵权商品酒瓶瓶贴正标上使用的"MORONLAFITTE"标识在我国侵犯了原告的"LAFITE"注册商标专用权,被诉侵权商品酒瓶瓶贴背标上使用的"拉菲特"标识侵犯了原告的未注册驰名商标"拉菲"的商标权利。被告保醇公司作为专业的葡萄酒进口商和经销商,应明知原告的"LAFITE"商标及该商标的对应中文名称"拉菲",但其并未完整翻译瓶贴正标上使用的标识,在翻译时亦未进行合理避让,将被诉侵权商品翻译为"拉菲特庄园干红葡萄酒",主观恶意明显。被告保正公司系明知被告保醇公司进口并销售被诉侵权商品的事实,并为其提供物流、仓储等便利条件,帮助被告保醇公司实施商标侵权行为,故被告保正公司的行为亦构成商标侵权。法院遂判决保醇公司、保正公司停止侵权、消除影响,并共同赔偿拉菲罗斯柴尔德酒庄经济损失及合理费用共计 200 万元。[1]

3. 商标被许可人

商标使用许可分为独占使用许可、排他使用许可、普通使用许可三种类型。注册商标使用许可合同的被许可人、注册商标财产权利的合法继承人等作为利害关系人,在发生注册商标专用权被侵害时,可以向法院提起诉讼。独占使用许可合同的被许可人可以以自己名义向人民法院提起诉讼;排他使用许可合同的被许可人可以和商标注册人共同起诉,也可以在商标注册人不起诉的情况下,自行提起诉讼;普通使用许可合同的被许可人在经商标注册人明确授权的情况下,可以提起诉讼。[2]

| 典型案例 5-4 | 腾讯科技(深圳)有限公司、深圳市腾讯计算机系统有限公司等侵害商标权纠纷案 |

【案情简介】

原告是世界知名的大型互联网综合服务提供商,也是中国网络服务用

---

[1] 中国裁判文书网. (2015) 沪知民初字第 518 号. 拉菲罗斯柴尔德酒庄与上海保醇实业发展有限公司侵害商标权纠纷一审民事判决书. https://wenshu.court.gov.cn/website/wenshu/181107ANFZ0BXSK4/index.html? docId = OUD3Tm7EvESoIOZ + IMb0il8IWGe/ic1HKovBmEg Blr8f2hi Be4xlJPUKq3u + IEo4yd/X + R2VneGytqUADgPtHpqtSWwT4AB3HEo9D29gbNUXcrljd4x1EW5rTpzgQyaJ.

[2] 蒋志培. 如何理解和适用《最高人民法院关于审理商标权民事纠纷案件适用法律若干问题的解释》[J]. 科技与法律, 2002 (4): 15.

户最多的互联网企业之一。原告陆续申请注册了"Tencent""Tencent 腾讯""腾讯"等多个商标,上述商标核定使用在第 9 类、第 28 类、第 35 类、第 41 类等商品及服务上,并均处于有效期内。上述商标历年来屡获殊荣,包括广东省著名商标、广东省全国名牌、驰名商标等。NintendoSwitch 游戏机是日本任天堂有限公司开发的便携式电子游戏机,是全球游戏主机市场有史以来首年销量最高的游戏主机,是史上最畅销的游戏主机之一,具有极高的知名度。两原告获得日本任天堂有限公司的授权,担任正品 NintendoSwitch 硬件产品在中华人民共和国范围内(协议不包括香港、澳门、台湾地区)的独家经销商,对相关硬件产品享有经营者的合法权益。同时,原告腾讯科技(深圳)有限公司有权在相关硬件产品的推广、营销和广告中使用自己持有的商标,并有权对任何侵害商标权的行为进行维权。原告腾讯计算机公司获得原告腾讯科技(深圳)有限公司授权,有权在授权商标被核准的商品和服务上使用全部授权商标,并有权对侵犯授权商标的一切商标侵权行为进行维权。被告在其开设的淘宝店铺"任我行电玩"中公开销售名为"任天堂 NSSWITCH 全新国行"的商品,版本类型标注为"中国大陆",并使用了原告销售的正品 NintendoSwitch 硬件产品外包装,其包装上突出使用"腾讯""Tencent""腾讯 Tencent"等标识,与原告享有商标权的"腾讯""Tencent""腾讯 Tencent"等商标完全相同。但经鉴定,被告销售的游戏机商品实际并非正品 NintendoSwitch 游戏机。被告的侵权行为破坏了原告涉案商标识别商品来源的功能,破坏了原告涉案商标信誉承载和质量保证的功能。被告在明知其销售的商品并非原告正品商品的情况下,仍持续制作、销售、宣传侵权商品,构成不正当竞争。为维护合法权益,原告向法院提起诉讼。

法院经审理后认为,原告腾讯科技(深圳)有限公司是"腾讯""Tencent 腾讯"商标注册人,原告腾讯计算机公司是前述商标的被许可使用人。对侵害商标权的行为,两原告有权提出停止侵权及赔偿损失等诉讼主张。

涉案游戏机外包装盒使用了原告商标,但游戏机使用了与原软件系统有实质性区别的操作系统,导致原告无法对游戏机质量进行管控。若游戏机在运行过程中出现质量问题,游戏玩家很可能误认为系原告商品本身品质上存在缺陷。所以,涉案游戏机与原告商品存在品质上的差异,破坏了原告商标的品质保证功能,属于侵犯原告商标权的商品。被告销售侵权商品的行为，应当认定为构成《商标法》第 57 条第（七）项规定的商标侵权。法院遂判决广州市越秀区任我行电子游戏机商店停止侵权，并赔偿两原告经济损失及合理费用合计 204129 元。❶

（二）确定适格的被告

根据《商标法》第 57 条的有关规定，商标侵权案件的适格被告一般为侵权商品的生产商、销售商，生产商还可能包含商品包装上常见的委托加工方、监制方等。

在侵权商品尚未进入销售流通领域的情况下，适格的侵权被告系侵权商品生产商；在侵权商品进入销售流通领域且能够知悉生产商和销售商的情况下，侵权商品生产商及销售商共同为适格被告；在侵权商品进入销售流通领域，但无法查明生产商的情况下，侵权商品销售商为适格被告；在侵权商品包装装潢上列明的委托加工方、监制方亦可作为适格被告。

二、管辖法院的选择

根据《关于审理商标民事纠纷案件适用法律若干问题的解释》第 6 条、第 7 条的规定，因侵犯注册商标专用权行为提起的民事诉讼，由侵权行为的实施地、侵权商品的储藏地或者查封扣押地、被告住所地人民法院管辖。储藏地是指大量或者经常性储存、隐匿侵权商品所在地；查封扣押地是指海关等行政机关依法查封、扣押侵权商品所在地。对涉及不同侵权行为实施地的多个被告提起的共同诉讼，原告可以选择其中一个被告的侵权行为实施地人民法院管辖；仅对其中某一被告提起的诉讼，该被告侵权行为实施地的人民法院有管辖权。代理律师在确定商标侵权案件管辖法院时，除了上述司法解释的规定，还应当了解案涉地法院对知识产权案件的管辖法院是否有设置专门的管辖法院、有无集中管辖、案涉地各级法院的

---

❶ 中国裁判文书网．（2020）粤 0104 民初 46217 号．腾讯科技（深圳）有限公司、深圳市腾讯计算机系统有限公司等侵害商标权纠纷民事一审民事判决书．https://wenshu.court.gov.cn/website/wenshu/181107ANFZ0BXSK4/index.html?docId=vU+wdezkKIBzK4+u8uzHIhZchGL/B71b5w1EYJmk0gmAwLsZApcPOPUKq3u+IEo4yd/X+R2VneGytqUADgPtHpqtSWwT4AB3HEo9D29gbNUXcrljd4x1EZedv6Ht9bY2.

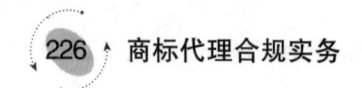

受案金额及范围等。❶

三、商标侵权案件证据的收集

（一）商标侵权证据的种类

商标侵权案件证据一般包括原告的主体资格及权属证据、被告的主体资格及侵权证据、确定侵权赔偿数额的证据三大类别。

1. 原告的主体资格及权属证据

原告的主体资格证据一般指原告的营业执照、法定代表人的资格证明、身份证件，如有委托律师代理的，还有委托代理合同、代理律师的律师证复印件及所函。

原告的权属证据一般包含原告的商标注册证、商标转让证明、续展证明、变更证明等。如果是利害关系人，还要提供商标许可协议及备案证明等。

2. 被告的主体资格及侵权证据

如果侵权商品生产商和销售商或者侵权服务提供商为企业或个体工商户，一般提交的证据材料为国家企业信用信息网查询并下载的被告的企业登记报告；如果侵权商品生产商和销售商或者侵权服务提供商为个人，应当提供被告的身份信息。被告是个体工商户的，在提交个体工商户的登记信息外，一般还应当提交经营者的身份信息，列二者为共同被告。

被告的侵权证据主要包括：侵权商品实物、侵权商品的外包装、标牌、产品说明书；购买侵权商品的发票；广告宣传侵权商品的网页等材料；证明侵权持续时间的证据；证明侵权商品销售区域的证据等。一般建议将购买侵权证据的过程进行公证或者保存可信时间戳，并将购买的侵权商品进行封存。

---

❶ 最高人民法院《关于审理商标民事纠纷案件适用法律若干问题的解释》第6条："因侵犯注册商标专用权行为提起的民事诉讼，由商标法第十三条、第五十七条所规定侵权行为的实施地、侵权商品的储藏地或者查封扣押地、被告住所地人民法院管辖。前款规定的侵权商品的储藏地，是指大量或者经常性储存、隐匿侵权商品所在地；查封扣押地，是指海关等行政机关依法查封、扣押侵权商品所在地。"第7条："对涉及不同侵权行为实施地的多个被告提起的共同诉讼，原告可以选择其中一个被告的侵权行为实施地人民法院管辖；仅对其中某一被告提起的诉讼，该被告侵权行为实施地的人民法院有管辖权。"

3. 确定侵权赔偿数额的证据

确定侵权赔偿数额的证据一般包括原告的知名度、原告的美誉度证据、原告诉争商标的知名度证据、被告的财务审计报告或汇算清缴报告或纳税申报表、其他能够证明被告侵权期间销售额的证据、被告的侵权获利证据、原告的损失证据、原告的商标许可使用费、能够证明侵权商品单位产品利润的证据（如相同产品类型上市公司年报或半年报披露的单位商品的毛利率或工信部或国家统计局等官方网站对外披露的该行业的毛利率等），以及原告为制止侵权所支出的合理费用的证据（如律师费、公证费、证据保全费、调查费、购买侵权商品的费用、差旅费等）。

典型案例 5-5 精工控股株式会社（SEIKO HOLDINGS CORPORATION）与广西天睿精工精密电子有限公司等侵害商标权及不正当竞争纠纷案

原告是全球知名腕表以及精密仪器生产厂商，在国内外市场享有广泛知名度。1979年8月至2014年8月，原告在中国先后注册了第97127号"SEIKO"、第159371号"精工"、第8016040号"SEIKO"、第11347165号"精工"商标，这些商标核定使用商品包括表、精密计时器、钟表机件、钟表盘等产品。经过多年的苦心经营，原告在手表及精密仪器等领域取得了良好的商誉。原告生产的石英机芯，为消费者所广泛知晓。三被告明知自己生产销售的产品是侵权产品而故意为之，侵权恶意明显。三被告生产、销售的侵权产品，侵占原告市场份额，严重侵犯了原告的合法权益。

关于商标侵权赔偿证据，原告提交了其与第三方公司签订的并在国家商标局备案的《商标许可合同》约定的非独占许可商标许可使用费作为原告的侵权损失证据。同时原告提交了向税务局调取的三被告的纳税申报表及中华人民共和国国家统计局网站公布的有关仪器仪表制造业私营工业企业2010—2017年度主营业务成本、主营业务收入以及机械设备、五金交电及电子产品批发业2010—2018年度主营业务成本、主营业务收入，并根据利润率=（主营业务收入－主营业务成本）÷主营业务收入×100%得出相关行业的利润率；提交了原告调查取得的某被告法定代表人"支付宝账户收入记录"，从而证明三被告的侵权获利。此外，原告还提交了为维权支付的公证费、翻译费、律师费、交通费、调查服务费、法律意见书费用、认证费等合理维权费用的有关发票及支付凭证，作为合理维权费用。

本案中，原告主张以被告的侵权获利来确定侵权损害赔偿数额。关于侵权获利的计算，《最高人民法院关于审理商标民事纠纷案件适用法律若干问题的解释》（以下简称《商标法解释》）第14条规定，侵权所获得的利益，可以根据侵权商品销售量与该商品单位利润率乘积计算；该商品单位利润率无法查明的，按照注册商标商品的单位利润计算。三被告使用原告商标、企业字号生产、销售侵权商品，销售量及利润率之确定，应当由被告来举证。被告虽称其销售的产品来自武汉昇龙等公司，但未提交销售合同、票据、支付凭证等证据。依据《中华人民共和国商标法》第63条，在权利人已经尽力举证，而与侵权行为相关的账簿、资料主要由侵权人掌握的情况下，可以责令侵权人提供与侵权行为相关的账簿、资料；侵权人不提供或者提供虚假的账簿、资料的，人民法院可以参考权利人的主张和提供的证据判定赔偿数额的规定以及原告提供的证据来判定赔偿数额。

原告提交的《增值税纳税申报表》《纳税申报明细》来源于国家税务机关，纳税数据由三被告自行申报，因而具有真实性、合法性，与本案有关联，可以作为计算三被告侵权商品销售量的证据。由于三被告共同侵权使用原告商标及企业字号，其侵权行为具有整体性，在三被告未提交相反证据情况下，应当认定所有销售额均来自侵权商品。

侵权商品单位利润原告难以举证证明，三被告拒绝提交相关证据。而原告提供的中华人民共和国国家统计局网站公布的行业利润率数据，代表一个行业年度整体销售状况，具有参考价值。根据相关统计数据，仪器仪表制造行业私营工业企业2010年至2017年度利润率分别为17.5%、17.6%、17.9%、17.3%、17.4%、17.9%、17.1%、17.1%，机械设备、五金交电及电子产品批发业2010年至2018年的利润率分别为8.9%、8.7%、8.4%、8.8%、8.6%、7.8%、8.1%、8%、7.8%。考虑该数据只具有参照意义，法院取前述销售总额统计期间内行业利润平均值，作为计算被告侵权获利的标准。

被告广西天睿精工、湖南天睿精工从事仪器仪表制造行业，该行业

2018年、2019年利润率数据原告未提交，2015年至2017年平均利润率为17.4%，考虑2018年、2019年全国经济状况，法院确定2015年至2019年该行业平均利润率为17%。

被告广州仟鼎公司从事五金交电及电子产品批发业，2010年至2018年该行业平均利润率为8.3%。原告未提交2018年之后该行业利润数据，考虑该行业经济状况，法院确定2010年至2019年该行业平均利润率为8%。

按照《商标法解释》第14条关于侵权获利的计算公式，被告广西天睿精工的侵权获利为7084859元（41675644.89元×17%＝7084859元）；被告湖南天睿精工的侵权获利为635052元（3735600元×17%＝635052元）；被告广州仟鼎公司的侵权获利为3592663元（44908289.52×8%＝3592663元）。三被告侵权获利合计11312574元。该侵权获利合计金额就是三被告应向原告赔偿的损失金额。原告获得的侵权损害赔偿数额还应当在该金额基础上加上原告为本案所支付的合理开支。本案中，原告诉请被告赔偿经济损失及合理开支1000万元，该数额低于法院确定的三被告侵权获利数额，故对于原告的损害赔偿主张，法院予以全部支持。❶

（二）收集证据的方式

收集证据的方式主要有以下几种：①对于原告主体资格及权属证据、被告主体资格证据、知名度证据等原告或代理律师可以自行收集。②对于购买侵权商品的证据，可以将购买过程和网页进行公证取证。③对于容易灭失的证据可以向法院申请证据保全。④对于有些需要向其第三方调取的证据，可以申请法院依法调取证据。⑤对于现场证据，有关部门可以在执法过程中现场扣押查处。

四、索赔数额的确定

根据我国有关法律法规规定，确定侵犯商标专用权的赔偿数额，有以

---

❶ 知产宝. 综合案例｜全额判赔1000万元！三公司侵害"精工"商标及字号二审判决书来了 [EB/OL]. （2022–6–23）[2024–11–13]. https://mp.weixin.qq.com/s/GNkwmtW4IDnVqWA6ayxiWQ.

下顺位：首先按照权利人因被侵权所受到的实际损失确定；实际损失难以确定的，可以按照侵权人因侵权所获得的利益确定；权利人的损失或者侵权人获得的利益难以确定的，参照该商标许可使用费的倍数合理确定。对恶意侵犯商标专用权，情节严重的，可以适用惩罚性赔偿，再按照上述方法确定数额的一倍以上三倍以下确定赔偿数额。赔偿数额应当包括权利人为制止侵权行为所支付的合理开支。权利人因被侵权所受到的实际损失、侵权人因侵权所获得的利益、注册商标许可使用费难以确定的，由人民法院根据侵权行为的情节判决给予三百万元以下的赔偿。❶

五、诉讼时效

侵犯注册商标专用权的诉讼时效为 3 年，自商标注册人或者利害权利人知道或者应当知道权利受到损害以及义务人之日起计算。商标注册人或者利害关系人超过诉讼时效起诉的，如果侵权行为在起诉时仍在持续，在该注册商标专用权有效期限内，人民法院应当判决被告停止侵权行为，侵权损害赔偿数额应当自权利人向人民法院起诉之日起向前推算 3 年计算。

第三节　商标仲裁代理

一、商标仲裁概述

商标维权成本高、诉讼效率低等问题一直是困扰司法实务的难点。随

---

❶ 《中华人民共和国商标法》（2019 年修正）第 63 条规定："侵犯商标专用权的赔偿数额，按照权利人因被侵权所受到的实际损失确定；实际损失难以确定的，可以按照侵权人因侵权所获得的利益确定；权利人的损失或者侵权人获得的利益难以确定的，参照该商标许可使用费的倍数合理确定。对恶意侵犯商标专用权，情节严重的，可以在按照上述方法确定数额的一倍以上五倍以下确定赔偿数额。赔偿数额应当包括权利人为制止侵权行为所支付的合理开支。人民法院为确定赔偿数额，在权利人已经尽力举证，而与侵权行为相关的账簿、资料主要由侵权人掌握的情况下，可以责令侵权人提供与侵权行为相关的账簿、资料；侵权人不提供或者提供虚假的账簿、资料的，人民法院可以参考权利人的主张和提供的证据判定赔偿数额。权利人因被侵权所受到的实际损失、侵权人因侵权所获得的利益、注册商标许可使用费难以确定的，由人民法院根据侵权行为的情节判决给予五百万元以下的赔偿。"

着我国法律体系的不断完善，多元化纠纷解决机制不断成熟。在商标保护领域，除了传统的行政与司法双轨保护模式，商标调解、仲裁等方式也开始成为商标纠纷多元化解决机制的重要一环。

（一）仲裁制度简介

仲裁是我国法律规定的纠纷解决制度，也是国际通行的纠纷解决方式之一。充分发挥仲裁在尊重当事人意思自治和便捷、高效解决纠纷等方面的作用，对于完善仲裁、调解、行政裁决、行政复议、诉讼等有机衔接、相互协调的多元化解纠纷机制，公正及时解决矛盾，妥善化解纠纷，维护社会稳定，促进改革开放，保障经济社会持续健康发展等方面具有重要意义。

（二）仲裁的基本原则

1. 自愿原则

《中华人民共和国仲裁法》（以下简称《仲裁法》）第4条规定，当事人采用仲裁方式解决纠纷，应当双方自愿，达成仲裁协议。没有仲裁协议，一方申请仲裁的，仲裁委员会不予受理。

当事人自愿接受仲裁解决争议事项，当事人双方可以在意思表示真实的情况下以协议的方式自主决定以仲裁的方式解决纠纷，协商选定向哪个仲裁机构提请仲裁，选择审理仲裁纠纷的仲裁员、审理方式、开庭形式等有关的程序事项。

2. 仲裁独立原则

仲裁依法独立进行，不受行政机关、社会团体和个人的干涉。

3. 合法公平合理原则

仲裁应当根据事实、符合法律规定、公平合理地解决纠纷。

（三）商标纠纷的可仲裁性

一般来说，争议事项是否具有可仲裁性主要遵循以下三项原则：一是争议的可诉讼性，若争议可以通过诉讼的方式加以解决，就可以纳入具有准司法属性的仲裁的调整范围；二是争议的可赔偿性，可赔偿性表明了争议的财产属性和私法属性；三是争议的可和解性，一般来说，只要当事人有权以和解方式解决的争议都可交付仲裁。而当事人不能自由处分的权利和不能通过和解解决的争议，有可能涉及社会公共利益，不属私法关系的范畴，一般不具有可仲裁性。商标争议具有可仲裁性也应符合此三项原则。但因商标具有公共利益属性，因此商标可仲裁性的确定具有一定的特殊性。❶

对于商标权合同性纠纷，当事人可以在合同中订立仲裁条款，约定通过仲裁方式解决合同相关纠纷。对于不存在事先订立仲裁条款的商标权侵权纠纷，《仲裁法》允许当事人在纠纷发生后经过协商达成仲裁协议，将纠纷提交仲裁解决。

（四）商标仲裁的优势

1. 保密性

商标仲裁采取不公开审理的方式，在有效保护当事人商业秘密的同时，还可避免涉诉信息过早公开，降低商标权纠纷对企业商誉及品牌形象的影响。

2. 自主性

仲裁遵循当事人的意思自治。当事人享有选定仲裁员、仲裁地、仲裁语言以及适用法律的自由，仲裁程序更为灵活。当事人可以就仲裁的程序性事项达成协议，商定符合自己需求的仲裁程序。

3. 高效性

仲裁实行一裁终局。裁决自作出之日起产生法律效力，不可再行上诉，可以节约大量时间和金钱成本。

4. 执行性

生效的仲裁裁决具有执行效力，国内仲裁裁决可以直接申请法院强制执行。同时，我国是《承认及执行外国仲裁裁决公约》（简称《纽约公约》）的缔约国，我国仲裁裁决可以根据《纽约公约》的规定得到域外法院的承认和执行。

---

❶ 杨建锋. 商标争议可仲裁性研究 [J]. 行政与法, 2008 (3)：107－109.

二、商标仲裁的流程

商标仲裁的具体流程如下：当事人或当事人的委托代理人通过网络或者到仲裁委现场递交仲裁申请材料；仲裁委在申请人预交仲裁费后 5 日内受理仲裁申请予以立案；双方协商选定仲裁员或委托仲裁委主任指定仲裁员，根据标的的大小适用独任庭仲裁或合议庭仲裁；仲裁庭不公开审理或者书面审理；仲裁庭出具裁决书或调解书结案。

典型案例 5－6 广州仲裁委员会就申请人对被申请人商标合同纠纷进行仲裁案

【案情简介】

A 公司拥有大量商标、专利、软件著作权等知识产权，是涉案驰名商标的所有权人。A 公司与 B 公司于 2009 年签订《商标使用许可合同》，约定 A 公司许可 B 公司使用 A 公司所有的多项商标，许可期限为商标使用期限，以及逾期付款应支付逾期违约金。

B 公司取得许可使用后，自 2014 年起开始拖欠 A 公司商标许可使用费，累计金额高达上千万元。在此期间，A 公司多次与 B 公司沟通协商还款事宜，直至 2020 年 B 公司才付清拖欠 A 公司的商标许可使用费，但并未支付逾期支付商标许可使用费从而产生的逾期违约金。A 公司遂提起本案仲裁，请求 B 公司向 A 公司偿还涉案驰名商标的许可使用费逾期付款违约金。B 公司称其在使用 A 公司的商标期间曾将其中两个商标申请为驰名商标，并自费对相似商标进行维权诉讼，维护了涉案商标的权利，且受疫情影响企业资金困难，故申请调低违约金。

仲裁庭认定某仲裁委对本案具有管辖权，并运用专业性优势，综合考量了 B 公司在申请驰名商标、进行商标维权方面所作出的努力，以及新冠疫情对于 B 公司企业经营上的打击，根据《民法典》第 6 条关于公平原则的规定，及第 585 条关于违约金调整的规定，对违约金进行调低。❶

---

❶ 司法行政（法律服务）案例库．广州仲裁委员会就申请人对被申请人商标合同纠纷进行仲裁案［EB/OL］．（2022－06－06）［2024－11－13］．http：//alk.12348.gov.cn/Detail?dbID = 77&dbName = GNZC&sysID = 2278．

| 典型案例 5-7 | 北京仲裁委员会就申请人对被申请人商标转让合同纠纷进行仲裁案 |

【案情简介】

2012年11月19日，某韩国公司（合同乙方，以下简称申请人）与某中国公司（合同甲方，以下简称被申请人）签订了《商标转让合同》（以下简称本案合同），约定被申请人将"英文字母组合及图"商标转让给申请人。约定转让商标指定的商品或服务项目为：技术项目研究；科研项目研究；生物学研究。还约定了转让商标申请号、国别等。合同中约定被申请人同意无偿转让该商标。根据国家工商管理总局商标局颁发的《商标注册证》，申请人依法享有注册商标的专用权，而被申请人存在侵害涉案商标权的行为。申请人虽屡次要求被申请人停止使用涉案商标，但被申请人均不予理会，仍继续在其官网上使用涉案商标，并继续从事医学检测、眼科检测等经营服务项目。被申请人的行为严重侵犯了申请人的注册商标专用权，且严重损害了申请人的合法权益，故申请人请求依法确认被申请人违法使用涉案商标的行为并赔偿损失。仲裁庭依据本案合同约定及相关法律规定，被申请人于其网站上使用商标的行为构成违约，应向申请人支付违约金15万元、律师费损失。❶

2023年11月23日，在"开展商标维权，打造仲裁高地"粤港澳青年商标品牌交流课堂上，广东省高级人民法院知识产权庭原副庭长、广州仲裁委员会资深仲裁员欧修平分享了广州仲裁委员会首宗不同民事主体基于相同客体依法定程序取得的商标权和商号权直接发生权利冲突的行政投诉对接仲裁调解案件。欧修平强调，在处理仲裁与行政机构联动问题上，应坚持以利益平衡原则为指导思想，妥善处理权利范围，保护在先权利和维护公平竞争。❷

---

❶ 司法行政（法律服务）案例库. 北京仲裁委员会就申请人对被申请人商标转让合同纠纷进行仲裁案 [EB/OL]. (2022-07-08) [2024-11-13]. http://alk.12348.gov.cn/Detail?dbID=75&dbName=CWZC&sysID=130.

❷ 广州仲裁委."开展商标维权，打造仲裁高地"粤港澳青年商标品牌交流课堂成功举办 [EB/OL]. (2023-11-23) [2024-11-13]. https://mp.weixin.qq.com/s/Hx4nEr8DWS_tAZPG_aGtGw.

第六章　非传统商标代理业务合规

第一节　三维标志商标申请

三维标志商标是指仅由三维标志或者由含有其他要素的三维标志构成的商标。三维标志商标可以表现为商品自身的三维形状、商品包装或容器的三维形状或者其他三维标志。

一、三维标志商标的可注册性

三维标志商标的可注册性，也应当符合商标的非功能性、显著性和合法性三方面要求。鉴于三维标志在显著性和非功能性上的要求与平面商标有所不同，在此主要介绍三维标志商标的显著性与非功能性。

（一）显著性

与平面商标相同，三维标志商标也应当具有显著性，商标代理机构、商标代理从业人员应当准确判断三维标志商标是否具有显著性。判断三维标志商标是否具有显著性，不仅需要综合考虑商标本身构成形式、制定的商品或者服务、相关公众的认知习惯、所属行业的实际使用情况等因素，还应当考虑三维标志商标的构成元素、视觉效果、使用方式等特殊因素。在此，对由不同元素构成的三维标志商标的显著性判断进行简要分析。

1. 单纯的三维标志商标

1）商品自身的形状可能是为了追求造型美丽、便于运输等，但通常来说其自身的三维形状并不能达到识别来源的功能。所以，仅仅以商品自身的三维形状申请注册三维标志商标的，一般不具有作为商标的显著特征。

例如：

指定商品：巧克力

当然，如果商品自身的三维形状经过设计，具有独特的视觉效果，或者经过长期或广泛使用起到了区分商品来源作用的，便有可能取得商标的显著特征。

典型案例 6-1　乐高立体商标案

【案涉商标】

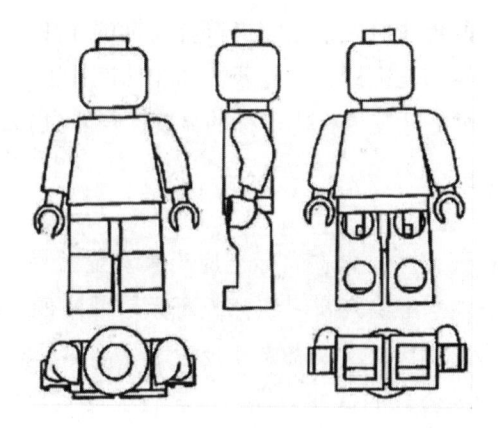

【案情简介】

乐高集团将第 34022807 号立体商标（简称诉争商标）向国家知识产权局提出注册申请，指定使用在第 28 类"玩具、玩具积木"等商品上。国家知识产权局以诉争商标使用在指定商品上，缺乏作为商标应有的显著特征为由，驳回其注册申请。

乐高集团遂向北京知识产权法院提起商标驳回复审行政诉讼。指出诉争商标本身具有显著性，即使商标本身不具备显著性，但通过原告的大量使用，诉争商标已具有显著性，应当予以核准注册。北京知识产权法院作出判决，驳回原告的诉讼请求。

【法院认为】

……诉争商标系三维立体商标，其整体为人偶形象，整体呈现圆柱形头部、半圆环手部、立体的梯形身体，一边有曲线的长方体腿部等特征，该商标未指定颜色。由于诉争商标整体体型为玩具人偶，指定使用在玩具等商品上，结合商品的特点，相关公众容易将其作为玩具类商品的组件或者其他附属配件，不易将其整体识别为商标，更不能起到识别商品来源的作用。……

2) 商品包装或容器的主要功能是保护、盛载商品、以便于运输和销售。但通常来说商品包装或容器的三维形状并不能达到识别来源的功能，所以仅仅以商品包装或容器的三维形状申请注册三维标志商标的，一般不具有作为商标的显著特征。

例如：

指定商品：蛋糕

但如果商品包装或容器的三维形状经过设计，具有独特的视觉效果，或是经过长期或广泛使用起到了区分商品来源作用的，则可能取得显著特征。

例如：

指定商品：汽水等

| 典型案例 6-2 | 马爹利股份有限公司诉国家知识产权局案 |

【案涉商标】

【案情简介】

诉争商标为第 27664684 号三维标志商标，由马爹利股份有限公司于 2017 年 11 月 23 日申请注册，指定使用在第 33 类：含酒精饮料（啤酒除外）上。商标评审委员会以缺乏显著特征为由对诉争商标的注册申请予以驳回。马爹利股份有限公司不服，向北京知识产权法院提起行政诉讼。

【法院认为】

本案中，诉争商标为三维标志，对三维标志显著性的认定不能脱离其所具有的特性。通常而言，三维标志作为商标使用包含三种使用方式：用作商品本身的形状；用作商品的包装；用作商品或服务的装饰。上述三种使用方式中，除三维标志作为商品或服务的装饰使用时与商品或服务的特点通常并无关联外，在其他两种使用方式下，相关公众看到该三维标志时，通常会将其认知为商品的包装或商品本身的形状，而并不会将其作为商标认知。上述情形足以说明，在上述两种使用方式下，三维标志表示了商品的相关特点，整体上并不具有固有显著性。本案中的三维标志为水滴形切面设计的酒瓶容器，故相关公众看到该三维标志时，通常会将其认知为酒类商品的容器外形。并且，在原告提供的旨在证明诉争商标使用的证据中，亦可证明原告在具体使用中，在水滴形切面设计的酒瓶外观上标注了"MARTELL"，这也进一步促使相关公众将该三维标志认知为酒类商品的容器，而"MARTELL"才是标注在商品上的商标。虽原告强调该酒瓶设计具有较强的独创性，有别于现有市场酒类容器的设计，但即便原告所述成立，相关公众仍会将水滴切面设计的酒瓶外观形状作为酒类商品容器进行认知，并不会因为容器本身设计较为"新颖"而将其作为商标识别。综上，诉争商标不具有固有显著性。

……

本案中，虽原告提交了网页报道、分销协议、销量情况说明、广告宣传等证据，但上述证据存在或未显示诉争商标，或突出显示的并非诉争商标，而系其他字母、图形的情形，尚不足以证明诉争商标持续使用的时间、程度和范围以及相关公众对该商标的知晓程度，故原告提交的证据不足以证明诉争商标已具有很高知名度。鉴于此，相关公众并未对诉争商标产生强于酒类商品容器含义的商标的认知。因此，诉争商标亦不具有获得显著性。

【裁判结果】驳回原告马爹利股份有限公司的诉讼请求。❶

除商品自身的形状、商品包装或容器的三维形状一般不具有显著性之外，简单的、普通的三维形状或是起装饰性作用的三维形状，通常也难以起到区分商品来源的作用。例如，简单的几何体，一般也难以具备商标的显著性。此外，服务行业为了提升服务使用的通用或常用物品的三维形状，不能起到区分服务来源作用的，也缺乏显著特征。例如，餐馆经常使用碗、碟子等餐具，若将此类常用物品的三维形状当作餐馆服务的商标，则难以区分服务的来源。

2. 三维形状和平面要素的组合

三维形状和平面要素的组合一般来说具有几种情况，如具有显著性的三维形状和具有显著性的平面要素的组合、缺乏显著性的三维形状和缺乏显著性的平面要素的组合、具有显著特征的三维形状和缺乏显著特征的平

---

❶ 中国裁判文书网. 马爹利股份有限公司与国家知识产权局其他一审行政判决书［EB/OL］.（2020-12-24）［2023-12-04］. https://wenshu.court.gov.cn/website/wenshu/181107ANFZ0BXSK4/index.html?docId=YOsPjbH46Z9GZ/Jb6cbSrx8O8Pu86pncSQr0d+XEkYde2+OiMU0Mb5O3qNaLMqsJNZRBgF45e0nziQncJNI58WqabkV6qJjSZ/KW85z0Xz6g/UQ8HHDuggyYAmjohzkv.

面要素组合、缺乏显著特征的三维形状和具有显著特征的其他平面要素组合等。但无论哪种组合形式，都不能当然地认定三维形状和平面要素的组合具有显著性或者不具有显著性，仍然要遵循显著性的一般判断规则进行具体分析。例如，三维商标由缺乏显著特征的三维形状和具有显著特征的其他平面要素组合而成，如果能够识别来源，则可以认为该三维商标整体上具有显著特征。

例如：

指定商品：蒸馏水

但如果这种组合形式中，具有显著特征的平面要素所占比例过小或者处于三维标志商标中不易被识别的位置，相关公众难以将其整体作为区分商品或者服务来源的标志识别的，该三维标志商标在整体上不具有显著特征。或者相关公众易将这种组合形式整体上识别为包装装潢或者商品的装饰，则该三维标志商标也不具有显著特征。

| 典型案例 6-3 | 万宝龙-辛普洛有限公司与国家工商行政管理总局商标评审委员会其他案 |

【案涉商标】

【案情简介】

国际注册第 1160457 号"MONTBLANCMEISTERSTUCK"商标（简称申请商标，见本判决附件）由万宝龙公司于 2013 年 6 月 1 日向中华人民共和国国家工商行政管理总局商标局（以下简称商标局）申请领土延伸保护。申请商标由多支钢笔的三维图形构成，指定使用于国际分类第 16 类的书写用具，尤其是自来水钢笔、水性圆珠笔、圆珠笔、文件标识笔、钢笔商品上。

2014 年 2 月 21 日，商标局作出 201324656 号《国际注册驳回通知书》，认为申请商标仅有本商品的通用图形，决定驳回申请商标的注册申请。万宝龙公司不服商标局的驳回通知，向商标评审委员会申请复审。商标评审委员会决定，申请商标在第 16 类复审商品上在中国的领土延伸保护申请予以驳回。万宝龙公司不服第 4245 号复审决定，向北京知识产权法院提起行政诉讼，后又向北京市高级人民法院提起上诉。

【一审法院认为】

本案应适用 2013 年《商标法》进行审理。申请商标由多支钢笔的三维图形构成，指定使用在钢笔等商品上，直接表示了商品的常用形状，缺乏显著性，不能起到区分商品来源的作用。申请商标的申请注册违反了 2013 年《商标法》第 11 条第 1 款第（一）项的规定，不能作为商标注册。

【二审法院认为】

商标的基本功能是区分商品或服务的来源，其本质是在商标标志与特定的商品或服务的来源之间建立固定联系。因此，判断申请商标是否属于前述规定的不得作为商标注册的标志，应当综合考量商标标志本身的含义、商标指定使用的商品、相关公众的认知习惯和所属行业的实际使用情况。本案中，申请商标标志是由笔的三面视图及立体图构成的三维形状，该三维形状属于笔类商品的通用形状。虽然该三维形状上还有"星形图"、圆环图案和"MONTBLANC"、"MEISTERSTUCK"字样，但上述字和图形在笔身所占比例较小，以相关公众的一般注意力难以识别，笔身的"M"形纹饰亦容易被识别为商品的装饰图案。因此，即使申请商标在笔身图案的设计上具有一定特点，但作为整体指定使用在自来水钢笔、水性圆珠笔等商品上，根据一般消费者的识别能力，易将其作为笔类商品的通用形状进行识别，难以起到区分商品来源的作用。万宝龙公司的"星形图""MONT-BLANC""MEISTERSTUCK"商标已经获准注册的情况，并不能当然导致本案申请商标具有显著特征。因此，申请商标缺乏固有的显著特征，属于《商标法》第 11 条第 1 款第（一）项规定的不得作为商标注册的情形。

在申请商标标志本身缺乏显著特征的情形下，应当结合相关证据判断该标志是否属于通过实际使用取得显著特征并便于识别的情形。本案中，万宝龙公司提交的证据不足以证明在申请商标作为三维标志商标的情况下，相关公众能够在该商标指定使用的自来水钢笔、水性圆珠笔等商品上将其作为标示商品来源的标志进行识别从而获得显著特征。因此，万宝龙公司关于申请商标设计独特、具有较强显著性的上诉理由不能成立，本院不予支持。

【裁判结果】驳回上诉，维持原判。❶

典型案例 6-4　椰树集团有限公司与国家知识产权局案件

【案涉商标】

【案情简介】

诉争商标为第 28995519 号"椰树及图"（立体商标）商标，由椰树集团有限公司于 2018 年 1 月 30 日申请注册，指定使用在第 32 类"类似群 3201-3203：果汁"等商品上。商标评审委员会以缺乏显著特征为由对诉争商标的注册申请予以驳回。椰树集团有限公司不服，向北京知识产权法院提起行政诉讼。后不服北京知识产权法院判决，向北京市高级人民法院提起上诉。

【一审法院认为】

北京知识产权法院认为，诉争商标系立体商标，整体表现为一般包装

---

❶ 中国裁判文书网. 万宝龙-辛普洛有限公司与国家工商行政管理总局商标评审委员会其他二审行政判决书［EB/OL］.（2017-06-07）［2023-12-04］. https://wenshu.court.gov.cn/website/wenshu/181107ANFZ0BXSK4/index.html?docId=5MmTp2LPNjVMhIk0kE2BBepC/yYUYbDcw8IOvSB598iMdUrQTK6XmpO3qNaLMqsJNZRBgF45e0nziQncJNI58WqabkV6qJjSZ/KW85z0Xz7P4zEnWkhaZwpRiYYIFDYj.

盒形式，虽包含文字"椰树"，但诉争商标整体使用在指定使用商品上，亦缺乏商标应有的显著特征。且椰树公司提交的证据不足以证明诉争商标经使用已获得可注册商标的显著性。故诉争商标构成2013年《商标法》第11条第1款第（三）项所指情形。

【二审法院认为】

2013年《商标法》第11条第1款第（三）项规定，其他缺乏显著性特征的标志不得作为商标注册。"其他缺乏显著特征的标志"是指依照社会通常观念的认知，作为商标使用在指定商品上不具备区分商品来源的作用。商标显著性的判定应当综合考虑构成商标的标志（包括含义、呼叫和外观构成等）、商标指定使用的商品、商标指定使用商品的相关公众的认知习惯、商标指定使用商品所属行业的实际使用情况等因素。商标由三维标志构成的，应当整体上就该商标标志是否具备显著性予以判定。同时，将商品的包装形状作为三维标志申请注册商标的，即使该包装形状系申请人所独创或者最早使用亦不能当然导致其具有作为商标的显著性，仍应考量相关公众是否会将该包装形状整体识别为商标。

本案中，诉争商标由三维标志构成，通过其图示可知，诉争商标整体呈现为指定使用商品较为常用的包装盒形式，虽盒身包含图形、汉字"椰树"，但其指定使用在"果汁"等商品上，根据相关公众的认知习惯，易将其整体认知为"果汁"等商品的包装，而非识别商品来源的商标。因此诉争商标整体上无法起到识别商品来源的作用，缺乏商标固有显著性。且在案证据不足以证明诉争商标经使用已具有较高知名度，从而获得了可注册商标具有的显著性。原审判决及被诉决定关于诉争商标的申请注册违反了2013年《商标法》第11条第1款第（三）项规定的认定正确，本院予以确认。椰树公司的上诉理由缺乏事实和法律依据，本院不予支持。

【裁判结果】驳回上诉，维持原判。

（二）非功能性

《商标法》规定，禁止注册具有功能性的商品外观的商标，其目的在于确保具有实用价值或美学的商品特征不能通过获取无限续展的注册商标专用权的方式被永久保护，以鼓励合法的市场竞争。因此，如果三维标志被认定具有功能性，即使经过长期使用也不能获得注册。因此，商标代理机构、商标代理从业人员需要对三维标志是否有功能性进行判断。常见的三维标志的功能性如下：

1）三维标志仅由商品自身性质产生的三维形状组成，即该三维形状是为实现商品固有的目的和用途所必须采用的或通常采用的三维形状，则该三维标志具有功能性。

例如：

指定商品：缝衣针

（缝衣针为了实现引线并穿透衣物进行缝制的目的，必须具备针尖和针眼，通常采用图示三维形状。因此，该三维标志仅由商品自身性质产生的三维形状组成，使用在"缝衣针"商品上具有功能性，不得注册）

2）三维标志仅由为获得技术效果而需具备的商品三维形状组成，即该三维形状是为使商品具有特定的功能，或者使商品固有的功能更容易地实现所必须使用的三维形状，则该三维标志具有功能性。

例如：

指定商品：剃须刀头

（图示是一个三刀头剃须刀头的三维形状。采用该三维形状的剃须刀在工作时能够根据使用者的面部轮廓变化，调整贴面角度，增大剃须面积，使剃须效果明显提升。因此，该三维标志仅由使商品固有的功能更容易地实现所需具备的三维形状组成，使用在"剃须刀头"商品上具有功能性，不得注册）

第六章 非传统商标代理业务合规

典型案例 6-5 上海晨光文具股份有限公司与国家知识产权局商标注册申请驳回复审行政纠纷案

【案涉商标】

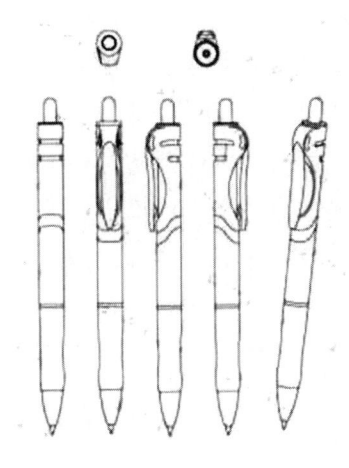

【案情简介】

上海晨光文具股份有限公司（以下简称晨光公司）于2019年3月19日向国家知识产权局申请注册第36939797号图形商标（以下简称诉争商标，标志图样附后），指定使用在第16类"钢笔；自动铅笔；笔（办公用品）；自来水笔；书写工具；白板笔"商品上。国家知识产权局作出商标驳回通知书，驳回诉争商标的注册申请。晨光公司提出复审申请，国家知识产权局作出被诉决定，认为该三维标志仅由为获得技术效果而需有的商品形状组成，属于《商标法》第12条所指不得注册的情形，晨光公司不服，向一审法院提起行政诉讼。一审法院判决驳回晨光公司的诉讼请求。晨光公司不服一审判决，提起上诉。

【一审法院认为】

诉争商标所示三维标志形状属于"为获得技术效果而需有的商品形状"。晨光公司提交的证据不足以证明诉争商标通过大量使用与其建立唯一对应关系，从而取得了较高的显著性与知名度。被诉决定认定诉争商标的申请注册违反《商标法》第12条的规定并无不当。

【二审法院认为】

诉争商标系三维标志，图形整体呈笔状，其设计分为上笔杆、下笔杆两部分，上笔杆与下笔杆之间以螺纹连接，上笔杆上端设计有弧形笔夹及月牙形镂空笔套，下笔杆靠近笔头位置设计有环形凹陷，并套有中间细两头略粗呈哑铃状的软胶防滑护套，笔杆腰线处有"S"形装饰圈。采用该三维形状的笔在使用时能够缓解使用者指关节与笔的摩擦，提升使用时手握的舒适度，笔套夹的设计便于笔的携带及固定，提升使用便捷性。纵然诉争商标三维标志的设计有别于其他笔形设计，但该差异并未改变其整体作为笔的形态及所具有的书写功能。诉争商标三维标志采用特殊的笔夹、笔套等设计，仅能说明诉争商标可能会受到著作权法或专利法的保护，其仍属于由使商品固有功能更容易实现所需的三维形状组成，使用在钢笔等商品上具有功能性，构成《商标法》第12条所指"为获得技术效果而需有的商品形状"的情形，不得注册。

【裁判结果】驳回上诉，维持原判。

3）三维标志仅由使商品具有实质性价值的三维形状组成，即该三维形状是为使商品的外观或造型具有美学价值，进而实质性地影响消费者的购买意愿所使用的三维形状，则该三维形状具有功能性。

例如：

指定商品：首饰

（图示为申请使用在"首饰"商品上作为商标的一个三维形状，造型优美，带有花纹图案，具有一定的美学价值。该三维形状使首饰的外观和造型更具有美感，从而促使消费者购买该商品。因此，该三维标志具有功能性，不得注册）

| 典型案例 6-6 | 广东可味巧克力食品有限公司与国家知识产权局商标权无效宣告请求行政纠纷上诉案 |

【案涉商标】

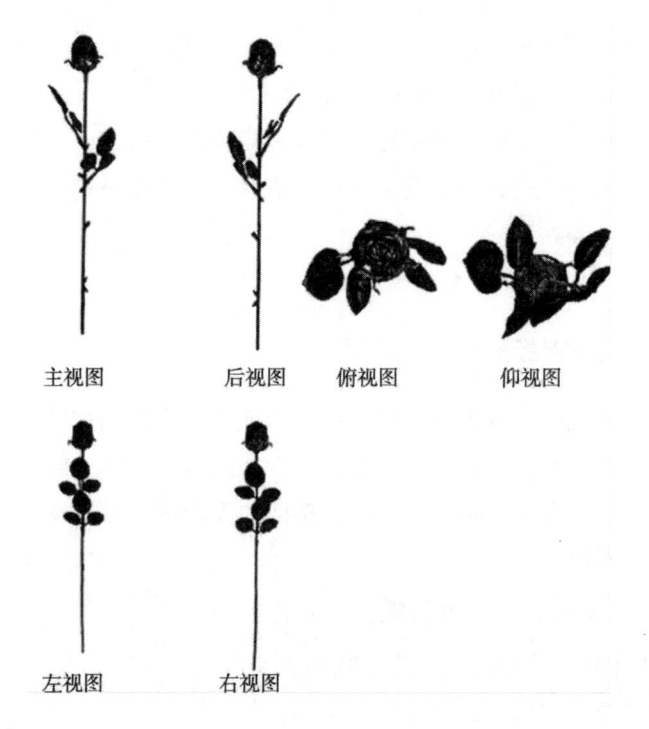

主视图　　后视图　　俯视图　　仰视图

左视图　　右视图

【案情简介】

珠海市嘉信食品发展有限公司于 2017 年 11 月 27 日对第 8583920 号图形（立体商标）商标（以下称争议商标）提出无效宣告请求，商标评审委员会以缺乏显著特征为由对诉争商标予以无效宣告。广东可味巧克力食品有限公司不服，向北京知识产权法院提起行政诉讼，后不服北京知识产权法院判决，向北京市高级人民法院提起上诉。

【一审法院认为】

北京知识产权法院认为，诉争商标标志不具有区分于玫瑰花一般形态的独创识别特征，且设计较为简单、常见，将该标志使用在第 30 类"糖果、巧克力"等商品上，无法起到区分商品来源的作用，缺乏商标应有的显著性。可味公司所提交的相关证据与诉争商标实际使用不具有直接关联,不能证明诉争商标在核定使用商品上通过使用取得了显著特征以便于识别,且具有极高的知名度已为相关公众广为知晓。

【二审法院认为】

本案中,诉争商标为三维立体玫瑰花标志,该标志的设计独创性不强,且玫瑰花与"巧克力;糖果"等商品均可以作为节日礼品存在关联,可味公司将"巧克力;糖果"等商品制作成玫瑰花形状,意在通过商品的外观、造型等影响消费者购买的意愿,属于使用商品具有实质价值的形状,不易被相关公众作为区分商品来源的商标加以识别,诉争商标使用在指定的"巧克力;糖果"等商品上不具有区分商品来源的作用,缺乏注册商标应有的显著特征。

【裁判结果】驳回上诉,维持原判。

(三) 立体商标的相同或近似

三维标志相同、近似的审查包括三维标志商标之间相同、近似的审查和三维标志商标与平面商标之间相同、近似的审查。审查时应考虑商标中三维形状的任一可观察角度,并就观察到的表现内容及视觉效果与他人在先商标进行对比。

1. 三维标志商标之间相同、近似的审查

1) 三维标志商标仅由三维形状构成。

仅由三维形状构成的三维标志商标,其整体视觉效果与他人在先的三维标志商标相同或者近似,易使相关公众对商品或服务的来源产生混淆的,判定为相同或者近似商标。

2) 三维标志商标由具有显著特征的三维形状和其他平面要素组合而成。

由具有显著特征的三维形状和其他平面要素组合而成的三维标志商标,若其具有显著特征的三维形状部分或者具有显著特征的平面要素部分与他人在先的三维标志商标对应部分相同或者近似,易使相关公众对商品或者服务的来源产生混淆的,判定为相同或者近似商标。

3) 三维标志商标由不具有显著特征的三维形状和具有显著特征的平面要素结合而成。

由不具有显著特征的三维形状和具有显著特征的平面要素组合而成的

三维标志商标，若两件商标具有显著特征的平面要素相同或者近似，易使相关公众对商品或者服务的来源产生混淆误认的，判定为相同或者近似商标。若两件商标具有显著特征的平面要素部分区别较大，相关公众能够据以区分商品或者服务的来源的，不判定为相同或者近似商标。

2. 三维标志商标与平面商标相同、近似的审查

1）三维标志商标仅由三维形状构成。

仅由三维形状构成的三维标志商标，与他人在先的平面商标在整体上视觉效果相同或者近似，易使相关公众对商品和服务的来源产生混淆的，判定为相同或者近似。

例如：

指定商品：服装 　　　　　指定商品：服装

（图示两件商标中，左侧三维标志商标的企鹅三维形状与右侧平面商标的企鹅平面图形整体视觉效果近似，易使相关公众对商品的来源产生混淆，判定为近似商标）

指定商品：清洁制剂 　　　　指定商品：清洁制剂

（图示两件商标中，左侧三维标志商标的三维形状整体为"G"字形，与右侧平面商标的平面文字"G"整体视觉效果近似，易使相关公众对商品的来源产生混淆，判定为近似商标）

2）三维标志商标由三维形状和其他平面要素组合而成。

由三维形状和其他平面要素组合而成的三维标志商标，若其具有显著特征的三维形状部分与他人在先的平面商标在整体视觉效果上相同或者近似，或者其具有显著特征的平面要素部分与他人在先的平面商标相同或者近似，易使相关公众对商品或者服务的来源产生混淆的，均判定为相同或者近似商标。

例如：

（图示三件商标指定商品均为香水，左侧三维标志商标的足球三维形状与右侧平面商标的平面足球图形的整体视觉效果近似，易使相关公众对商品的来源产生混淆，判定为近似商标；左侧三维标志商标的平面文字"OFFENSIF"与中间商标的平面文字"OFFENSIVE"近似，易使相关公众对商品的来源产生混淆，判定为近似商标）

二、立体商标申请应当提交的材料

《商标法实施条例》第13条第3款规定，以三维标志申请商标注册的，应当在申请书中予以声明，说明商标的使用方式，并提交能够确定三维形状的图样，提交的商标图样应当至少包含三面视图。

所以，以三维标志申请商标注册的，应当在申请书中"商标申请声明"栏选择"以三维标志申请商标注册"（图6-1），在"商标说明"栏内说明商标使用方式，在申请书商标图样框内打印或粘贴商标图样1份（图6-2）。

该商标图样应能够确定三维形状并至少包含三面视图（正视图、侧视图、仰视图、俯视图等）。报送的多面视图应属于同一个三维标志，包含多面视图的图样整体应当不大于10cm×10cm，不小于5cm×5cm。

三维标志包含文字的，文字部分应标识在三维形状视图中的正确位置，不可独立于视图之外。

商标注册申请书

申请人名称(中文)：
(英文)：
统一社会信用代码：
申请人国籍/地区：
申请人地址(中文)：
(英文)：
邮政编码：
国内申请人联系地址：
邮政编码：
国内申请人电子邮箱：
联系人：　　　　　　　　电话：
代理机构名称：
外国申请人的国内接收人：
国内接收人地址：
邮政编码：
商标申请声明：☐集体商标　　☐证明商标
　　　　　　　　☑三维标志　　☐颜色组合　　☐声音标志
　　　　　　　　☐两个以上申请人共同申请注册同一商标
要求优先权声明：☐基于第一次申请的优先权　☐基于展会的优先权　☐优先权证明文件后补
申请/展出国家/地区：
申请/展出日期：
申请号：

【承诺】申请人和代理人、代理机构知晓恶意商标注册申请、提交虚假材料或隐瞒重要事实申请行政确认等行为属于失信行为；承诺遵循诚实信用原则，以使用为目的办理商标申请事宜，所申报的事项和所提供的材料真实、准确、完整；知晓承诺不实或未履行承诺，将承担信用管理失信惩戒等不利后果。

图 6-1　《商标注册申请书》示例

下框为商标图样粘贴处。图样应当不大于 10×10cm，不小于 5×5cm。以颜色组合或者着色图样申请商标注册的，应当提交着色图样并提交黑白稿 1 份；不指定颜色的，应当提交黑白图样。以三维标志申请商标注册的，应当提交能够确定三维形状的图样，提交的商标图样应当至少包含三面视图。以声音标志申请商标注册的，应当以五线谱或者简谱对申请用作商标的声音加以描述并附加文字说明；无法以五线谱或者简谱描述的，应当使用文字进行描述；商标描述与声音样本应当一致。

商标说明：

类别：
商品/服务项目：

类别：
商品/服务项目：

图 6-2 "商标说明"填写示例

第二节 声音商标申请

一、声音商标概述

声音商标是指用以区别商品或者服务来源的声音本身构成的商标。声音商标可以由音乐性质的声音构成，例如一段乐曲；可以由非音乐性质的声音构成，例如自然界的声音、人或动物的声音；也可以由音乐性质与非音乐性质兼有的声音构成。

自《商标法》将声音商标作为可以申请注册的商标后，我国陆续有多个企业进行了声音商标注册的申请，但通过者寥寥无几。截至2023年3月1日，我国申请注册的声音商标为899件，其中成功注册的声音商标仅为41件，注册成功率约为4.5%，有相当比例的申请都被驳回或者仍处于审查状态。由此看来，与传统商标相比，声音商标不仅申请成功率很低，而且审查要求也更严格。❶

我国开声音商标注册先河的是中国国际广播电台节目开始曲，这是我国首件申请注册并通过初审公告及被核准注册的声音商标。其于2014年5月4日申请第38类和第41类服务上的声音商标，最终于2016年2月13日进行了初审公告，并于2016年5月14日核准注册。此外，尤妮佳股份有限公司旗下品牌苏菲广告末尾发出的女声"SOFY"，诺基亚代表性的和弦铃声"Nokia Tune"，英特尔的"灯，等灯等灯"，摩托罗拉的"Hello MOTO"，小霸王学习机的"望子成龙小霸王"，以及20世纪福克斯电影片头音乐、中央人民广播电台的"小喇叭"等都是注册成功的声音商标。

目前我国声音商标注册成功的数量极少，且在已申请注册的声音商标中，大多声音商标处于无效、驳回复审中以及等待实质审查等状态。一是因为声音商标是在2014年新《商标法》施行之后才开始在国内允许申请注册的，时间较短；二是声音商标的审查相对传统商标来说更为严格，能够获准注册的声音商标必须具有较强的显著性。声音商标在申请注册过程中由于材料证明力不足被商标局发出审查意见通知书是常态，大部分声音商标的申请都需要补充证据，大多数声音商标从提交材料到等待实质审查再到被驳回复审历时长达一年之久，有一些声音商标甚至耗时一年半都没有解决问题。声音商标注册成功所耗费的时间较为漫长，需要反复地提交证据才有可能被成功注册为商标。

---

❶ 集佳知识产权.【知识产权·中国故事】（17）李佳琦"OMG买它"声音商标被驳回 我国的声音商标注册路漫漫［EB/OL］.（2023-5-5）[2024-11-13]. https://mp.weixin. qq.com/s/ExA9Pqz8QHe4AfZYZ6P8SQ.

二、声音商标的特殊要求

(一) 声音商标的"三性"

1. 显著性

(1) 声音商标显著性的判断原则

通常情况下,商标大多是以文字、数字、图形、颜色等要素或要素组合以可视性形态直观地表现出来,使用时与商品或者服务的结合较为紧密,相关公众对商标已形成较为固化的视觉认知习惯。与此相对的是,声音商标的认知通过听觉实现,且声音对播放载体的依附性导致其与许多商品或服务项目难以直观、紧密地结合,使用时可能仅被认知为背景音乐或广告宣传。即使是独特的声音,也并不天然具有商标的固有显著性,难以发挥区别商品或者服务来源的功能与作用。一般情况下,声音商标缺乏固有显著性,需要通过长期或广泛的使用,与申请主体产生联系,具备区分商品和服务来源的功能,才能取得显著特征。

例如:

(本件声音商标指定使用在"新闻社服务"等服务上;商标申请人为中央电视台;声音由引子、主题和尾声三段构成,引子由铜管演奏,分解的大三和旋律庄严而神圣,中段为弦乐演奏的主题,结尾由三个音构成;该声音作为《新闻联播》节目开始曲使用)

对于声音商标是否具有显著性的判断,除应遵循对传统商标是否具有显著性的基本判断原理、标准与规则外,即应考虑指定使用的商品或服务、相关公众的认知习惯及指定使用商品或服务所属行业的实际情况等因素,还应结合声音商标声音的时长及其构成元素的复杂性等因素,综合考察其整体在听觉感知上是否具有可起到识别作用的特定节奏、旋律、音效,从而对其可否起到区分商品或服务来源的作用作出判断。

典型案例 6-7 腾讯科技（深圳）有限公司诉国家工商行政管理总局商标评审委员会商标驳回复审行政纠纷案

【案涉商标】

本件声音商标是由六声短促且频率一致的"嘀嘀嘀嘀嘀嘀（di-di-di-di-di-di）"的声音构成。

【案情简介】

诉争商标为第14502527号"嘀嘀嘀嘀嘀嘀"（声音）商标，由腾讯科技（深圳）有限公司（简称腾讯公司）于2014年5月4日申请注册，指定使用在第38类电视播放、信息传送等服务上。国家工商行政管理总局商标评审委员会（简称商标评审委员会）以缺乏显著特征为由对诉争商标的注册申请予以驳回。腾讯公司不服，向一审法院提起行政诉讼。一审法院判决撤销被诉决定。商标评审委员会不服，提起上诉。

【一审法院认为】

……具体到本案而言，考察诉争商标是否属于被诉决定所认定的"较为简单"的情形，不能仅考虑其构成元素单一、整体持续的时间较短等因素，而应当综合考察诉争商标整体在听觉感知上是否具有可起到识别作用的特定的节奏、旋律、音效。本案诉争商标虽然仅由同一声音元素"嘀"音构成且整体持续时间较短，但诉争商标包含六声"嘀"音，且每个"嘀"音音调较高、各"嘀"音之间的间隔时间短且呈连续状态，诉争商标整体在听觉感知上形成比较明快、连续、短促的效果，具有特定的节奏、音效，且并非生活中所常见，因此，其并不属于被诉决定所认定的声音整体较为简单的情形。

一般情况下，声音商标需经长期使用才能取得显著特征。经过对原告证据的审查可以认定，诉争商标已经由原告进行了长期、大量的使用。诉争商标的声音已经在即时通信领域建立了较高的知名度，其识别性进一步增强，诉争商标与QQ软件、腾讯公司之间已经建立了稳定的对应关系……另外还需指出的是，诉争商标的声音虽系QQ软件在运行过程中新消息传来时的提示音,但该提示音系人为设定,亦非该软件运行过程中所必然带来的结果,不属于功能性声音。

【二审法院认为】

……就本案而言,诉争商标由连续的六声"嘀"音构成,各"嘀"音之间音色基本相同、时间间隔短促且基本相同,指定使用在第38类"电视播放;新闻社;信息传送;电话会议服务;提供在线论坛;计算机辅助信息和图像传送;提供互联网聊天室;在线贺卡传送;数字文件传送;电子邮件"服务上。虽然诉争商标构成要素的选取体现了腾讯公司的特定创意,但商标标志在其指定使用服务上是否具有显著特征,仍然需要结合相关公众的一般认知加以具体判断。具体而言,由于诉争商标仅由单一而重复的"嘀"音构成,相关公众通常情况下不易将其作为区分商品或者服务来源的标志加以识别,诉争商标属于《商标法》第11条第1款第(三)项规定的缺乏显著特征的标志。原审法院和商标评审委员会在该问题上的观点一致,本院对此予以确认。商标评审委员会有关诉争商标标志本身缺乏显著特征的上诉理由成立,本院对此予以支持。

特定的标志其本身在特定的商品或者服务上可能缺乏商标注册所需的显著特征,但是当其经过使用而能够发挥识别作用时,则可以根据《商标法》第11条第2款的规定予以核准注册。由于这种显著特征的取得建立在使用的基础之上,因此,此类商标获准注册的商品或者服务范围也应当以其实际使用的商品或者服务为限。通常情况下,不存在在一个商品或者服务项目上经过使用而取得显著特征的标志,即可仅因其在该商品或者服务上的使用行为,而在其他商品或者服务项目上当然获得显著特征。对于通过使用而取得显著特征的商标的审查,必须遵循"商品和服务项目特定化"之审查原则,避免显著特征使用取得认定过程中的泛化处理和以偏概全。

本案中,腾讯公司提供的证据能够证明诉争商标"嘀嘀嘀嘀嘀嘀"声音通过在QQ即时通信软件上的长期持续使用,具备了识别服务来源的作用。原审判决认定诉争商标在与QQ即时通信软件相关的"信息传送、提供在线论坛、计算机辅助信息和图像传送、提供互联网聊天室、数字文件传送、在线贺卡传送、电子邮件"服务上具备了商标注册所需的显著特征并无不当,诉争商标可以在上述服务项目上予以初步审定,本院对此予以确认。但是,诉争商标并未在"电视播放、新闻社、电话会议服务"上实际使用，原审判决以"电话会议服务"与"超级群聊天"服务功能完全相同以及综合性即时通信软件服务平台存在提供电视播放、新闻服务的可能性为由，认定诉争商标在上述三个服务项目上亦具有显著特征，显然不符合诉争商标经过使用方才取得显著特征的案件事实，不适当地为诉争商标预留了申请注册的空间，属于适用法律错误，本院对此予以纠正。……

【裁判结果】驳回上诉，维持原判。

（2）缺乏显著性的具体情形

①仅直接表示指定商品或者服务内容、消费对象、质量、功能、用途及其他特点的声音，缺乏显著特征。

例如：

钢琴弹奏声指定在"乐器"上；

儿童嬉笑声指定在"婴儿奶粉"上；

狗吠或猫叫声指定在"宠物饲养"上；

古典音乐指定在"安排和组织音乐会"上；

"水开啦，水开啦"的叫声指定在"电热水壶"上。

②使用商品时或提供服务时难以避免或通常出现的声音。

例如：

开启酒瓶的清脆"嗒"声指定在"啤酒"上；

验钞机"哗哗"的输钱声指定在"银行"服务上。

③行业内通用或常用的声音或音乐。

例如：

《婚礼进行曲》的主题旋律指定在"计划和安排婚礼服务"上。

④以平常语调或简单旋律直接唱呼的文字短语。

对于文字呼叫类声音商标，注意分辨在使用过程中真正起识别作用的是呼叫的文字，还是声音本身。如果声音商标是以平常语调或极其简单的旋律呼叫短语的构成形式，在使用过程中很可能令人印象深刻起到识别作用的仍为文字，声音仅被视为文字辅助背景。

例如：

以简单旋律唱出"恭喜你发财"；

以平常语调唱呼"来了，您呐"；

以平常语调呼叫"人行千里，声动我心"；

以平常语调呼叫"人头马一开，好运自然来"。

| 典型案例 6-8 | 泸州老窖公司与国家知识产权局关于由女声哼唱和男生朗读及背景乐构成的声音商标注册案 |

【案涉商标】

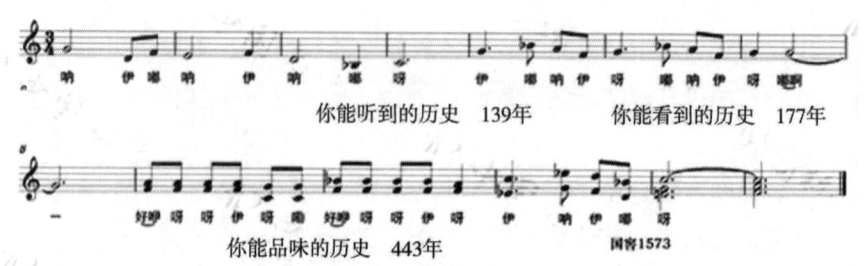

呐伊嘟 呐伊 嘟呀 伊嘟呐伊呀 嘟呐伊呀 嘟

你能听到的历史 139年　　你能看到的历史 177年

妞啰呀呀伊呀嘟 妞啰呀呀伊呀 伊 呐伊嘟

你能品味的历史 443年　　　　　国窖1573

该声音商标全长30秒，共13小节，四分之三拍慢板节奏，C大调。全曲女声哼唱，第1小节：呐伊嘟，第2小节：呐伊，第3小节：纳嘟，第4小节：呀，第5小节：伊嘟呐伊，第6小节：呀嘟呐伊，第7-8小节：呀嘟啊，第9小节：好伊呀呀伊呀嘟，第10小节：好伊呀呀伊呀，第11小节：伊呐伊嘟，第12-13小节：呀。全曲中有4处男声旁白，分别在第3-4-5小节：你能听到的历史139年，第6-7小节：你能看到的历史177年，第9-10小节：你能品味的历史443年，第12小节：国窖1573。

【案情简介】

　　申请商标系第19351139号声音商标，于2016年3月18日向原国家工商行政管理总局商标局（简称商标局）提出注册申请，指定使用在第33类"果酒（含酒精）；葡萄酒；烈酒（饮料）；酒精饮料浓缩汁；酒精饮料（啤酒除外）；含水果酒精饮料；米酒；白酒；黄酒；烧酒"商品上，现商标申请人为泸州老窖公司。

　　经审查，2017年2月24日，商标局作出商标驳回通知书，决定驳回申请商标的注册申请。泸州老窖公司不服，于2017年3月27日向商标评审委员会提出复审申请。2017年9月15日，商标评审委员会作出驳回复审决定。泸州老窖公司不服，于法定期限内向北京知识产权法院提起行政诉讼。

【法院认为】

　　《商标法》第11条规定："下列标志不得作为商标注册：（一）仅有本商品的通用名称、图形、型号的；（二）仅直接表示商品的质量、主要原料、功能、用途、重量、数量及其他特点的；（三）其他缺乏显著特征的。前款所列标志经过使用取得显著特征，并便于识别的，可以作为商标注册。"

对于声音商标是否具有显著性的判断，除应遵循对传统商标是否具有显著性的基本判断原理、标准与规则外，即应考虑指定使用的商品或服务、相关公众的认知习惯及指定使用商品或服务所属行业的实际情况等因素外，结合本案案情，尤其应当注意结合声音商标声音的时长及其构成元素等因素，综合考察其整体在听觉感知上是否具有可起到识别作用的特定节奏、旋律、音效，从而对其可否起到区分商品或服务来源的作用作出判断。

本案中，申请商标由女声哼唱的背景乐和男声朗读的文字"你能听到的历史139年、你能看到的历史177年、你能品味的历史443年、国窖1573"组成，其总时长约为29秒，其女声哼唱的背景乐虽然并非日常生活中较为常见的音乐，但鉴于其时长过长，其背景乐亦未具有极其高的辨识度或因原告极其大量的使用而让相关公众足以将其作为商标识别，相关公众通常情况下易将其识别为广告宣传而非区分商品来源的标志。申请商标中男声朗读部分起到识别作用的为其文字内容本身，并非作为紧密配合声音元素的背景乐中的特定节奏、旋律、音效，故本案申请商标男声朗读部分不具有声音商标所应具备的显著性要求，亦不会加强其女声哼唱背景乐部分的显著性。泸州老窖公司在本案中向商标评审委员会及本院提交的音乐评论、广告宣传合同、电视广告跟踪监测报告、销售合同及所获荣誉等在案证据并非均能反映本案申请商标的完整使用情况，部分证据没有显示宣传的具体内容，部分广告时长与本案申请商标并不一致，故综合在案证据亦难以证明申请商标经过使用进而使相关公众将其作为识别商品来源的标志。商标评审委员会据此认定申请商标的注册申请构成《商标法》第11条第1款第（三）项规定情形的结论正确，本院予以支持。泸州老窖公司的相关主张没有事实及法律依据，本院不予支持。

【裁判结果】驳回原告泸州老窖股份有限公司的诉讼请求。

⑤过于简单或过于复杂的声音。

例如：

简单、普通的音调或旋律；

一首完整或冗长的歌曲或乐曲。

| 典型案例 6-9 | 小米科技有限责任公司与国家知识产权局因商标申请驳回复审行政纠纷上诉案 |

【案涉商标】

此曲是一段柔和曲的进行曲，2/4的节奏是强弱强弱的循环，会比较激昂；4/4是强弱次强弱的循环，相对比较柔和。

【案情简介】

2014年5月7日，小米公司向商标局提出案涉商标（以下称诉争商标）的注册申请，指定使用在国际分类第9类的下列商品上：可下载的手机铃音；数量显示器；秤；智能手机；声音传送装置；信号铃；铃（报警装置）；动画片；可下载的计算机应用软件；测量仪器。

诉争商标档案显示诉争商标为一段包含八个小节的五线谱，且附有如下文字描述：此曲系一段柔和曲的进行曲，2/4的节奏是强弱强弱的循环，会比较激昂，4/4是强弱次强弱的循环，相对比较柔和。原告提交的诉争商标音频时长约为11秒。

针对诉争商标的注册申请，商标局于2015年6月9日作出商标驳回通知，依据《商标法》第11条第1款第（三）项作出不予注册的决定，其理由为：诉争商标使用在指定使用商品上缺乏显著特征，不得作为商标注册。小米公司对商标局作出的上述商标驳回通知不服，于法定期限内向商标评审委员会提出复审申请。2016年7月1日，商标评审委员会依小米公司针对第14514527号声音商标（诉争商标）所提商标驳回复审申请，决定对诉争商标的注册申请予以驳回。小米公司不服，遂提起行政诉讼。

【一审法院认为】

北京知识产权法院认为，诉争商标系一段包含八个小节、时长约为11秒的乐曲，其中前半部分为2/4节奏，后半部分为4/4节奏，整体上呈现为一段先激昂后柔和的乐曲。虽然诉争商标不是自然界中既有的声音，亦非可下载的手机铃音、智能手机等指定使用商品的功能性声音和为获得技术效果而需有的声音，但是从相关公众的通常认知习惯来看，容易将其包含八个小节、不同节奏、时长高达11秒的诉争商标作为背景音乐、手机铃声或者乐曲本身进行识别，而难以将其单独认知为商标。此外，诉争商标音频长达约11秒，且包含不同节奏及和弦，过于复杂，不符合商标设计简单明了、容易记忆的宗旨，与常见的手机铃声等乐曲的区别亦不够显著，通常情况下相关公众难以单独通过诉争商标来区分商品的不同市场提供者，诉争商标继而无法发挥区分商品来源的作用。综上，通常情况下相关公众不易将诉争商标作为区分商品来源的标志加以识别，诉争商标标志本身缺乏商标所应具有的显著特征。

【二审法院认为】

具体而言，本案诉争商标系一段包含八个小节、时长约为11秒的乐曲，其中前半部分为2/4节奏，后半部分为4/4节奏，整体上呈现为一段先激昂后柔和的乐曲。其虽为小米公司独创，但通常情况下使用在可下载的手机铃音；数量显示器；秤；智能手机；声音传送装置；信号铃；铃（报警装置）；动画片；可下载的计算机应用软件；测量仪器上不易使相关公众将其作为商标进行识别，易被认为是商品本身、乐曲或背景音乐，且诉争商标与其他铃声或乐曲没有显著区别，相关公众难以单独通过诉争商标来区分商品的来源，缺乏商标所应具有的显著特征，原审判决对此认定正确，本院予以确认。

【裁判结果】驳回上诉，维持原判。

2. 合法性

声音商标需满足商标使用的合法性要件，例如不得出现以下情形：

1）与我国国歌、军歌、《国际歌》相同或者近似的声音。
2）与《歌唱祖国》等公众熟知的爱国歌曲相同或近似的声音。
3）宗教音乐或恐怖暴力色情等具有不良影响的声音。

（二）声音商标的相同或近似

声音商标相同、近似审查包括声音商标之间和声音商标与其他类型商标之间的相同、近似审查。

1）两声音商标的听觉感知或整体音乐形象相同或者近似，易使相关公众对商品或者服务来源产生混淆误认，或者认为二者之间存在特定联系的，判定为相同或者近似商标。

2）声音商标中语音对应的文字或者其他要素，与可视性商标中含有的文字或其他要素读音相同或者近似，易使相关公众对商品或者服务来源产生混淆误认，或者认为二者之间存在特定联系的，判为相同或者近似商标。

例如：

YAHO

（外文商标）

人声用真假嗓音急变互换的方式歌唱出"YAHOO"。

（声音商标）

三、声音商标申请应当提交的材料

《商标法实施条例》第13条规定，以声音标志申请商标注册的，应当在申请书中予以声明，提交符合要求的声音样本，对申请注册的声音商标进行描述，说明商标的使用方式。对声音商标进行描述，应当以五线谱或简谱对申请用作商标的声音加以描述并附加文字说明；无法以五线谱或简谱描述的，应当以文字加以描述；商标描述与声音样本应当一致。

以声音标志申请商标注册的，应当在申请书中"商标申请声明"栏选择"以声音标志申请商标注册",并在"商标说明"栏内说明商标使用方式(图6-3)。

商标注册申请书

申请人名称(中文):
　　　　　(英文):
统一社会信用代码:
申请人国籍/地区:
申请人地址(中文):
　　　　　(英文):
邮政编码:
国内申请人联系地址:
邮政编码:
国内申请人电子邮箱:
联系人:　　　　　电话:
代理机构名称:
外国申请人的国内接收人:
国内接收人地址:
邮政编码:
商标申请声明:□集体商标　　□证明商标　　□声音标志
　　　　　　□三维标志　　□颜色组合
　　　　　　□两个以上申请人共同申请注册同一商标
要求优先权声明:□基于第一次申请的优先权　□基于展会的优先权　□优先权证明文件后补
申请/展出国家/地区:
申请/展出日期:
申请号:

【承诺】申请人和代理人、代理机构知晓恶意商标注册申请、提交虚假材料或隐瞒重要事实申请行政确认行为属于失信行为;承诺遵循诚实信用原则,以使用为目的办理商标申请事宜,所申报的事项和所提供的材料真实、准确、完整;知晓承诺不实或未履行承诺,将承担信用管理失信惩戒等不利后果。

图6-3 《商标注册申请书》示例

此外,应在申请书商标图样框内打印或粘贴商标图样1份,该商标图样应对申请注册的声音商标进行描述。具体为:以五线谱或者简谱对申请用作商标的声音加以描述并附加文字说明;无法以五线谱或者简谱描述的,应当以文字加以描述(图6-4)。注意:整个商标描述(包括五线谱或者简谱,以及文字说明)应制作在1份商标图样中。描述应当准确、完整、客观并易于理解。商标描述与声音样本应当一致,例如声音样本中有歌词的,商标描述中也应说明歌词。此外,五线谱或简谱上不要含有乐曲名称。

下框为商标图样粘贴处。图样应当不大于10×10cm，不小于5×5cm。以颜色组合或者着色图样申请商标注册的，应当提交着色图样并提交黑白稿1份；不指定颜色的，应当提交黑白图样。以三维标志申请商标注册的，应当提交能够确定三维形状的图样，提交的商标图样应当至少包含三面视图。以声音标志申请商标注册的，应当以五线谱或者简谱对申请用作商标的声音加以描述并附加文字说明；无法以五线谱或者简谱描述的，应当使用文字进行描述；商标描述与声音样本应当一致。

商标说明：

类别：
商品/服务项目：

类别：
商品/服务项目：

图 6-4　"商标说明"填写示例

以声音标志申请商标注册的，还应附送声音样本。声音样本的音频文件应当储存在只读光盘中，且该光盘内应当只有一个音频文件。声音样本的音频文件应小于5MB，格式为wav或mp3。注意：商标描述与声音样本应当一致。

第三节　其他特殊商标申请

一、颜色组合商标概述

颜色组合商标是指由两种或两种以上颜色按照特定方式进行组合构成的商标。

由于自然界中单一颜色种类极其有限,接受单一颜色作为商标申请可能会对某一颜色的使用造成垄断,妨碍其他生产经营主体的正常使用。因此,我国目前只接受颜色组合作为商标申请注册,而不接受单一颜色作为商标注册申请。

颜色组合商标仅由颜色构成,不限定具体形状,保护对象是以特定方式使用的颜色组合本身。商标图样中呈现的形状并不是颜色组合的保护对象。包含文字、图形等要素的指定颜色商标不属于颜色组合商标。

颜色组合商标在商品上使用时,可以用于商品的全部或部分,也可以用于商品包装的全部或部分;颜色组合商标在服务上使用时,可以用于服务所需载体,比如快递服务过程中的包装箱、运输工具或快递员的服装,或是服务场所的外部装饰和内部装潢等。

二、颜色组合商标的特殊要求

(一)合法性

颜色组合商标应当遵守《商标法》中有关不得作为商标标志使用的规定。当然也要结合颜色组合商标自身的特性进行合法性的判断。

例如,颜色组合商标以申请人说明的方式使用,呈现出的整体视觉效果与我国或外国国旗、国徽、军旗的颜色组合相同或近似的,不得作为商标使用。

商标说明:本商标由绿、白、红三种颜色组成,以 1:1:1 的比例呈竖向长条状平铺使用在商品的外观上。

(以申请人说明的使用方式呈现出的整体视觉效果与意大利国旗近似,不得作为商标使用)

（二）显著性

一般情况下，颜色组合商标缺乏固有显著性，需要通过长期或广泛的使用，与申请主体产生特定联系，具备区分商品或服务来源的功能，才能取得显著特征。

1）仅有指定商品的天然颜色、商品本身或者包装物以及服务场所通用或者常用颜色，不足以起到区分商品或者服务来源作用的，判定为缺乏显著特征。

例如：

指定商品：牙膏

（图中颜色组合为指定商品的常用颜色组合，不足以起到区别商品来源的作用）

指定商品：洗衣粉、洗衣片

（图中颜色组合为指定商品本身或包装物的常用颜色组合，不足以起到区别商品来源的作用）

指定商品：牙膏

（图中颜色组合为美发行业服务场所通用标识，不足以起到区别商品来源的作用）

2) 有充分证据证明以特定方式使用的颜色组合通过使用取得显著特征的，可以注册为颜色组合商标。

颜色组合商标与普通商标相同，都可以经过使用取得显著特征，当然考虑某个颜色组合商标是否经过使用取得显著特征时还需注意：考虑颜色组合商标实际使用方式对相关公众注意力和认知情况的影响，颜色组合商标为申请人所独创或最早使用并不能当然认为其具有作为商标的显著特征。

例如：

指定商品：电池
商标说明：商标为长条状色块，两种颜色为黄铜色和黑色，分别占整体的1/3、2/3。

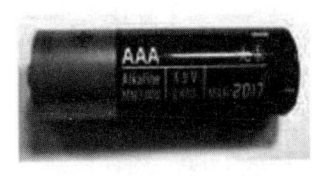

（实际使用方式图）

指定服务：车辆加油站
商标说明：该商标由白、黄和红三种颜色构成。其中白色（Pantone white C）占30%，黄色（Pantone 116C）占50%，红色（Pantone 485C）占20%，按图示排列，适用于车辆服务站、车辆加油站的外观。

（实际使用方式图）

| 典型案例 6-10 | 湖南杰希重工有限公司与国家知识产权局驳回商标撤销请求行政诉讼案 |

【案涉商标说明】

【案情简介】

第 18338886 号颜色组合商标由中联重科公司于 2015 年 11 月 16 日提出注册申请,于 2016 年 12 月 21 日被核准注册,核定使用在第 12 类的洒水车、卡车、起重车等商品上,专用期限至 2026 年 12 月 20 日。

国家知识产权局于 2020 年 6 月 10 日作出商评字〔2020〕第 154358 号《关于第 18338886 号"图形(颜色组合)"商标无效宣告请求裁定书》(简称被诉裁定)。国家知识产权局认为,中联重科公司提供的证据可以证明其使用在混凝土机械、起重机械、环境产业、土方机械、工业车辆、路面机械、基础施工等车辆上的该颜色组合商标在诉争商标申请日前已经进行大量宣传使用,已经与其形成对应关系,并且可以起到区分商品来源的作用,具有了商标应有的显著特征。诉争商标核定使用的"起重车、叉车、混凝土搅拌车、大客车"等商品在功能用途、销售对象等方面与上述商品相同或相近,故可以认定诉争商标在其核定使用的商品上亦可以起到区分商品来源的作用,具有商标应有的显著特征……

湖南杰希公司不服,向北京知识产权法院提起行政诉讼,后不服一审判决向北京市高级人民法院提起上诉。

【一审法院认为】

颜色组合商标作为商标申请注册,其固有显著性较弱,一般需要通过长期大量的使用,使相关公众能够将该颜色组合作为区分商品来源的标识加以识别,从而获得显著性,才能获准注册。本案中,诉争商标是由"绿色、冷灰色、暖灰色"组合而成的颜色组合商标,指定使用在第 12 类洒水车、卡车、起重车等商品上。根据第三人在诉讼阶段提交的 14 份电视报道、54 篇图书馆检索报告、164 篇网络媒体报道等证据,可以证明诉争商标经过了广泛的宣传和使用。再结合第三人在评审阶段提交的关于第三人新Ⅵ(企业视觉识别系统)宣传片截图及发布新Ⅵ(企业视觉识别系统)的报道资料,第三人在长沙、米兰发布会的报道资料及视频,以及央视新闻、湖南卫视等电视平台对于第三人助力 2015 年 9 月 3 日的纪念中国人民抗日战争暨世界反法西斯战争胜利 70 周年阅兵仪式、参加中华人民共和国成立 70 周年阅兵仪式的相关报道及图片、第三人自 2015 年至今在全国范围内使用诉争商标混凝土搅拌车、混凝土泵车、混凝土车载泵等工程机械商品的部分销售协议、销售发票、提单、装箱单、报关单、审计报告等证据,可以证明在诉争商标申请日之前，第三人使用在混凝土机械、起重机械、环境产业、土方机械、工业车辆、路面机械、基础施工等车辆上的该颜色组合商标已经通过较为持续和广泛的宣传使用，在相关公众中享有一定知名度，并与第三人形成了唯一、固定关系，可以起到区分商品来源的作用，获得了显著性。

【二审法院认为】

本案中，中联重科公司在商标评审阶段提交的证据与原审诉讼阶段提交的第一组证据能够相互佐证，证明中联重科公司自2015年4月至被诉裁定作出时，在混凝土机械、起重机械、环境产业、土方机械、工业车辆、路面机械、基础施工等车辆生产及销售领域具有较高的企业知名度；中联重科公司在原审诉讼阶段提交的第二组及第三组证据中关于电视报道、图书馆检索报告、网络媒体报道、长沙、米兰发布会的报道资料及视频亦能相互佐证，可以证明在诉争商标申请日之前，中联重科公司使用在前述车辆车身及工程机械上的诉争商标已经通过该公司的长期持续、广泛宣传使用，在相关公众中享有了较高知名度，并与中联重科公司形成了唯一、稳定的联系及对应关系；湖南杰希公司提交的证据不能证明在诉争商标申请日前，与诉争商标相同或近似的颜色组合标志已被同行业的经营者广泛使用，不能证明诉争商标的颜色标志已为行业内规定的标准颜色或核定商品本身颜色，诉争商标专用权在核准注册范围内，不足以妨碍同行业其他经营者的竞争利益。综上，诉争商标核定使用在上述各种车辆上可以起到区分商品来源的作用，获得了显著性。

【裁判结果】驳回上诉，维持原判。

三、颜色组合商标相同、近似的判断

颜色组合商标相同、近似的判断包括颜色组合商标之间和颜色组合商标与其他类型商标之间相同、近似的判断。

颜色组合商标相同、近似的审查，应以其申请注册的颜色组合要素及其《商标注册申请书》中说明的具体使用方式为依据。但判断是否相同或者近似时，应当结合颜色组合商标的使用方式，主要从整体视觉效果上进行判断。

（一）颜色组合商标之间相同、近似的审查

1）构成颜色组合商标的颜色及其排列组合的方式相同或者近似，且在商业活动中的具体使用方式无明显差别，整体视觉效果区别不明显，易使相关公众对商品或者服务的来源产生误认的，判定为相同或者近似。

例如：

指定服务：电锯
商标说明：该颜色组合商标由桔红色、灰色两种颜色组成。其中桔红色为 Pantone PQ－17－1464TCX，灰色为 Pantone P 179－15 C。灰色用于割草机机身，桔红色用于空滤器盖和把手，虚线部分用以表示颜色在该商品上的位置，锯齿轮廓和外形不是商标构成要素。

指定商品：林业和园艺用链锯
商标说明：本商标为颜色组合商标，商标的图形轮廓仅用来显示颜色所在的位置，该图形轮廓本身并不是要申请的商标。本商标包含的颜色为橙（RAL 颜色对照表编号 2010）和灰色（RAL 颜色对照表编号 7035），与本商标指定使用商品的颜色一致。其中，橙色位于指定商品外罩的上部，灰色位于指定商品外罩的下部。

2）构成颜色组合商标的颜色相同或者近似，但排列组合方式不同，或在商业活动中的具体使用方式不同，整体视觉效果差别较大，不易使相关公众对商品或者服务的来源产生误认的，不判定为相同或者近似商标。

例如：

指定服务：电动工具用充电站
商标说明：该颜色组合商标由金色和黑色两种颜色组合构成，产品整体呈金色，上有黑色竖状条纹。

指定服务：电池
商标说明：商标为长条状色块，两种颜色为黄铜色和黑色，分别占整体的1/3、2/3。

第六章 非传统商标代理业务合规

（二）颜色组合商标与其他商标之间相同、近似的审查

1) 一般情况下，根据申请人提供的商标说明、颜色组合商标的颜色排列组合方式及其在商业活动中的具体使用方式使其整体视觉效果与其他类型商标的整体视觉效果差别较大，不易使相关公众对商品或者服务的来源产生误认的，不判定为相同或者近似。

典型案例 6-11　烙克赛克公司与国家工商行政管理总局商标局颜色组合商标申请驳回复审行政纠纷案

【案涉商标】

争议商标　　　　　引证商标一

【案情简介】

2012 年 12 月 19 日，烙克赛克公司向国家工商行政管理总局商标局（简称商标局）提出第 11915217 号颜色组合商标（简称申请商标）的注册申请，指定使用在第 6 类"绳索用金属套管、金属套管（金属制品）、金属制管套筒、管道用金属夹"等商品上。商标局以申请商标与第 5106971 号"负正及图"商标（简称引证商标一）、国际注册 1077840 号商标（简称引证商标二）构成使用在类似商品上的近似商标为由，决定驳回申请商标的注册申请。烙克赛克公司不服商标局的驳回决定，向商标评审委员会申请复审。2014 年 11 月 28 日，商标评审委员会作出商评字〔2014〕第 92141 号《关于第 11915217 号图形商标驳回复审决定书》（简称被诉决定），认为申请商标与引证商标二不近似，但与引证商标一构成使用在同一种或类似商品上的近似商标。因此，依照 2013 年《商标法》第 30 条和第 34 条的规定，决定驳回申请商标的注册申请。

烙克赛克公司不服被诉决定，提起行政诉讼。北京知识产权法院一审认为，商标评审委员会将作为颜色组合商标的申请商标与作为图形商标的引证商标一进行近似比对，并认定二者构成近似商标属于结论错误。商标评审委员会不服一审判决，向北京市高级人民法院提起上诉。

【一审法院认为】

根据《中华人民共和国商标法实施条例》（简称2014年《商标法实施条例》）第13条第1款的规定，申请商标注册，应当向商标局提交《商标注册申请书》1份、商标图样1份；以颜色组合或者着色图样申请商标注册的，应当提交着色图样，并提交黑白稿1份；该条第四款规定，以颜色组合申请商标注册的，应当在申请书中予以声明，说明商标的使用方式。虽然商标评审委员会提交的商标档案中申请商标类型为"普通"，但烙克赛克公司向商标局提交的商标注册申请书中已经声明申请商标为颜色组合商标，并且烙克赛克公司已经按照上述法律要求提交了着色图样、使用方式的说明等材料，因此申请商标属于颜色组合商标。

颜色组合商标是一种较为特殊的商标类型，其使用方式与传统类型的图形商标不同。颜色组合商标的保护并不限定具体的形状，而是随着商品本身形状的变化而不同，其保护范围一般以其申请注册时声明的使用方式为依据。烙克赛克公司在商标注册申请时也对其使用方式进行了说明。因此，被诉决定关于"申请商标由两种不同颜色的方形组合而成"的认定有误，其并未正确认定申请商标的类型以及颜色组合商标的特殊性。引证商标一为图形商标，其使用方式一般按照申请注册图样的图形以及颜色作为标志使用于指定商品上。颜色组合商标与图形商标在使用方式、保护范围等方面具有较为明显的差异。正是因为上述差异，使得上述两种类型的商标在一般情况下，不易导致相关公众对其产生混淆误认。商标评审委员会将申请商标作为图形商标与引证商标一进行比对，从而得出上述商标"在表现手法、设计风格、构图特点等方面十分相像，构成近似商标"的认定有误。因此，虽然申请商标指定使用的绳索用金属套管等商品与引证商标一核定使用的金属管道弯头等商品或者属于同一种商品，或者构成在功能用途、生产部门、销售渠道、消费群体等方面较为接近的类似商品，但是由于申请商标与引证商标一并未构成近似商标，申请商标与引证商标一并未构成2013年《商标法》第30条所指使用在相同或者类似商品上的近似商标的情形。

【二审法院认为】

本案中，虽然被诉决定将申请商标确定为"图形"商标，但根据烙克赛克公司在诉讼中提交的证据，烙克赛克公司在向商标局提交的《商标注册申请书》中对申请商标作出了说明："本商标为颜色组合商标，由蓝色（国际标准色卡色号：2925）和黑色（国际标准色卡色号：黑色）组合而成"，且"本颜色组合商标在实际使用中有一定的图形限制：蓝色和黑色以同心圆的形式使用在指定商品上，黑色圆圈位于中心位置，四周环绕蓝框"；商标评审委员会提交的商标档案中也显示，烙克赛克公司在申请商标的《商标注册申请书》"一般、集体、证明、立体、颜色"的"商标种类"中勾选了"一般"和"颜色"选项，因此，根据2014年《商标法实施条例》第13条的规定，应当认定申请商标为颜色组合商标而非图形商标。被诉决定认为"申请商标由两种不同颜色的方形组合而成"并在此基础上对申请商标是否与引证商标一构成近似商标作出认定，基础事实认定错误，相应地，其认定结论亦缺乏准确而充分的事实基础，原审判决对此予以纠正并无不当。

……

《商标法》有关商标近似判断的规定中，并未区分商标的不同类型，因而，商标近似的判断并不因其构成要素的类型化差异而必然得出近似或者不近似的结论，不同类型商标之间存在构成近似商标的可能。在两个特定的商标之间进行近似性判断时，应当遵循商标法近似性判断的一般性规则，既要考虑商标标志构成要素及其整体的近似程度，也要考虑相关商标的显著性和知名度、所使用商品的关联程度等因素，以是否容易导致混淆作为判断标准。因此，商标评审委员会在上诉理由中提出的有关当颜色组合商标的颜色与平面商标、立体商标指定颜色相同或近似，易使相关公众对商品来源产生误认时应判定为近似商标的抽象化的观点并无不当。但是，就本案而言，申请商标与引证商标一之间，在商标标志构成要素及其整体视觉效果等方面存在较大差异，尤其是考虑到烙克赛克公司根据商标法实施条例提交的商标说明中限定的商标使用方式等因素，应当认定申请商标与引证商标一不构成近似商标。商标评审委员会有关申请商标与引证商标一构成近似商标的上诉理由缺乏事实依据，本院对此不予支持。

……

【裁判结果】驳回上诉,维持原判。

2)特定情况下,颜色组合商标与其他类型商标相同或近似,是指构成颜色组合商标的颜色与其他类型商标所指定的颜色相同或者近似,且以申请人说明的使用方式使用所呈现的整体视觉效果与其他类型商标的整体视觉效果基本无差别或差别不大,易使相关公众对商品或者服务的来源产生误认的,判定为相同或者近似商标。

四、颜色组合商标申请时所需的特殊材料

以颜色组合申请商标注册的,应当在申请书中"商标申请声明"栏选择"以颜色组合申请商标注册"(图6-5);在"商标说明"栏内列明颜色名称和色号,并说明商标使用方式;在申请书商标图样框内打印或粘贴着色图样1份(图6-6)。

以颜色组合申请商标注册的,该商标图样应当是表示颜色组合方式的色块,或是表示颜色使用位置的图形轮廓。该图形轮廓不是商标构成要素,必须以虚线表示,不得以实线表示。

商标注册申请书

申请人名称(中文):
(英文):
统一社会信用代码:
申请人国籍/地区:
申请人地址(中文):
(英文):
邮政编码:
国内申请人联系地址:
邮政编码:
国内申请人电子邮箱:
联系人: 电话:
代理机构名称:
外国申请人的国内接收人:
国内接收人地址:
邮政编码:
商标申请声明: □集体商标   □证明商标
              □三维标志   ☒颜色组合   □声音标志
              □两个以上申请人共同申请注册同一商标
要求优先权声明: □基于第一次申请的优先权 □基于展会的优先权 □优先权证明文件后补
申请/展出国家/地区:
申请/展出日期:
申请号:

【承诺】 申请人和代理人、代理机构知晓恶意商标注册申请、提交虚假材料或隐瞒重要事实申请行政确认等行为属于失信行为；承诺遵循诚实信用原则，以使用为目的办理商标申请事宜，所申报的事项和所提供的材料真实、准确、完整；知晓承诺不实或未履行承诺，将承担信用管理失信惩戒等不利后果。

图6-5 《商标注册申请书》示例

商标代理合规实务

下框为商标图样粘贴处。图样应当不大于 10×10cm，不小于 5×5cm。以颜色组合或者着色图样申请商标注册的，应当提交着色图样并提交黑白稿 1 份；不指定颜色的，应当提交黑白图样。以三维标志申请商标注册的，应当提交能够确定三维形状的图样，提交的商标图样应当至少包含三面视图。以声音标志申请商标注册的，应当以五线谱或者简谱对申请用作商标的声音加以描述并附加文字说明；无法以五线谱或者简谱描述的，应当使用文字进行描述；商标描述与声音样本应当一致。

商标说明：

类别：
商品/服务项目：

类别：
商品/服务项目：

图 6-6 "商标说明"填写示例

第七章　境外商标注册申请代理合规

商标权具有地域性，在某一特定国家或地区取得批准或注册商标并不意味着该商标能够当然地在其他国家或地区自动获得保护，如果希望在另一个国家或地区受到保护，那么就需要获得该国或地区的批准注册。随着中国品牌的崛起，在中国商品走出国门走向国际的进程中，各企业应当做到商品未动、品牌先行，提前做好商标的境外布局，进行境外商标注册申请。因为境外商标布局与保护是一项长期且复杂的系统工程，提前做好境外商标布局，一方面是为了对商标做到较全面的保护谨防商标在境外被抢注，另一方面也是在为开拓国际市场做准备。

第一节　境外商标布局与规划

一、境外商标布局与规划的重要性

商标保护具有地域性，在中国注册有效的商标无法在其他国家或地区自动获得保护。商标品牌是企业参与国际市场竞争的重要武器，与在境内进行商标布局一样，境外商标的整体布局与规划对企业的涉外业务产生着极大的影响，成功的境外商标布局与规划是企业能否在境外延续在境内的商标品牌形象和商标品牌影响力的基石。

未经批准或注册的商标在绝大多数国家和地区的保护力度非常有限，在缺乏全球检索情况下，有可能在实际使用中侵犯在先商标特别是驰名商标的专有使用权；与此同时，也容易被他人有意或者无意抢先注册，也就是他人早于商标真正所有人在境外申请注册其商标，以期获得经济利益的不正当竞争行为。特别是对于已经具有较高知名度和美誉度的国内品牌，存在大量的在境外被他人有意或者无意抢先注册的现象。商标作为企业商业信誉的重要载体，一旦被他人抢注，对企业来讲其遭受的损失是难以估计的。由下述王致和、海信这两件经典海外商标维权案例可见，商标抢注对于企业而言如鲠在喉。

典型案例 7-1　老字号"王致和"维权之战

"王致和"是中国百年老字号，在调味品、腐乳等商品上享有盛名。早在20世纪80年代，王致和集团就在国内申请注册了"王致和"图文商标。

王致和集团在海外市场做了广泛部署，在美国、加拿大、东南亚等地区提交了商标申请。2006年，在王致和集团准备进入德国市场时，发现"王致和"图形商标已经被一家德国公司抢注，该公司名为OKAI Import Export GmbH（以下简称德国欧凯），是由德籍华人开设的主营中国商品的超市，也销售"王致和"品牌产品，且曾是王致和产品在德国的经销商。王致和集团发现该抢注商标注册情况时，该枚商标的异议公告期已过，商标已经获得注册。王致和集团通过律师向德国欧凯发送了律师函试图协商，但德国欧凯并未有任何回复。2007年，王致和集团向德国慕尼黑地方法院提起诉讼，开启追回"王致和"商标之战。

在诉讼过程中，王致和集团发现并向法院提交了以下方面证据：王致和集团对其图形商标享有著作权的证据、德国欧凯抢注"王致和"商标的主观恶意证据，包括德国欧凯抢注了狗不理、少林寺、老干妈、恰恰等多件中国知名商标。在诉讼中，王致和、狗不理、少林寺、桂发祥等四家企业出具了签字的声明，共同证明欧凯公司存在持续性恶意抢注行为。

最终，德国慕尼黑地方法院以及慕尼黑高等法院均判决王致和公司胜诉，德国欧凯停止使用"王致和"商标。[1]

---

[1] 张燚. 律师视点｜典型商标恶意抢注纠纷案简析——国内企业进军海外商标保护（一）[Z/OL]. （2022-6-18）[2024-11-13]. https：//mp.weixin.qq.com/s/hlG5Ve3hgFHYueFadOTarA.

典型案例 7-2　海信与西门子商标之争

海信与博世-西门子的跨国商标纠纷起自 1999 年，当时西门子注册了一系列以"Hi"开头的商标，用来推广一批高端家电，其中就包括博世-西门子集团公司在德国注册的"HiSense"商标。该商标与海信的"Hisense"商标只在中间的字母"S"处有微小区别，博世-西门子公司使用的商标是大写，而海信商标是小写。1999 年海信"海信""Hisense"获中国驰名商标；6 天以后，博世-西门子（即 Boschund Siemens Hausgerate GmbH，简称 BSH 公司）在德国注册"HiSense"。海信在发现商标被抢注时，亦进行过谈判，对方公司在一开始同意转让的开价是 4000 万欧元（合 4 亿多元人民币），但海信无法接受它认为原本属于"物归原主"的事实，所以谈判进展缓慢。直至 2004 年 10 月，BSH 公司在德国起诉海信，海信才不得不揭竿而起反诉对方。该案件历经多年，最后不得已，经过艰苦的谈判，才在 2010 年在中国商务部和中国家电协会的斡旋下，最后海信支付西门子公司的商标转让价为 50 万欧元（合 450 万元人民币），但其中付出的时间成本是不言而喻的，海信因此而产生的损失已无法挽回。海信的商标被西门子抢注，这就意味着 5 年来海信一直在为西门子"打工"。[1]

当前，海外抢注我国企业商标的主体通常集中为两种类型：一为企业的海外经销商，二为职业抢注人。

部分国内企业海外商标保护意识较为薄弱，未提前进行海外商标布局，在与海外经销商的合作过程中亦未明确商标权的归属，或与经销商在海外经营权上存在分歧，部分经销商在感受到该品牌或产品的市场竞争力后，通过商标抢注的行为来谋取更多的利益。

案例 1　企业商标被经销商抢注并据此威胁

2020 年，国内知名玩具企业在美国被合作多年的经销商抢注。该抢注人依仗已获得的美国在先商标权利，并借助美国亚马逊平台投诉系统尚未完善且未配备专业律师团队的漏洞，在亚马逊平台申请了侵权投诉。导致

---

[1] 东营市场监管. 商标案例一：海信商标遭抢注案 [Z/OL]. (2017-4-25) [2024-11-13]. https://mp.weixin.qq.com/s/eU6p1PugFj6ulFEdQmFK2g.

该企业美国亚马逊平台玩具产品一夜之间全部被迫下架,造成的经济损失不可估量。

在商标领域,还有一种以大量抢注商标并据此维权的"职业抢注人",他们往往会将一个行业里数十甚至数百个企业商标批量抢注,然后坐等商标权利人前来协商谈判,在协商谈判过程中要求高额费用以牟利。

案例2　被批量抢注的中国玩具商标

2017年,我国120多个玩具企业的厂名以及商标被某外籍商人以个人名义在智利工业产权局(INAPI)申请注册。该次抢注主要涉及第28类玩具相关产品,上述商标一旦被抢注成功,可能阻碍中国相关企业进入智利及南美周边市场,造成不可挽回的损失。该次抢注事件引起了多方高度重视与关注,相关政府部门、行业协会随即牵头组织召开维权会议进行企业维权动员,并集结了政府、行业协会、专业机构和高校力量研究组织代表团赴智利进行维权谈判。最终,经过艰难的谈判,智利抢注行为人答应将其在智利抢注的130余件商标无偿转让给中国相关玩具企业。

海外商标抢注事件屡见不鲜,除了上述案例,像我国知名企业同仁堂、狗不理、联想等都存在商标在境外被抢注的情况。

为了更好地应对企业商标在海外被关注以及被侵权的问题,我国企业应当增强商标保护意识,及时结合实际业务需求展开海外商标布局,加强商标和市场监控。如遇海外商标纠纷,要及时采取合理措施积极应对,切实维护自身合法权益。

企业商标在遭遇他人抢注后,一般有四种方式处理:通过法律程序将抢注商标撤销、与抢注方谈判有偿转让、放弃相关市场、注册新商标。[1] 如果出现企业商标在境外被抢注的情况,对国内企业来讲无论采取哪种方式处理都绝非易事,将会耗费难以估计的时间成本和费用成本。进行境外商标整体布局与规划有助于防止商标在境外被竞争对手、经销商或者其他利害关系人抢先注册,同时也有助于帮助企业达成国际商业布局。

实践中,企业在处理商标在境外被抢注方面的纠纷及侵权事宜存在不小的难度。

---

[1] 汪涛,杨淼. 海外商标的布局与保护 [Z/OL]. (2020 – 10 – 30) [2024 – 11 – 13]. https: //mp. weixin. qq. com/s/SRKraLlj – i2IROlJY5Ns_w.

首先，如遇海外商标纠纷，需及时委托境外律师处理相关纠纷事宜。国内企业不可能在短时间内迅速地了解各个国家或地区律师的维权经验是否丰富、维权策略是否得当、是否诚实可靠、收费是否合理等，故而不能够轻易地与其建立信任及委托关系。而且各个国家或地区的商标法律法规规定存在较大差异，其商标法律体系的构建、相关法律术语的内涵及外延、具体维权程序也存在不容小觑的差异，更何况还存在语言不通、文化差异等问题。上述问题也会导致国内企业难以在短时间内获悉最为有效的维权方案和策略，增加企业境外商标维权的难度。

其次，一旦进入商标法律维权程序，如异议、撤销、无效宣告等，对于国内企业而言，在提供支持证明抢注事实的证据方面存在难度。有的国内企业商标保护意识薄弱，在日常经营中亦不会留意收集相关的使用证据，故在维权程序中较难提供强有力的证据材料。而且部分维权程序除了需要证明抢注人具有恶意、使用不正当手段、谋取不正当利益或者是该商标品牌的代理商或经销商，还需要提供被抢注商标具有相当的市场竞争力和国际影响力的有关证据，这些证据材料的提供，也会对企业维权造成困难与阻碍。

同时值得关注的是，部分海外国家或地区境外商标维权所耗费的时间成本及费用是非常高昂且难以预估的。部分国家和地区商标维权程序的律师费用是按小时计费，如美国地区，通常情况下，律师小时费用约为350美元到600美元不等，其小时费用也会因律师资质及代理经验不同而存在差异。资历越长、代理经验越丰富的律师小时费用会越高。若涉及证据材料的评估和分析，以及证据材料的答辩等环节，则实际产生的案件律师费用，将会是十分高昂的。且部分国家和地区的商标维权程序非常烦琐，耗时较长。通常情况下，若涉及法院诉讼程序，则案件耗费的时间可能会是三到五年不等，甚至会受当地审查员案件审查速度及案件积压情况影响，耗时更长。特别是英美法系国家，争端解决机制十分复杂，长达数年的和解诉讼也是常见的。

另外，对于一般企业来讲是没有能力建立强大的商标监测与检索数据库的，监控手段有限，难以实现商标抢注的全球监测，不能够及时发现抢注商标信息。即便企业委托商标代理公司或者大数据公司进行全球商标监测与检索，但有关数据可能存在一定的滞后性。而有些国家的商标注册审查公告期非常短暂，导致企业能够通过法律程序将抢注商标撤销的时间很有限。一旦错过公告阶段，打击抢注商标的难度将更大。

基于上述分析，对于拟实施国际商业战略的国内企业，应当及早聘请专业机构，在专业机构的协助下，在充分监测调研的工作基础上，量身定制境外商标整体布局与规划。

二、境外商标布局的可行性

企业在实施境外商标布局时，在商标设计阶段应充分关注各个国家或地区相关法律规定中与商标可注册性有关的注意事项，比如说需要先了解各国商标法律法规规定的禁止注册或使用的条款；各国对于缺乏显著性的认定标准和常见情形；哪些图形要素与文字内容容易与在先商标特别是驰名商标构成冲突；通用名称的有关规定。在申请商标注册时，企业所提交的商标图样不得违反各国或地区商标法中的一般性禁止规定，违反禁止性规定的商标不仅不能获准注册，也禁止作为商标使用。

1976年，美国博瑞德法官提出了权威的商标"五分法"，按照显著性强弱将商标分为通用名称（general name）、描述性标志（descriptive name）、暗示名称（suggestive name）、任意名称（arbitrary name）、臆造名称（fanciful name）。❶ 我国《商标法》第10条至第12条之规定，与《商标审查及审理标准》（2016）中的第一部分、第二部分、第四部分、第五部分与第六部分基本上运用了商标"五分法"的显著性判断方式。臆造名称，例如：LENOVO用于电脑、HUAWEI用于手机，这种商标获得的保护效力最强，是商标名称的首选。臆造名称原创性强，更加容易获得商标注册，也有利于未来维权。

国内企业在选择和设计商标时，除了考虑商标法律的禁止性规定和商标的显著性，还应注意避免侵犯他人现有的著作权、外观设计专利权、姓名权、肖像权、已登记使用并有一定影响的企业字号以及有一定影响的商品或者服务名称、包装、装潢等在先权利或合法权益，否则将会导致商标注册和实际使用遭遇法律障碍。

---

❶ 汪涛. 如何申请美国商标［J］. 法人，2019（7）.

| 典型案例 7-3 | 王某永与深圳歌力思服饰股份有限公司侵害商标权、不正当竞争纠纷案 |

【案件详情】

再审申请人（一审被告、二审上诉人）：王某永。

被申请人（一审原告、二审被上诉人）：深圳歌力思服饰股份有限公司。

歌力思公司及其关联企业最早将"歌力思"作为企业字号使用的时间为 1996 年，歌力思公司最早在服装等商品上取得"歌力思"注册商标专用权的时间为 1999 年。此后，经歌力思公司及其关联企业的长期使用和广泛宣传，"歌力思"品牌于 2008 年即已入选中国 500 最具价值品牌，作为企业字号和注册商标的"歌力思"已经具有了较高的市场知名度，对前述商业标识享有合法的在先权利。本案被诉侵权产品手提包使用的塑料袋包装上标有"（法国）歌力思"字样；里面防尘袋正面标注"GLEAS 歌力思（法国）"字样；商品吊牌标注：正品歌力思 GLEAS 皮具系列；法国歌力思（香港）国际集团有限公司，以及未获得注册的第 4157840 号"歌力思 GLEAS 及图"商标。

最高人民法院审理后认为，歌力思本身为无固有含义的臆造词，具有较强的固有显著性，依常理判断，在完全没有接触或知悉的情况下，因巧合而出现雷同注册的可能性较低。歌力思公司地处广东省深圳市，王某永曾长期在广东省广州市经营皮具商行，作为地域接近、经营范围关联程度较高的商品经营者，王某永对"歌力思"字号及商标完全不了解的可能性较低。

鉴于歌力思公司在相关领域的知名度，尤其是王某永与歌力思公司在关联诉讼中经生效判决确认的相关事实，王某永在第 7925873 号商标的使用中，存在攀附歌力思公司的商誉，搭歌力思公司"歌力思"的企业字号之便车的行为，导致相关公众对其产品与歌力思公司生产的相关产品产生混淆和误认。法院综合考虑歌力思公司的在先权利状况以及王某永取得和行使权利的正当性等因素，认定王某永侵害了歌力思公司的商号权益，存

在不正当竞争行为。❶

因此，在选择商标过程中，企业知识产权部门有必要经常与代理机构沟通，并获得来自品牌专家和海外商标战略规划专业人员的建议。在商标图样初步定稿后，需要对欲保护的商标在国内进行全类别查询，可以通过世界知识产权组织（WIPO）官网的全球品牌数据库（Global Brand Database）以及马德里监视器（Madrid Monitor）进行查询，全面评估商标的可注册性，当前和潜在风险，被弱化、淡化或丑化的可能性。与此同时，考虑到该商标全球注册保护的可行性以及注册后的稳定性，还应该考虑通过专门的商标检索机构进行全球查询分析评估。

对于需要注册的商标图样，一切可以与申请人产生联系的符号都应该作为商标加以注册保护，特别是重点海外市场，更加不可或缺。具体包括企业的主商标、商品商标、型号商标、企业商号、防御性商标、公司简称、商标译名、广告宣传语等。

三、境外商标布局国家或地区的选择

由于境外注册申请商标的费用及时间成本相对较高，申请人需要提前了解各个国家和地区的商标流程、所需时间和基本费用。企业在进行境外商标布局选定目标国或目标地区时，可综合考虑以下因素：

（一）开展实际业务的地区

在企业开展实际业务的地区申请商标注册、保护相应的商标需要优先考虑并尽快落实，否则将可能会面临被恶意抢注的情形。

（二）即将投入使用或已尝试推广业务的地区

如果企业已在当地接洽代理商、经销商的，这些地区往往是商标被恶

---

❶ 中国裁判文书网．（2016）最高法民申 1617 号．王某永、深圳歌力思服饰股份有限公司与王某永、深圳歌力思服饰股份有限公司等侵害商标权纠纷申请再审民事裁定书．https：//wenshu．court．gov．cn/website/wenshu/181107ANFZ0BXSK4/index．html？docId＝5MqbFU＋Etv4wpqimZJoYZ9ZS4/T2SgFTjoA1z1Nu9f01KA0NUrf/CfUKq3u＋IEo4yd/X＋R2VneGytqUADgPtHpqtSWwT4AB3HEo9D29gbNUbyJ6vrVLGI＋TIUHZr2WM9．

意抢注的多发地和重灾区，需要予以特别关注。❶ 例如，国内最大的内燃机生产企业——玉柴集团，旗下"玉柴 YUCHAI"商标在全球多地被恶意抢注，经调查大多数是当地代理商、经销商所为。❷

（三）商品的制造地和转运地

这些地区与商标商品的生产与流通环节密切相关，特别是仿冒情况严重的国家，建议申请人尽快申请商标注册。

（四）传统发达地区海外市场

一般而言，美国、欧洲、日本、韩国、新加坡等传统优势地区消费能力强，通常是世界各国出口企业的目的地国。建议尽早在此类地区进行商标注册申请。

（五）容易被抢注的国家或地区

此种国家或地区是指较为落后，法治环境较差，且商标不容易进行检索和查询的国家或地区，如非洲、中东；以及采用"公告前置制度"，后期实质审查程序很宽松的国家或地区，如南美洲。还有一些抢注成本较低，即商标注册申请费用较优惠，但维权成本非常高昂的抢注现象频发的地区，如东南亚。最好在此种地区及早进行商标布局，以避免商标被抢注。

（六）没有异议制度的国家或地区

目前世界上一些国家商标法中并没有规定异议制度。这些国家有俄罗斯、白俄罗斯、乌兹别克斯坦、哈萨克斯坦、吉尔吉斯斯坦、塔吉克斯坦、土库曼斯坦、荷属安的列斯、乌克兰等。对于这些没有异议制度的国家/地区，尽量要提前进行商标布局，以避免被抢注进而陷入被动的局面。其中，俄罗斯地区虽无异议制度，但在商标实审阶段可通过提交反对意见的方式来维权。

---

❶ 汪涛. 为海外知产保护"降费"[J]. 法人，2020（9）.
❷ 汪涛，杨淼. 海外商标的布局与保护[Z/OL].（2020-10-30）[2024-11-13]. https://mp.weixin.qq.com/s/SRKraLlj-i2IROlJY5Ns_w.

四、境外商标注册申请程序的启动

在企业内部敲定欲申请注册的商标图样、拟注册申请的商品或服务类别和欲开展境外商标布局的地区后,应当尽早启动境外商标注册申请程序。

世界上绝大多数国家或地区采用申请在先原则,对于相同近似商标,优先审定并公告申请在先的商标。申请日是决定相同近似商标是否能够注册的关键。对于初次申请的商标,可以利用《巴黎公约》规定的优先权原则——任何公约成员国的申请人,在向某一成员国首先提出商标注册申请后 6 个月内,又向其他成员国提出同样申请的,其他成员国应以该申请人首次提出申请的日期为申请日,即享有优先权。在优先权期限内,即使有任何第三人提出申请或使用了该商标,申请人仍因享有优先权而获得商标专用权。申请人可根据国内商标的申请日期在规定期限内在其他国家主张优先权。

五、境外商标注册的执行

境外商标的保护内容、保护地区和启动注册时间确定后,将进入执行阶段,建议企业选定境外商标注册申请经验丰富的代理机构和代理人,协助企业开展境外商标布局。

对于境外商标代理机构的选择,企业应当从专业素质是否过硬、实战经验是否丰富、工作态度是否积极、收费是否合理等方面进行考虑,此外在选择境外的合作代理机构时,该机构是否了解国内企业的思维模式、沟通方式、付费理念也至关重要。选择既了解目的地国的商标法律制度、具有当地丰富经验,同时也了解国内委托人实际需求和付费方式的代理机构,能进一步控制好费用支出。❶另外,选择在具体委托事务上拥有核心竞争力和能够独立自主决定海外合作律师所的代理机构,也是保证专业水

---

❶ 汪涛. 为海外知产保护"降费"[J]. 法人,2020(9).

准和费用控制的一个关键要素。❶

实务中，即使前期做好充分的准备工作，在海外商标注册过程中也不可避免会在个别地区发生审查意见、驳回等法律程序。一旦出现这些情况，代理机构需要及时和委托人沟通并提供必要的法律建议，对于一些比较复杂、棘手的案件，代理机构在出具法律意见前和处理具体案件过程中还需要和所在国的审查员进行沟通，争取最大机会克服法律程序阻碍。对于一些急需授权的商标注册申请，可以在满足一定条件下通过某些国家特有的加快程序解决，如日本、韩国、美国、德国、欧盟等都具有相应的商标审查加快程序。

第二节　境外商标注册申请代理

一、马德里商标国际注册代理

（一）马德里商标国际注册概述

马德里商标国际注册指的是根据 1891 年签订的《商标国际注册马德里协定》（以下简称《马德里协定》）或 1989 年签订的《商标国际注册马德里协定有关议定书》（以下简称《议定书》）的规定，在马德里联盟成员国之间进行的商标注册。❷《商标国际注册马德里协定及该协定有关议定书的共同实施细则》（以下简称《共同实施细则》）于 2019 年 2 月生效。《马德里协定》与《议定书》是商标国际注册领域两个相互独立的国际条约，《议定书》的产生是为了使马德里国际商标注册体系现代化、更加灵活。马德里联盟由马德里议定书的缔约方组成。马德里商标国际注册由 WIPO 国际局负责管理，商标申请人可以通过其所在国家的商标主管机关转递该组织提出申请，把在本国注册和/或申请中的商标扩大保护至该缔约方。

---

❶ 汪涛，杨淼. 海外商标的布局与保护［Z/OL］.（2020 - 10 - 30）［2024 - 11 - 13］. https://mp.weixin.qq.com/s/SRKraLlj - i2IROIJY5Ns_w.

❷ 王大东. 中信戴卡股份有限公司专利和商标管理研究［D］. 燕山：燕山大学，2013.

马德里体系是针对全球商标注册和管理的解决方案，既方便又划算。只需提交一件商标国际申请，缴纳一组费用，便可在多达131个国家（数据截至2024年10月）申请保护。只要是马德里体系115个成员所涵盖的131个国家中任何一个国家的国民，或者在该国有住所或营业所，就可以使用马德里体系。我国于1989年10月加入《马德里协定》，1995年12月加入《议定书》。我国企业可以使用马德里体系的有关规定进行商标国际注册，在马德里联盟国家获得注册商标权。

"马德里联盟"是指由《马德里协定》和《议定书》所适用的国家或政府间组织所组成的商标国际注册特别联盟。截至2024年10月，马德里联盟共有115个缔约方，见表7-1。

表7-1 马德里联盟缔约方列表

国家/组织	加入《马德里协定》时间	加入《议定书》时间	国家/组织	加入《马德里协定》时间	加入《议定书》时间
阿尔巴尼亚	1995.10.4	2003.7.30	利比里亚	1995.12.25	2009.12.11
阿尔及利亚	1972.7.5	2015.10.31	列支敦士登	1933.7.14	1998.3.17
安提瓜和巴布达		2000.3.17	立陶宛		1997.11.15
亚美尼亚	1991.12.25	2000.10.19	卢森堡	1924.9.1	1998.4.1
澳大利亚		2001.7.11	摩纳哥	1956.4.29	1996.9.27
奥地利	1909.1.1	1999.4.13	蒙古国	1985.4.21	2001.6.16
阿塞拜疆	1995.12.25	2007.4.15	摩洛哥	1917.7.30	1999.10.8
巴林		2005.12.5	马达加斯加		2008.4.28
白俄罗斯	1991.12.25	2002.1.18	莫桑比克	1998.10.7	1998.10.7
比利时	1892.7.15	1998.4.1	荷兰	1893.3.1	1998.4.1
不丹	2000.8.4	2000.8.4	挪威		1996.3.29
波斯尼亚-黑塞哥维那	1992.3.1	2009.1.27	波兰		1991.3.18	1997.3.4
博茨瓦纳		2006.12.5	黑山	2006.6.3	2006.6.3
保加利亚	1985.8.1	2001.10.2	葡萄牙	1893.10.31	1997.3.20
中国	1989.10.4	1995.12.1	韩国		2003.4.10
克罗地亚	1991.10.8	2004.1.23	摩尔多瓦	1991.12.25	1997.12.1
古巴	1989.12.6	1995.12.26	罗马尼亚	1920.10.6	1998.7.28

续表

国家/组织	加入《马德里协定》时间	加入《议定书》时间	国家/组织	加入《马德里协定》时间	加入《议定书》时间
塞浦路斯	2003.11.4	2003.11.4	俄罗斯	1976.7.1	1997.6.10
捷克	1993.1.1	1996.9.25	圣马力诺	1960.9.25	2007.9.12
朝鲜	1980.6.10	1996.10.3	塞尔维亚	1992.4.27	1998.2.17
丹麦		1996.2.13	塞拉利昂	1997.6.17	1999.12.28
埃及	1952.7.1	2009.9.3	新加坡		2000.10.31
爱沙尼亚		1998.11.18	斯洛伐克	1993.1.1	1997.9.13
芬兰		1996.4.1	斯洛文尼亚	1991.6.25	1998.3.12
法国	1892.7.15	1997.11.7	西班牙	1892.7.15	1995.12.1
格鲁吉亚		1998.8.20	苏丹	1984.5.16	2010.2.16
德国	1922.12.1	1996.3.20	斯威士兰	1998.12.14	1998.12.14
希腊		2000.8.10	瑞典		1995.12.1
加纳		2008.9.16	叙利亚	2004.8.5	2004.8.5
匈牙利	1909.1.1	1997.10.3	瑞士	1892.7.15	1997.5.1
冰岛		1997.4.15	塔吉克斯坦	1991.12.25	2011.6.30
伊朗	2003.12.25	2003.12.25	马其顿	1991.9.8	2002.8.30
爱尔兰		2001.10.19	土耳其		1999.1.1
意大利	1894.10.15	2000.4.17	土库曼斯坦		1999.9.28
日本		2000.3.14	乌克兰	1991.12.25	2000.12.29
哈萨克斯坦	1991.12.25	2010.12.8	英国		1995.12.1
肯尼亚	1998.6.26	1998.6.26	美国		2003.11.2
吉尔吉斯斯坦	1991.12.25	2004.6.17	乌兹别克斯坦		2006.12.27
拉脱维亚	1995.1.1	2000.1.5	越南	1949.3.8	2006.7.11
莱索托	1999.2.12	1999.2.12	赞比亚		2001.11.15
纳米比亚	2004.6.30	2004.6.30	阿曼		2007.10.16
欧盟		2004.10.1	圣多美和普林西比		2008.12.8
以色列		2010.9.1	菲律宾		2012.7.25
新西兰		2012.12.10	哥伦比亚		2012.8.29
墨西哥		2013.2.19	印度		2013.7.8
卢旺达		2013.8.17	突尼斯		2013.10.16
非洲知识产权组织		2015.3.5	津巴布韦		2015.3.11

续表

国家/组织	加入《马德里协定》时间	加入《议定书》时间	国家/组织	加入《马德里协定》时间	加入《议定书》时间
柬埔寨		2015.6.5	冈比亚		2015.12.18
老挝		2016.3.7	文莱		2017.1.6
泰国		2017.11.7	印度尼西亚		2018.1.2
阿富汗		2018.6.26	马拉维		2018.12.25
萨摩亚		2019.3.4	加拿大		2019.6.17
巴西		2019.10.2	马来西亚		2019.12.27
特立尼达和多巴哥		2021.1.12	巴基斯坦		2021.5.24
阿联酋		2021.12.28	牙买加		2022.3.27
智利		2022.7.4	佛得角		2022.7.6
伯利兹		2023.2.24	毛里求斯		2023.5.6
卡塔尔		2024.8.3			

（二）马德里商标国际注册的优点与不足

1. 马德里商标国际注册的优点

1）马德里商标国际注册相比逐一国家申请的费用更加低廉。新申请的马德里商标国际注册的收费主要包括原属国商标注册费、基础注册费、指定缔约方注册费。

> **马德里商标国际注册申请收费标准**
>
> 根据《商标国际注册马德里协定》、《商标国际注册马德里议定书》以及《共同实施细则》，申请人应向世界知识产权组织国际局缴纳的规费如下：
>
> 一、新申请
>
> 马德里商标国际注册新申请费用由以下部分组成：
>
> 1. 基础注册费：653瑞士法郎（黑白图样）或903瑞士法郎（彩色图样）。

2. 补充注册费：每个指定缔约方收取 100 瑞士法郎，要求单独规费的缔约方除外。

3. 附加注册费：在有补充注册费的情况下，如商品/服务的类别超过 3 个，每增加 1 个类别，增加 100 瑞士法郎。

4. 单独规费：某些缔约方会要求收取单独规费，详见单独规费表。

二、后期指定

马德里商标国际注册后期指定申请费用由以下部分组成：

1. 基础注册费：300 瑞士法郎。

2. 补充注册费：每个指定缔约方收取 100 瑞士法郎，要求单独规费的缔约方除外。

3. 单独规费：某些缔约方会要求收取单独规费，详见单独规费表。

三、转让

转让规费：177 瑞士法郎（每个国际注册号）。

四、注册人名称和/或地址变更

变更规费：150 瑞士法郎（每件变更申请）。

五、删减

商品/服务删减规费：177 瑞士法郎（每个国际注册号）。

六、续展

续展申请费用由以下部分组成：

1. 基础注册费：653 瑞士法郎。

2. 补充注册费：每个指定缔约方收取 100 瑞士法郎，要求单独规费的缔约方除外。

3. 附加注册费：在有补充注册费的情况下，如商品/服务的类别超过 3 个，每增加 1 个类别，增加 100 瑞士法郎。

4. 单独规费：某些缔约方会要求收取单独规费，详见单独规费表。

5. 宽展费：逾期未续展的，仍有 6 个月的宽展期，需加收宽展费 326.5 瑞士法郎。

七、汇率计算

以我局收文日的中国银行零点卖出价为准。

例如 2013 年 8 月 1 日的汇率为：1 瑞士法郎兑换 6.6374 元人民币。

八、免费办理项目

放弃申请、注销申请、代理人名称或地址变更申请、指定代理人申请等业务均免费办理。

指定收取单独规费国家的收费标准（汇率：以收文当日为准）

（单位：瑞士法郎）

基础注册费：653 瑞士法郎（黑白商标图样）、903 瑞士法郎（彩色商标图样）

国家/组织	指定申请 首一类	指定申请 三个类以内	指定申请 每增加一个类	续展 首一类	续展 三个类以内	续展 每增加一个类
英国	202		56	224		56
丹麦	257	26（第二个类）	77	257	26（第二个类）	77
挪威	248 (342)		64 (141)	222 (440)		86 (180)
芬兰	243 (324)		108 (108)	243 (324)		108 (108)
瑞典	194		76	194		76
冰岛	247 (247)		53 (53)	247 (247)		53 (53)
爱沙尼亚	151 (203)		47 (47)	188 (235)		0
格鲁吉亚	314		115	314		115
日本	304		285	300		300
土库曼斯坦	228		91	456		228
希腊	127 (634)		21 (106)	116 (581)		21 (106)
新加坡	261		261	302		302
澳大利亚	263		263	263		263
爱尔兰	257		73	262		131
韩国	191		191	218		218
美国	460		460	276		276
欧盟	897 (1531)	55（第二个类）(55)	164 (164)	897 (1531)	55（第二个类）(55)	164 (164)
土耳其	125	35（第二个类）	40	113（宽展期:210)		0

续表

国家/组织	指定申请 首一类	指定申请 三个类以内	指定申请 每增加一个类	续展 首一类	续展 三个类以内	续展 每增加一个类
巴林	1710（2105）		1710（2105）	1710（2105）		1710（2105）
乌兹别克斯坦	1028（1543）		103（154）	514（1028）		51（103）
加纳	379		379	370		370
阿曼	484（1211）		484（1211）	727（1453）		727（1453）
以色列	472		355	841		709
库拉索		294（584）	30（60）		294（584）	30（60）
波内赫、圣尤斯特歇斯和萨巴群岛		195（279）	20（20）		319（581）	56（56）
菲律宾	101		101	156		156
新西兰	55		55	109		109
墨西哥	132		132	127		127
哥伦比亚	243（323）		121（162）	132（宽展期:181）		65（宽展期:89）
叙利亚	73		73	73		73
印度	110		110	110		110
突尼斯	180		36	234		54
圣马丁		298（593）	31（61）		298（593）	31（61）
非洲知识产权组织	572		119	794（宽展期：加收207）		159
津巴布韦	97		58	78		78
冈比亚	97		97	243		0
老挝	61		44	61		44
安提瓜和巴布达	220		0	102		0

续表

国家/组织	指定申请 首一类	指定申请 三个类以内	指定申请 每增加一个类	续展 首一类	续展 三个类以内	续展 每增加一个类
文莱	196		107	143		143
柬埔寨	139		139	139		139
泰国	418		418	522		522
印度尼西亚	125		125	156（宽展期:313）		156（宽展期:313）
赞比亚	65		52	216		173
萨摩亚	173		173	173		173
加拿大	255		77	309		96
巴西	75 135		75 135	193（宽展期292）		193（宽展期292）
马来西亚	221		221	201		201
特立尼达和多巴哥	191		20		191	0
巴基斯坦	54		54	48		48
根西岛	226		23	226		23
阿联酋	1630		1630	1630		1630
牙买加	188（304）		25（25）	117（117）		25（25）
智利	298		298	446		446
伯利兹	226		48	178		36
毛里求斯	124		41	104		41

注：1. 圆括号中数字为集体、证明商标收费标准。

2. 单独收费的标准不是固定的，国际局将根据汇率的变化或者应单独收费国因国内收费标准变化的要求及时将各国新的单独收费标准通知各成员国。（请登录 www.wipo.int 进行查询）

3. 表上没有列的国家均为 3 个类别以内 100 瑞士法郎。

4. 后续业务的收费标准：后期指定的基础注册费为 300 瑞士法郎，转让规费为 177 瑞士法郎（每个国际注册号），变更规费为 150 瑞士法郎（每件变更申请），删减规费为 177 瑞士法郎（每个国际注册号），续展基础注册费 653 瑞士法郎，宽展费 326.5 瑞士法郎。放弃申请、注销申请、代理人名称或地址变更申请、指定代理人申请均免费办理。

5. 哥伦比亚：进入宽展期的商标，续展费为首一类 181 瑞士法郎，每增加一类 89 瑞士法郎。

6. 非洲知识产权组织：进入宽展期的商标，续展费加收 207 瑞士法郎。

7. 巴西：申请费用为每个类别 75 瑞士法郎，注册成功后，每个类别再收取 135 瑞士法郎的注册费用。续展费用为每个类别 193 瑞士法郎，但进入宽展期的商标，每个类别 292 瑞士法郎。

2）手续比较简单。商标注册申请人只需要向原属国商标主管部门提交一份商标申请，再通过原属国商标主管部门向 WIPO 国际局转递国际商标注册申请，即可以在选定的多个缔约国内注册成功后获得商标保护。

3）核准时间较短。自商标申请人向原属国递交商标国际注册申请书之日起，一般 6 个月左右即可获得 WIPO 国际局颁发的商标国际注册证明，证明上记载了商标国际注册号及国际注册日，❶ 该证明仅表明 WIPO 国际局收到商标国际注册申请，不当然确定商标申请人的商标在指定国内获得保护。自 WIPO 国际局通知国际注册申请之日起，WIPO 会陆续下发给指定国商标局转达的审查意见或相关通知。若超过马德里审限，一般情况下，WIPO 会下发超出 18 个月未公告或未出审查意见通知，但部分国家地区若一直未收到 WIPO 下发的相关通知，则会被视为默认核准，一般表述如下：

The refusal period has expired on 16.01.2021 and no notification of provisional refusal has been recorded (application of Rule 5 preserved). Therefore, under Article 4 of the Madrid Protocol, the protection is, as from the date of the International Registration (02.12.2019), deemed granted in this designated member (principle of tacit acceptance).

上述情况较常出现的指定国家/地区有莫桑比克、塞拉利昂、津巴布韦、赞比亚、突尼斯、苏丹、阿曼等。

4）检索状态可随时了解。可根据商标国际注册号，通过 WIPO 国际局的官方网站全球品牌数据库（全球品牌数据库是通往约 75 个国家和国际数据库中 58040000 多条记录的入口❷）进行信息检索，随时掌握商标在各指定国的最新进展，便于了解商标后续状态。

2. 马德里商标国际注册的不足

1）"中心打击"风险较大。《马德里协定》第 6 条第（二）（三）项规定："自国际注册之日起五年期满后，国际注册即与原属国在先注册的国家商标相独立，下款的规定除外。自国际注册之日起五年内，根据第一

---

❶ 陈志宏. 中国企业在国际竞争中的商标保护 [C] //中广协学术委员会上海社会科学院世经所市场研究部. 2005 年全国广告学术研讨会. 2005.10.27.

❷ 世界知识产权组织. 全球品牌数据库. 参见 https://www.wipo.int/reference/zh/branddb/。

条在原属国在先注册的国家商标在该国已全部或部分不再享受法律保护的,那么,无论国际注册是否已经转让,都不得再全部或部分要求国际注册给予的保护。对于因在五年期限届满前提起的诉讼而后中止法律保护的,情形亦是如此。"

救济手段:国际注册簿中注销之日起 3 个月内转换为逐一国家申请。根据《议定书》第九条之五将一项国际注册转变为若干国家或地区申请,应原属局根据第 6 条 (4) 提出的请求,当一项国际注册就其中所列的全部或部分商品和服务被撤销时,曾为国际注册的注册人的人向其国际注册曾有效的领土所属的某缔约方局提交同一商标的注册申请时,该申请应作为在符合第 3 条 (4) 的国际注册之日或按照第三条之三 (2) 登记领土延伸之日提交的申请处理,并且如果该项国际注册曾享有优先权,此申请亦应享有同样的优先权,条件之一是此申请于国际注册被撤销之日起 3 个月内提交。❶

2) 对获准保护的商标,多数国家的官方审查机关并不会下发正式的《商标注册证》。

3) 商标保护范围受到原属国商标注册的限制,马德里国际商标注册申请商标的指定商品范围或服务必须与原属国一致。

(三) 马德里商标国际注册申请(以中国为原属国为例)

1. 马德里商标国际注册申请条件

(1) 申请人资格

申请人必须具有一定的主体资格。以中国为原属国申请商标国际注册

---

❶ 《商标国际注册马德里协定有关议定书》第九条之五将一项国际注册转变为若干国家或地区申请,规定:"应原属局根据第六条 (4) 提出的请求,当一项国际注册就其中所列的全部或部分商品和服务被撤销时,曾为国际注册的注册人的人向其国际注册曾有效的领土所属的某缔约方局提交同一商标的注册申请时,该申请应作为在符合第三条 (4) 的国际注册之日或按照第三条之三 (2) 登记领土延伸之日提交的申请处理,并且如果该项国际注册曾享有优先权,此申请亦应享有同样的优先权,条件是

(i) 此申请于国际注册被撤销之日起三个月内提交,

(ii) 对于有关缔约方而言,申请中所列的商品和服务实际包括在国际注册的商品和服务表中,并且

(iii) 所述申请符合所适用法律的一切规定,包括费用的规定。"

的，应当在中国设有真实有效的营业所，或者在中国有住所，或者拥有中国国籍。台湾省的法人或自然人均可通过商标局提出国际注册申请。而香港和澳门特别行政区的法人或自然人目前还不能通过商标局提出国际注册申请。

（2）商标申请条件

申请国际注册的商标可以是已在我国获得注册的商标，也可以是已在我国提出注册申请并被受理的商标。《商标法实施条例》第 36 条规定："符合本条例第三十五条规定的申请人，其商标已在商标局获得注册的，可以根据马德里协定申请办理该商标的国际注册。符合本条例第三十五条规定的申请人，其商标已在商标局获得注册，或者已向商标局提出商标注册申请并被受理的，可以根据马德里议定书申请办理该商标的国际注册。"

2. 马德里商标国际注册办理途径

目前有两种方式办理马德里商标国际注册申请：一是网上申请。自 2018 年 6 月 21 日起，马德里商标国际注册网上申请系统正式上线运行，商标代理机构和国内申请人均可注册登录"商标网上申请系统"，在"国际注册申请"栏目中在线提交国际注册申请。二是纸件申请。申请人准备好所需的申请材料，可通过邮寄的方式向商标局国际注册处（北京市西城区茶马南街 1 号中国商标大楼国际注册处，邮编：100055）递交，或选择就近到商标局国际处、商标局驻中关村国家自主创新示范区办事处（北京市海淀区苏州街 36 号北京市工商行政管理局二层 205 办公室）或北京、上海、广州、重庆、济南、郑州的商标审查协作中心及各省、自治区、直辖市工商行政管理局、市场监督管理局已开展马德里商标国际注册申请受理业务的商标受理窗口递交。京外中心及窗口地址请查阅中国商标网"商标申请指南"栏目或"常见问题解答"栏目《京外商标审查协作中心和地方商标受理窗口汇总表》。[1]

3. 马德里商标国际注册申请步骤

1）通过网上申请或纸件申请递交国际注册申请。

2）根据《商标国际注册收费通知书》的规定缴纳注册费用。

---

[1] http://sbj.cnipa.gov.cn/sbj/sbsq/sqzn/201811/t20181107_588.html.

3）领取国际注册证。

4. 马德里商标国际注册申请材料

1）马德里商标国际注册申请书。

2）外文申请书（MM1、或MM2、或MM3；MM18 表格）。

3）加盖公章或签字的申请人资格证明文件，如营业执照复印件、居住证明复印件、身份证件复印件等。

4）《商标注册证》或《受理通知书》复印件，如该商标在国内进行过变更、转让、续展等，应一并提交核准证明文件复印件。

5）申请人中英文名称地址声明书。

6）申请商标图样两份。

7）委托商标代理机构协助办理的，应附送代理委托书。

8）指定美国的，应当一并提交MM18 表格。

5. 马德里商标国际注册的审查与递交

《商标法实施条例》第37条规定，以中国为原属国申请商标国际注册的，应当通过商标局向世界知识产权组织国际局（以下简称国际局）申请办理。以中国为原属国的，与马德里协定有关的商标国际注册的后期指定、放弃、注销，应当通过商标局向国际局申请办理；与马德里协定有关的商标国际注册的转让、删减、变更、续展，可以通过商标局向国际局申请办理，也可以直接向国际局申请办理。以中国为原属国的，与马德里议定书有关的商标国际注册的后期指定、转让、删减、放弃、注销、变更、续展，可以通过商标局向国际局申请办理，也可以直接向国际局申请办理。

商标局国际处收到国际注册申请后对申请材料进行形式审查，一般审查周期为2个月左右。若发现申请手续基本齐备或者申请书基本符合规定，但需要补正的，要求申请人自收到补正通知书之日起30日内予以补正。逾期未补正的，商标局不予受理。商标局确认申请材料无误后，登记申请日期，编订申请号，按照当日瑞士法郎和人民币汇兑牌价计算费用，发出缴费通知。申请人或代理人应在收到缴费通知之日起15日内向商标局缴纳有关费用，期满未缴纳的，商标局受理其申请，书面通知申请人。商标局只有在收到国际注册款项后，才会向 WIPO 国际局递交国际注册申请。[1]

WIPO 国际局对申请材料进行审查，确认无误后，颁发商标国际注册证，同时通知指定缔约方限期进行审查。商标国际注册证相当于《受理通知书》的作用。如前文所述，只有指定缔约方的商标主管机关在规定的期限内没有驳回马德里商标国际注册申请人的商标保护请求后申请商标才能在指定缔约方国内享有同该国注册商标相同的权利。[2]

二、逐一国家商标注册代理

（一）逐一国家商标注册概述

逐一国家或地区商标注册指的是商标注册申请人通过《巴黎公约》，即直接途径，向每个司法管辖区分别提交申请，即依据各司法管辖区法律直接向各司法管辖区商标主管机关递交商标注册申请。[3]

截至 2024 年 10 月，《巴黎公约》共有 180 个缔约国。[4]

逐一在国家/地区申请商标注册的优点是申请灵活，不需要在原属国有基础申请或注册；风险相对较小，商标注册成功后能够得到指定国家/地区官方核发的商标注册证；权利稳定，在申请注册成功后，除非商标权人严重违反该国法律导致商标被无效或撤销，在商标注册有效期内商标权一直保持稳定。逐一在国家/地区申请商标注册的缺点是费用比较高且注册时间长。

---

[1] 《商标法实施条例》第 37 条："以中国为原属国申请商标国际注册的，应当通过商标局向世界知识产权组织国际局（以下简称国际局）申请办理。以中国为原属国的，与马德里协定有关的商标国际注册的后期指定、放弃、注销，应当通过商标局向国际局申请办理；与马德里协定有关的商标国际注册的转让、删减、变更、续展，可以通过商标局向国际局申请办理，也可以直接向国际局申请办理。以中国为原属国的，与马德里议定书有关的商标国际注册的后期指定、转让、删减、放弃、注销、变更、续展，可以通过商标局向国际局申请办理，也可以直接向国际局申请办理。"

[2] 叶文庆. 商标代理实务［M］. 厦门：厦门大学出版社，2017.

[3] WIPO, Madrid Yearly Review 2024 ［EB/OL］.［2024 – 10 – 12］. https：//www. wipo. int/edocs/pubdocs/en/wipo – pub – 940 – 2024 – en – madrid – yearly – review – 2024.

[4] WIPO, Lex DatabaseContracting Parties［DB/OL］.［2024 – 10 – 12］. https：//www. wipo. int/wipolex/zh/treaties/ShowResults?start_year = ANY&end_year = ANY&search_what = C&code = ALL&treaty_id = 2.

（二）全球各国/地区的商标注册制度及特点

1. 各国/地区商标注册制度

目前，全球绝大部分的国家都有完整的商标保护制度，有成文商标法。但是，仍有部分海外国家/地区知识产权整体保护水平不高，没有专门的商标法律和商标注册体系，如马尔代夫、东帝汶等。申请人只能通过在当地报纸刊登警示性公告的方式向公众宣示自己的权利。即在当地有影响力的报纸、期刊、杂志等上进行刊登以达到商标保护的目的。采取上述警示公告制度的国家和地区有马尔代夫、东帝汶、厄立特里亚、瑙鲁、密克罗尼西亚、库克群岛、马绍尔群岛、帕劳共和国、纽埃岛等。

通常而言，警示公告包含以下内容：名称、地址、商标、类别、具体商品/服务项目。相关费用主要视刊登内容需要的版面大小、是否多语刊登（如马尔代夫可选择迪维希语和英语的双语刊登）等来决定。

另外，刊登警示公告后，建议保存当地的商标使用证据，如遇商标争议，可配套作为证据使用。

除以上国家/地区外的全球其他国家/地区，目前其他国家都有实施的成文商标法，有完整的商标保护制度，大部分国家/地区有实质审查（公权力干涉），如中国、美国、日本、韩国、印度、俄罗斯、巴西、阿根廷、智利、秘鲁、墨西哥、印度、新加坡、马来西亚、阿联酋、沙特、以色列、埃及、尼日利亚、澳大利亚、新西兰、加拿大、阿尔巴尼亚、捷克、瑞典、挪威、希腊、波兰、葡萄牙、芬兰等亚洲、大洋洲、非洲、北美洲、拉丁美洲绝大部分国家/地区、欧洲部分国家。

以下国家和地区的商标注册制度有所更新，需重点留意：

（1）《缅甸商标法》正式实施

缅甸原来和马尔代夫等一样，商标申请注册采取的是警示公告制度。直至2023年3月9日，缅甸经济商务部下属的缅甸知识产权局（Myamar Department of Intellectual Property，MIPD）在缅甸仰光的缅甸工商联合会（UMFCCI）举行《缅甸商标法》实施解读会。会上主要宣布了以下内容：

①2023年4月1日《缅甸商标法》正式实施，但Grand Opening的具体开始时间未在会上予以明确确认，按照程序只有待新法实施后才能正式启动Grand Opening。

②Grand Opening 启动后将基于申请在先原则进行注册申请。

③商标相关的官费将在新法生效后予以公布。

申请人非缅甸籍的，需对委托书（TM-2 Form）进行公证。

随后，缅甸知识产权局于 2023 年 4 月 1 日发布通知，公布缅甸商标相关业务项目官费。此后的缅甸商标注册申请均需按照上述官方发布的新规递交申请。但缅甸新法实施伊始，实务中可能会存在需要在推行的过程中不断完善的方面，亦请及时留意缅甸商标局官方下发的相关公告及通知，以了解最新的缅甸商标审查动态和资讯。

(2) 菲律宾商标申请人需区分大小实体

在菲律宾办理商标相关业务时，官费会区分申请人大小实体的情况。资产小于 1 亿比索（约一千两百万人民币）的公司或个人为小实体，反之则视为大实体。按小实体提交的官费低于按大实体提交的官费。

(3) 需要递交使用声明的国家/地区

部分国家/地区商标注册申请需在规定期限内向官方递交使用声明及相关使用证据，如美国、菲律宾、柬埔寨、墨西哥、阿根廷、莫桑比克、海地、波多黎各等。如遇上述国家/地区的商标注册申请，需注意收集相关的使用证据及留意最早使用申请商标的日期。

(4) 以色列商标抵触审查程序

以色列官方在进行商标相对理由审查时，可能启动抵触程序。

在该程序中，申请人可以在 3 个月的时限内与对方协商。若双方未能在该期限内达成共存或转让结果，则官方会要求各方提供证据证明自身使用在先和/或申请在先等。

双方提交证据以后，官方会组织听证会，双方可进行质证。最终官方将根据双方提交的证据及理由进行审查并做出决定。

(5) 伊拉克商标申请前强制检索程序

在伊拉克，商标注册申请前有官方强制检索程序，该程序通常需要一年左右，不过实务中因官方严重积压，强制检索结果可能需要比预期更长的时间。

如果强制检索结果不理想、存在在先近似商标，申请人虽然仍可在 30 天内继续提交申请，不过官方会根据检索结果下发驳回通知。

2. 各国/地区商标注册制度的特点和问题

1）全球大部分国家采用的公告后置制度，即先实质审查，后异议公告。

各国商标局或其他商标主管机关通过尽职的公权管理，有效地维护了商标注册人的权利，主动为商标注册人排除了大量近似抑或是有一定相似度的在后申请商标。但是，这种做法有时候不利于善意的商标申请人争取商标权。在商标审查中，对仅部分要素相同、与在先商标是否一定构成近似尚存争议的商标，通常都可能会因为过于强大的公权力干涉，而造成在后商标权人获权非常困难的局面。

2）南美洲大陆绝大部分国家采用的"公告前置制度"，即先异议公告，后实质审查。

这种制度的优点是利害关系人可以及时对尚未进行在先权利审查的商标提出异议，体现了私权优先行使的立法原则，在一定程度上节约了申请审查的行政成本。缺点是增加了异议审查的成本及维权成本。由于在先权利人不确定自己的在先权利是否会在后期的实审程序中被官方引证来驳回在后的近似商标申请，为维护自己的权利，只能先提出异议。

3）欧盟和欧洲约一半国家仅审查绝对理由，而不会审查相对理由。

绝对理由是指违反禁止注册或使用规定，如商标图案涉及政治敏感人物或事件等；相对理由是指损害他人在先权利或合法权利，如与已注册或在先申请的商标相似或相同。上述地区官方不再依职权基于相对理由，引证在先权利下发驳回，商标能否顺利注册，主要取决于在异议公告期内有无第三方提出异议。该种制度，容易出现由于在公告期内因疏忽未发现在后申请的相同或近似商标，未及时提出异议，从而使在后申请的相同/近似商标取得注册并共存于市场，后续出现商标侵权等问题。

三、区域性商标注册

当企业需要申请商标注册的国家或地区较多且集中在某一区域时，可以选择向有关区域性国际组织的商标主管机关申请注册。注册成功后，商标在该国际组织的各个成员国均可获得保护。

目前，世界范围内提供区域性商标注册保护的国际组织有两个：一是欧盟，其负责商标申请注册的主管机关为欧盟知识产权局（EUIPO），在欧盟知识产权局注册商标，可以在欧盟27个成员国获得保护，具体为奥地利、比利时、丹麦、芬兰、法国、德国、希腊、爱尔兰、意大利、卢森堡、荷兰、葡萄牙、西班牙、瑞典、英国、捷克斯洛伐克、爱沙尼亚、塞浦路斯、拉脱维亚、立陶宛、匈牙利、马耳他、波兰、斯洛文尼亚、斯洛伐克、罗马尼亚、保加利亚。二是非洲知识产权组织（OAPI），由于该组织下各成员国国内尚无专门的商标法律保护制度，只能统一受该组织管理和约束。在非洲知识产权组织注册商标，可以在非洲17个国家获得保护，具体为喀麦隆、贝宁、布基纳法索、中非共和国、刚果（布）、乍得、加蓬、几内亚、几内亚比绍、科特迪瓦（象牙海岸）、马里、毛里塔尼亚、尼日尔、塞内加尔、多哥、赤道几内亚、科摩罗。

欧盟商标注册申请流程中有设置快速审查程序，如通过快速审查递交商标申请，不需要缴纳额外的快速审查费用，但需要满足以下条件：

1）申请商标必须是文字商标、图形商标、立体商标或者声音商标或者上述要素的组合；申请商标如果是图形商标或者立体商标，则不能要求颜色保护。

2）申请商标所有指定的商品/服务项目必须是已经被欧盟知识产权局接受的项目。

3）递交申请时必须同时支付官费。

商标的审查时间主要取决于商标主管机关的申请工作积压情况，申请人在提交申请后被动地等待审查结果。不同的国家因为发展、技术、人员等多方面的差异，其商标注册的耗时也长短不一，在不同的国家申请一件商标，少则需要1~2年，慢则需要5~7年。实践中，欧盟知识产权局对于适用快速审查通道的商标的审查周期为1个月左右，比正常程序的审查节省了两个月左右的时间。

四、境外商标转让、续展、变更代理

（一）境外商标转让

受让人办理转让登记的资格与转让权利人一致，均要求是《马德里协定》或《议定书》缔约成员方。办理转让登记申请后，受让日以在国际注册簿登记日起算，但各指定缔约方可经审查后予以驳回。与注册申请一样，申请人可以通过原属国商标主管部门向 WIPO 国际局递交申请，也可以直接向 WIPO 国际局递交申请材料。申请人在国内委托商标代理机构协助申请的，需要提供受让人出具的商标代理委托书、马德里商标国际注册书式二、MM5 表格，加盖公章的转让人及受让人的资格证明文件、转让人及受让人双方签署的中英文申请书、受让人使用英文名称的，必须提供使用该英文名称的证明文件。商标转让 WIPO 国际局的基本官费为 653 瑞士法郎。

境外商标转让需留意，若企业已在同一国家/地区进行了多件或多轮商标布局，部分国家/地区商标审查实务中会要求相同或类似商品或服务上的相同近似商标需一并转让，不可仅转让其中的一件。其中，最值得注意的是巴西。巴西知识产权法要求一并转让相同类似商品或服务上的相同近似商标，不管商标是在申请中还是已注册。如没有一并提交转让申请，其他应转让的商标会被撤销。商标被撤销后无效，商标权利人可在撤销公告日起 60 天内提起申诉，申诉审理时间为 1~2 年。申诉期间，商标权利人需同步转让遗漏商标，提起申诉时不要求被遗漏商标转让完成，只需提交转让回执作为证明文件即可。通常来说，巴西商标局会接受上述救济途径，允许商标权利人重新拿回商标权利。如商标权人在巴西同时有相同或类似商品或服务上的相同或近似的单一注册商标和马德里商标需转让，为避免 WIPO 通知到达当地所产生的时间差，导致商标被撤销，巴西律师建议，可在同一天同时提交单一注册商标转让和马德里商标转让，来避免上述情形发生。

（二）境外商标变更

变更包括商标注册人的名称或地址变更，或是商标代理人名称或地址的变更。申请人可以通过原属国商标主管部门向 WIPO 国际局递交申请，也可以直接向 WIPO 国际局递交申请材料。办理变更登记申请，需要提交马德里商标国际注册书式二、申请人委托商标代理机构协助申请的，需要提供商标代理委托书、MM9 注册人名称或地址变更或 MM10 代理人地址或名称变更表格、国际商标注册证复印件、变更证明文件及英文翻译件。

境外商标注册申请，若涉及多件或多轮海外商标布局，建议需留意保持申请主体信息（如申请人姓名、申请人地址信息等）的一致性。若涉及相同或类似商品或服务上的相同近似商标，在后申请的相关商标申请主体信息若与在先申请的商标主体信息存在差异，则可能会导致官方引证同一企业在先申请的商标而驳回在后申请的商标，从而导致不必要的维权成本投入。

（三）境外商标续展

国际商标注册有效期为 10 年，届满前 6 个月可以提交续展申请，同时在注册日到期后给予 6 个月的宽展期。在有效期届满前 6 个月，WIPO 国际局将非正式地通知国际商标注册人有关续展事宜。申请人可以通过原属国商标主管部门向 WIPO 国际局递交申请，也可以直接向 WIPO 国际局递交申请材料，还可以通过 WIPO 官网进行网上续展。办理续展申请，需要提交马德里商标国际注册书式二、申请人委托商标代理机构协助申请的，需要提供商标代理委托书、MM11 表格、国际商标注册证复印件。WIPO 国际局基本官费为 653 瑞士法郎，其他费用与新申请相同，若在宽展期进行提交，则需增加 325 瑞士法郎官费。

相比驳回复审、异议、撤销等程序，商标续展程序相对较为简单，为偏流程性事项。不过，由于不同地区的商标审查情况等存在差异，海外商标续展也可能会碰到一些较为特殊的情形。

1. 续展期临近但注册证尚未下发

部分地区官方审查严重积压、效率低下，审查耗时多年，如发生过驳回、异议等程序，申请进程更被拖慢。也有的地区发证程序非常缓慢，官方核准注册后注册证迟迟不下发。而商标有效期自申请日开始起算，这就可能发生商标临近续展但注册证还没下发的情况。此类情况多发生在较为偏远的地区，如冈比亚、刚果等。

2. 商品/类别问题

部分地区（如菲律宾等）由于商品分类标准等发生变化，此前申请时的商品可能不符合现在的要求，续展时官方会要求就不规范的商品进行修改、删除或移至其他类别。

加拿大此前未采用尼斯分类，故商标申请时没有划分具体商品类别。在续展时官方会进行类别划分，并按照最终确定的类别收取费用，此前申请时在国内只属于一个类别的商品，根据当地的最新商品分类要求，有可能属于多个类别。

团 体 标 准

T/GDTA 001—2024
代替 T/GDTA 001—2023

广东省重点商标保护名录管理规范

Specification for Management of the Key Trademarks
Protection Lists in Guangdong Province

2024-06-21 发布　　　　　　　　　　2024-06-21 实施

广东商标协会发布

前　言

本文件根据 GB/T 1.1—2020《标准化工作导则　第 1 部分：标准化文件的结构和起草规则》的规定起草。

本文件代替 T/GDTA 001—2023，与 T/GDTA 001—2023 相比，除结构调整和编辑性改动外，主要技术变化如下：

a) 增加了"溯源认证码"的定义（见 2.4）；
b) 修改了重要佐证材料 b)、c)、d) 和 f) 的要求（见 4.2.1）；
c) 增加了重要佐证材料 j) 的要求（见 4.2.1）；
d) 增加了公证件材料要求（见 4.2.3）；
e) 增加了"溯源认证码"的申请和使用的内容（见 6.5.2）；
f) 增加了推广与运用的内容（见 6.5.3）；
g) 修改了审核评分表的加分项 7 的评价要求（见附录 A）；
h) 增加了审核评分表的加分项 8 的评价要求（见附录 A）；
i) 增加了广东省重点商标保护名录溯源认证码样式（见附录 C）；
j) 增加了参考文献（见附录 D）。

请注意本文件的某些内容可能涉及专利。本文件的发布机构不承担识别专利的责任。

本文件由广东商标协会提出并归口。

本文件主要起草单位：广东商标协会、广东省家具协会、广东省电线电缆行业协会。

本文件参与起草单位：广东省质量检验协会、广东省照明电器协会、广东陶瓷协会、广东省电子信息行业协会、广东省家用电器行业协会、广东省五金制品协会、广东省机械行业协会、广东省连锁经营协会、广东省服装服饰行业协会、广东省涂料行业协会、广东省玩具协会、广东省有色金属行业协会、广东省塑料工业协会、广东省包装技术协会、广东省餐饮服务行业协会、广东省日化商会、广东省酒类行业协会、广东省电气行业协会、深圳市商标协会、珠海市商标协会、汕头市知识产权协会、惠州市商标协会、中山市商标协会、潮州市商标专利协会、佛山市顺德区商标协会、佛山市南海区商标协会。

本文件起草人：黎叶、伍立贤、张玫、王克、刘涛、李荣超、聂良宏、陈振广、许晓民、黄丹、徐德军、黄建华、张小琳、郑凤妮、黄永汉、李卓明、陈秀红、何树强、朱智伟、程钢、余雪玲、陈兴武、李兰芳、韩会军、蒋华、陈永华、曾雯洁、熊奇凌、林贤武、谭先彬、邵伟彬、杨忠国、罗英锋、吴臻焯、刘敏、王晓燕、高颖怡、张锐、杨畔。

本文件及其代替文件的历次版本发布情况为：

——2020 年首次发布；

——2021 年第一次修订；

——2023 年第二次修订；

——2024 年第三次修订。

引　言

广东省第十三届人民代表大会常务委员会第四十一次会议通过并于2022年5月1日正式实施的《广东省知识产权保护条例》第十七条规定：市场监管部门应当探索创新注册商标的保护手段，加强对本省享有较高知名度、具有较大市场影响力商标的保护，指导和规范有关行业协会建立重点商标保护名录。

为深度贯彻实施《广东省知识产权保护条例》，严格实施知识产权保护制度，积极探索广东省商标保护的新模式、新方法，切实保护商标专用权人的合法权益，服务广东省自主品牌发展，根据《中华人民共和国商标法》《中华人民共和国反不正当竞争法》《中华人民共和国标准化法》等法律法规的规定，结合广东省商标保护工作实际，制定本文件。

广东省重点商标保护名录管理规范

1 范围

本文件规定了广东省重点商标保护名录的纳入申请、纳入程序及维护运用管理要求。

本文件适用广东省重点商标保护名录的管理工作。

注：在不引起混淆的情况下，本文件中的"广东省重点商标保护名录"简称为"保护名录"。

2 术语和定义

下列术语和定义适用于本文件。

2.1 重点商标 Key Trademarks

在广东省享有较高知名度，具有较大市场影响力，商标价值较高，容易被侵权，确需重点保护的商标。

2.2 广东省重点商标保护名录 Key Trademarks Protection List in Guangdong Province

广东商标协会重点商标保护委员会建立的保护名录，旨在保护商标注册人住所地或产品制造地、销售地在广东省行政区域内的重点商标。

2.3 申请人 Applicant

申请商标的注册人或被许可人。

2.4 溯源认证码 Traceability Authentication Code

溯源认证码，由广东省重点商标保护名录标识及溯源二维码组成，经扫码后呈现由国家工信部工业互联网标识解析系统记录的，有关广东省重点商标保护名录的背景、意义以及纳入商标、权利人、产品、纳入证明有效期等由广东商标协会官方认证的基本信息。

3 管理机构

广东商标协会重点商标保护委员会（以下简称"商保委"）负责重点商标保护名录申请的审议、纳入、调整等管理工作。

商保委下设秘书处，负责处理日常工作和保护名录的动态管理。

商保委委员由省级行业协会、专业协会及市（区）商标协会会长或秘书长、大专院校知识产权学者及商标法律专家等相关专业人士组成。委员人数为单数，不少于25人。

4 纳入申请

4.1 申请条件

符合下列条件之一且处于使用状态的商标，可以申请纳入保护名录予以重点保护。

a）驰名商标，包括：

1）被国家知识产权局或原国家工商行政管理总局认定的驰名商标；

2）被人民法院认定的驰名商标。

b）老字号商标，包括：

1）被认定为中华老字号的商标；

2）被认定为广东省老字号或其他省级老字号的商标。

c）国务院商标行政管理部门核准注册的地理标志证明商标或地理标志集体商标；

d）满足以下条件之一的其他商标：

1）使用该商标的商品或服务近3年的纳税额在广东省同行业中位居前列；

2）使用该商标的商品或服务具有良好的信誉，该商标的价值在广东商标协会统筹开展的商标价值评价工作中位居同行业前列；

3）在经营过程中，能给所有者或使用者带来明显高经济收益的商标品牌，该商标品牌价值在广东商标协会统筹组织开展的高价值商标品牌评价工作中位居同行业前列；

4）商标权受到严重侵害的，包括但不限于复制、摹仿、翻译、仿冒、假冒及不正当竞争。

4.2 申报资料

4.2.1 申请纳入重点商标保护名录，填写申请资料，并提供相关证明材料，应在"广东省重点商标保护名录申报系统"（https：//zd.gdta.com.cn/user/#/main）完成。申请提供的申报资料要求见表1。

表1 申报资料说明表

序号	类型	申请材料明细		
1	通用必要材料	a)《商标注册证》（扫描件）； b) 带有该申请商标标识的商品或服务实物、广告照片；		
2	专项材料	驰名商标	被认定为驰名商标的行政裁定或司法判决书；	
		中华老字号	被认定为中华老字号的证书及相关公告材料；	
		省级老字号	被评定/认定为广东省老字号或其他省级老字号的证书及相关证明材料；	
		地理标志证明商标或地理标志集体商标	提供地理标志证明商标或地理标志集体商标授权使用监管制度，并许可第三方使用申请商标，办理注册商标许可备案的证明文件。	
3	重要佐证材料	c) 申请商标的商品或服务近3年的完税证明及减免税证明。享受国家免税政策的申请人，可辅助提供年度审计报告或汇算清缴报告证明销售规模。主要经济指标包括被许可人的，还应提交被许可人的资格证明、商标使用许可合同，同时办理商标许可备案的，需提供商标许可备案通知书； d) 近3年获得的商标价值评价证明文件； e) 近3年获得的高价值商标品牌评价证明文件； f) 商标近3年遭受侵害的相关证明材料，包括行政处罚书、商标异议裁定书、商标无效宣告裁定书、法院判决、和解书、正在遭受商标侵害进行维权的行政受理书或立案通知（附上法院诉讼费缴纳证明）等； g) 申请商标为地理标志证明商标或地理标志集体商标，可提供被登记注册为"地理标志保护产品"的证明文件； h) 申请商标为地理标志证明商标或地理标志集体商标，可提供已制定发布地方标准或团体标准的证明文件； i) 申请商标为地理标志证明商标或地理标志集体商标，可提供市、县（区）政府出具的地理标志证明商标或地理标志集体商标在当地具有重大经济效益或社会效益的证明文件； j) 申请人自主或依托第三方建成，且于近3年投入实际使用的，实现包括但不限于商标维护、监控及预警功能的数字化商标管理系统，并制定商标注册、使用、运用、保护、监控、预警及管理制度的相关证明材料。		

注1：所有商标申请时都应提供《商标注册证》，但非注册的驰名商标例外。

注2：属于驰名商标或中华老字号的，第3项"重要佐证材料"并非必需项。

注3：属于省级老字号的，必须提供第3项"重要佐证材料"c项材料。

注4：属于地理标志证明商标或地理标志集体商标的，必须提供第3项"重要佐证材料"c项材料，可以提供第3项"重要佐证材料"g，h，i项材料。

注5：纳税额在广东省同行业中位居前列的其他商标必须提供第3项"重要佐证材料"c项材料；商标价值评价工作中位居同行业前列的其他商标必须提供第3项"重要佐证材料"d项材料；高价值商标品牌评价工作中位居同行业前列的其他商标必须提供第3项"重要佐证材料"e项材料；商标权受到严重侵害的其他商标必须提供第3项"重要佐证材料"f项材料。

4.2.2 延续申报时，参照表1申报材料说明表，通用必要材料、专项材料无变更的无需重复提供，重要佐证材料应重新提供近三年的证明材料。

4.2.3 申请人提交的材料应当真实有效。相关证件、证明文件和证据材料是外文的，应附送中文译文，若根据相关规定需要公证的，则提供公证件。

5 纳入程序

5.1 受理

相关省级行业协会、专业协会或市（区）商标协会受理申请材料，并完成形式审查，再送报秘书处。

5.2 初审

秘书处收到相关省级行业协会、专业协会或市（区）商标协会送报的申请材料后，依照本规范初步实质审查申请人提交的材料。

5.3 审核

5.3.1 专家评审

秘书处召集成立不少于三人的专家组，专家应依据审核标准进行评审，评分120分以上为专家评审通过。相关审核评分表见附录A。

专家评审后，秘书处将专家评审结果报商保委。

5.3.2 商保委审议

商保委委员大会负责保护名录的审议。

商保委审议保护名录时，应有五分之四以上委员出席，获得三分之二以上出席委员审议通过的，拟纳入保护名录。

5.4 公示

经商保委审议通过，拟纳入保护名录的，由商保委通过广东商标协会官方网站或其他公共平台、新闻媒体等发布纳入前公示，公示期为10个工作日。

5.5 异议、申诉和复议

5.5.1 异议和申诉

公示期内，任何单位或个人若有异议，应以实名方式向商保委提出。申请人对不予纳入保护名录的决定不服，可以自收到不予纳入决定之日起10个工作日内向商保委提出申诉。

对非实名提出的异议申请，商保委不予受理。

5.5.2 复议

商保委应自收到异议或申诉材料之日起10个工作日内，由秘书处对有关材料进行调查核实，提出处理意见报商保委复议裁决。

商保委复议裁决时，应有五分之四以上委员出席（情况特殊的，也可采用通信形式进行），异议成立或申诉成立需获得三分之二以上出席委员表决通过。商保委应自收到异议材料、申诉材料之日起45个工作日内，将复议裁决结果书面通知当事人。

5.6 公告

公示届满后，由商保委通过广东商标协会官方网站或其他公共平台、新闻媒体等发布广东省重点商标保护名录公告，并向申请人颁发广东省重点商标保护名录证明文件（见附录B）。

6 维护和运用管理

6.1 定期申请及公告

商保委每年定期发布通知,接受申请人纳入保护名录的申请,并在规定时间内完成保护名录的建立和公告工作。同时,定期将《广东省重点商标保护名录》报送广东省各级知识产权管理部门、行政执法部门和司法机关。

6.2 有效期

6.2.1 广东省重点商标保护名录证明文件有效期为 3 年,自公告之日起计算。

6.2.2 纳入保护名录的商标权利人应当在其有效期届满前 6 个月内向商保委提出延续申请。延续申请的办理,与纳入申请的办理相同。每次延续的有效期为 3 年。

6.3 动态管理

6.3.1 商保委应根据保护名录中的重点商标发展状况和广东省商标保护工作实际需求,主动调整保护名录。商保委应及时将重点商标的调整情况向社会公告,并告知相关商标权利人。

6.3.2 保护名录中的商标注册人或被许可人有下列情形之一的,商保委应将相关商标移出名录:

a) 被列入严重违法失信企业或个人名单的;
b) 因商标商品(服务)质量问题造成严重不良社会影响的;
c) 虚假材料或以其他欺诈手段使其商标纳入保护名录的;
d) 存在其他严重违法行为的。

6.4 变更备案

保护名录中的商标注册人或被许可人有下列情形之一的,应向商保委备案:

a) 被纳入保护名录的注册商标发生转让的;
b) 被纳入保护名录的注册商标依法变更名称、住所的。

6.5 纳入证明与标志的使用

6.5.1 保护名录纳入证明和标志的使用应符合以下要求：

a）纳入保护名录的商标注册人或被许可人使用商标纳入证明文件和标志，其商标纳入证明文件和标志应在有效期内；

b）纳入保护名录的商标注册人或被许可人可在纳入保护名录商标相关的产品/服务、包装及经营场所等使用其纳入证明文件和标志；

c）纳入保护名录的商标权遭受侵害时，可作为商标高知名度的重要证据，向行政、司法机关积极举证；

d）纳入保护名录的商标注册人或被许可人不应利用重点商标标志误导公众，使公众认为该商标注册人或被许可人的其他商标也纳入广东省重点商标保护名录；

e）纳入保护名录的商标注册人或被许可人发生重大变更时，未经确认，不应使用。

6.5.2 "溯源认证码"的申请和使用

a）已纳入保护名录的商标注册人或被许可人，可同时向广东商标协会申请"溯源认证码"；

b）"溯源认证码"集合保护名录背景、意义以及纳入商标、权利人、产品、纳入证明有效期等信息，可用于企业宣传资料、产品包装等各类市场相关场景；

c）"溯源认证码"可用于商标权利人、行政执法部门和司法机关快速举证和查证，便于提升跨省维权效率。

6.5.3 推广及运用

a）广东商标协会主动对《广东省重点商标保护名录》进行公示、定期更新，通过官网、公众号等媒介以及各方面渠道，对重点商标进行宣传和推广，扩大重点商标的知名度和影响力；

b）广东商标协会对重点商标权利人提供维权援助支持和商标法律法规咨询及培训；

c）推动建立与外省市重点商标保护名录的信息共享和互认机制。

附录 A
（规范性）
广东省重点商标保护名录审核评分表

广东省重点商标保护名录审核评分表见表 A.1。

表 A.1　广东省重点商标保护名录审核评分表

项目		标准分	评分
基础项	1. 该申请商标为注册商标	20 分	
	2. 提供申请商标规范使用、带有该申请商标标识的商品或服务实物照片	20 分	
	3. 提供申请商标规范宣传、带有该申请商标标识的商品或服务广告图片	20 分	
	4. 许可第三方使用申请商标，办理注册商标许可备案	10 分	
	5. 申请商标为地理标志证明商标或地理标志集体商标的，具有完整的地理标志授权使用监管制度，且许可第三方使用申请商标，办理注册商标许可备案	40 分	
加分项 1	6. 被认定为驰名商标的行政裁定或司法判决	100 分	
加分项 2	7. 商标价值超过省级行业协会或市（区）商标协会划定的价值指标线的视为位居前列	90 分	
加分项 3	8. 高价值商标品牌的价值超过省级行业协会或市（区）商标协会划定的高价值商标品牌价值指标线的视为位居前列	90 分	
加分项 4	9. 被认定为中华老字号的公告或证书	90 分	
	10. 被评定/认定为广东省老字号或其他省级老字号的公告或证书	40 分	
加分项 5	11. 申请商标的商品或服务近 3 年纳税额，纳税额在省级行业协会划定的纳税额指标线 150% 及以上的	90 分	
	12. 申请商标的商品或服务近 3 年纳税额，纳税额在省级行业协会划定的纳税额指标线 100%～150% 之间的	70 分	
	13. 申请商标的商品或服务近 3 年纳税额，纳税额在省级行业协会划定的纳税额指标线 80%～100% 之间的	50 分	

续表

项目		标准分	评分
加分项6	14. 申请商标为地理标志证明商标或地理标志集体商标，对当地经济发展贡献巨大，富民效益明显	40分	
	15. 申请商标为地理标志证明商标或地理标志集体商标，同时被登记注册为"地理标志保护产品"	20分	
	16. 申请商标为地理标志证明商标或地理标志集体商标，已制定发布地方标准或团体标准	20分	
加分项7	17. 商标遭受抢注的异议、无效申请、行政查处投诉、法院起诉受理材料	10分	
	18. 商标遭受抢注的异议、无效成立、行政机关认定构成侵权、法院认定构成侵权的累计1~2宗胜诉裁定/决定/判决材料	30分	
	19. 商标遭受抢注的异议、无效成立、行政机关认定构成侵权、法院认定构成侵权的累计3~5宗胜诉裁定/决定/判决材料	50分	
	20. 商标遭受抢注的异议、无效成立、行政机关认定构成侵权、法院认定构成侵权的累计6宗及以上胜诉裁定/决定/判决材料	90分	
加分项8	21. 申请人自主或依托第三方建成，且于近3年投入实际使用的，实现包括但不限于商标维护、监控及预警功能的数字化商标管理系统，并制定商标注册、使用、运用、保护、监控、预警及管理制度的相关证明材料	20分	

注1：基础项项目号5限定为申请商标是地理标志证明商标或地理标志集体商标的得分项，且项目号4-5不累计计分。

注2：加分项4，即项目号9-10不累计算分，只能选择其中一个最高分。

注3：加分项5，即项目号11-13不累计算分，只能选择其中一个最高分。

注4：加分项6，即项目号14-16可累计算分。

注5：加分项7，即项目号17-20不累计算分，只能选择其中一个最高分。

注6：基础项、加分项1、加分项2、加分项3、加分项4、加分项5、加分项6、加分项7、加分项8，九项得分之和为总分。

注7：纳税额指标线由省级行业协会在每年申报工作结束后，结合本行业企业纳税整体情况和当年申报企业纳税情况制定并提交商保委专题讨论确定。

注8：商标价值指标线由省级行业协会或市（区）商标协会在每年申报工作结束后，结合本行业/本地区企业商标价值评价的整体情况和当年申报企业商标价值情况制定并提交商保委讨论确定。

注9：高价值商标品牌指标线由省级行业协会或市（区）商标协会在每年申报工作结束后，结合本行业/本地区企业高价值商标品牌价值评价的整体情况和当年申报企业高价值商标品牌价值情况制定并提交商保委讨论确定。

附录 B
（资料性）
广东省重点商标保护名录证明文件

广东省重点商标保护名录证明文件样式见图 B.1。

图 B.1 广东省重点商标保护名录证明文件

附录 C
（资料性）
广东省重点商标保护名录溯源认证码

广东省重点商标保护名录溯源认证码样式见图 C.1。

广东省重点商标溯源码

图 C.1　广东省重点商标保护名录溯源认证码样式

附录 D
（资料性）
参考文献

《中华人民共和国商标法》
《中华人民共和国反不正当竞争法》
《中华人民共和国标准化法》
《知识产权保护体系建设工程实施方案》
《"十四五"国家知识产权保护和运用规划》
《工业互联网标识解析体系"贯通"行动计划（2024—2026年）》
《广东省知识产权保护和运用"十四五"规划》
《广东省知识产权保护条例》

团 体 标 准

T/GDTA 004—2023
代替 T/GDTA 004—2021

广东高价值商标品牌评价规范

Specification of Guangdong High – valued
Trademark Brand Valuation

2023 – 05 – 31 发布　　　　　　　　　　　　2023 – 05 – 31 实施

广东商标协会发布

目　次

前　言 …………………………………………………………………… 325
引　言 …………………………………………………………………… 326
1 适用范围 ……………………………………………………………… 327
2 规范性引用文件 ……………………………………………………… 327
3 术语和定义 …………………………………………………………… 327
　3.1 高价值商标品牌 High－valued Trademark Brand ……………… 327
　3.2 品牌价值评价 Brand Value Evaluation ………………………… 327
4 评价原则 ……………………………………………………………… 328
5 评价对象 ……………………………………………………………… 328
6 评价指标体系 ………………………………………………………… 329
　6.1 评价指标体系构成 ……………………………………………… 329
　6.2 指标选取 ………………………………………………………… 329
　6.3 指标权重确定 …………………………………………………… 330
7 评价方法 ……………………………………………………………… 330
8 评价程序 ……………………………………………………………… 331
　8.1 确定评价目的 …………………………………………………… 331
　8.2 界定评价范围 …………………………………………………… 331
　8.3 设计评价指标 …………………………………………………… 332
　8.4 采集整理数据 …………………………………………………… 332
　8.5 开展价值评价 …………………………………………………… 332
　8.6 出具评价报告 …………………………………………………… 332
9 评价机构 ……………………………………………………………… 332
10 证书与标志的使用 ………………………………………………… 333
　10.1 证书及标志使用要求 ………………………………………… 333
　10.2 标志停用及证书撤销要求 …………………………………… 333
附录 A …………………………………………………………………… 334
附录 B …………………………………………………………………… 337
附录 C …………………………………………………………………… 340
附录 D …………………………………………………………………… 342

前　言

本文件按照 GB/T 1.1—2020《标准化工作导则 第 1 部分：标准化文件的结构和起草规则》规定起草。

本文件由广东商标协会提出并归口。

本文件起草单位：广东商标协会、广东财经大学、广州商标审查协作中心、广东省日化商会、广东省建筑材料行业协会、广东陶瓷协会、广东省家用电器行业协会、广东省电子信息行业协会、广东省餐饮服务行业协会、广东省食品行业协会、广东省医药行业协会、广东省家具协会、广东省美容美发化妆品行业协会、广东省服装服饰行业协会、广东省连锁经营协会、广东省机械行业协会、广东省酒类行业协会、广东省五金制品协会、广东省电线电缆行业协会、广东省照明电器协会、广东省电气行业协会、广东省塑料工业协会、广东省质量检验协会、广东省涂料行业协会、广东省食品和包装机械行业协会、广东省电子商务协会、广东省有机农业协会、广东卓越质量品牌研究院、深圳市商标协会、珠海市商标协会、汕头市知识产权协会、潮州市商标专利协会、佛山市顺德区商标协会、佛山市南海区商标协会、广东资产评估研究中心、北京中企华资产评估有限公司、深圳南方知识产权运营中心有限公司（中国（南方）知识产权运营中心）、国众联资产评估土地房地产估价有限公司。

本文件主要起草人：姚维保、关永红、韦景竹、王太平、肖冬梅、吴锦鹏、王议国、方涛、吴臻焯、刘敏、王晓燕、米煜妍、高颖怡、杨忠国、黄西勤、刘登清、金焱、黄卫家、王克、刘涛、余雪玲、张小琳、黄丹、曾初欢、陈振广、王卫国、聂良宏、陈兴武、许晓民、程钢、李颖、陈韶通、徐德军、邹新瑞、廖建平、黄建华、招原春、蔡恒志、王丹、王兵、韩会军、罗英锋、林贤武、谭慧娟、谭先彬、邵伟彬。

引　言

党的二十大报告提出，"高质量发展是全面建设社会主义现代化国家的首要任务。"当前，我国全面进入经济社会高质量发展新时期，知识产权工作融入国家经济社会发展大局早已成为共识，知识产权正在从追求数量向提高质量转变，知识产权促进经济高质量发展的作用更加凸显。商标品牌作为知识产权的重要组成部分，如何加快培育更多具备较高的经济价值和社会效益的商标品牌支撑经济社会高质量发展，成为当下商标品牌工作研究中实现自我突破和创新发展的新课题。

2022年12月，中共中央、国务院印发《扩大内需战略规划纲要（2022—2035年）》指出，要深入实施商标品牌战略，打造和培育更多享誉世界的中国品牌。2023年3月，国家知识产权局发布《国家知识产权局关于印发〈推动知识产权高质量发展年度工作指引（2023）〉的通知》指出要持续提升商标品牌价值，提出启动实施"千企百城"商标品牌价值提升行动，从商标品牌创造、培育、运用、管理等方面提出了更高的要求和进行了全方位部署，为下一步做好新时期商标品牌建设工作指明了方向。

《广东省知识产权保护和运用"十四五"规划》专栏提出，要实施高价值商标品牌培育工程，推动企业实施商标品牌战略，加快培育具有市场竞争力、国际影响力的知名商标品牌，打造高价值商标品牌。培育高价值商标品牌已然成为创新商标品牌战略实施工作理念的具体实践，是企业提升核心竞争力的重要手段，更是推动经济高质量发展、提升国际竞争力的核心要素之一。

在知识经济时代，商标品牌属于企业的核心资产，反映了企业的市场竞争力。商标品牌能够让企业产生超额获利能力、持续竞争能力和高风险防范能力。卓越的商标品牌具有高知名度和高美誉度，消费者对其产品或服务表现出高忠诚度。科学评价企业商标品牌价值，有利于企业充分发挥商标品牌在经营、组织管理、产权融资等方面的积极作用。制定高价值商标品牌评价标准，规范广东商标品牌价值评价工作，有助于品牌强省战略的实施。

广东高价值商标品牌评价规范

1 适用范围

本文件规定了高价值商标品牌评价的术语和定义、评价原则、评价对象、评价要素、评价方法、评价程序和评价管理要求。

本文件适用于广东省及粤港澳大湾区高价值商标品牌评价活动。

2 规范性引用文件

下列文件中的内容通过文中的规范性引用而构成本文件必不可少的条款。其中，注日期的引用文件，仅该日期对应的版本适用于本文件；不注日期的引用文件，其最新版本适用于本文件。

ISO 20671：2019 品牌评价　原则与基础

GB/T 29185 品牌　术语

GB/T 29186 品牌价值要素评价

GB/T 29187 品牌评价　品牌价值评价要求

GB/T 36680 品牌　分类

GB/T 39654 品牌评价原则与基础

GB/T 39904 区域品牌培育与建设指南

3 术语和定义

下列术语和定义适用于本文件。

3.1 高价值商标品牌 High-valued Trademark Brand

在经营过程中，能给所有者或使用者带来明显高经济收益的商标品牌。

3.2 品牌价值评价 Brand Value Evaluation

从持有人和（或）实体视角，估算品牌对企业所具有的经济价值。这是品牌持有人的账务权益。

4 评价原则

高价值商标品牌评价工作应遵循以下原则：

a. 自愿性原则，由申请人自愿提出高价值商标品牌评价申请，或同意参与高价值商标品牌评价；

b. 独立性原则，应独立于利益相关方开展评价；

c. 客观性原则，以客观事实为依据来开展评价；

d. 公正性原则，应秉持公正公平态度，不带有任何形式的偏见；

e. 时效性原则，评估结果在设定时期内有效；

f. 科学性原则，评价方法和理论科学合理，评价结论可靠可信。

5 评价对象

5.1 参与高价值商标品牌评价的商标符合下列基本条件（见附录A）

a. 应经国内商标注册管理机构有效注册，同时商标的注册人名称、地址与工商登记信息相符；

b. 申请商标连续使用时间满3年及以上；

c. 商标法律状态稳定；

d. 企业的核心商标。

5.2 在满足5.1要求下，下列范围内商标优先参与高价值商标品牌评价

a. 中国驰名商标；

b. 中华老字号商标及省级老字号商标；

c. 地理标志商标；

d. 被纳入广东省重点商标保护名录的商标；

e. 申请商标的商品或服务近3年的年销售量、营业收入、纳税额等主要经济指标在本省同行业中居领先地位；

f. 申请商标的价值在有公信力、合法的专业组织开展的商标价值评价工作中位居同行业前列；

e. 申请商标在海外市场的知名度和国际市场竞争力较高。

6 评价指标体系

6.1 评价指标体系构成

a. 市场竞争力因素

市场竞争力因素可从以下方面进行评价：

a）商标品牌企业领导力；

b）商标品牌商品或服务相对市场份额；

c）商标品牌企业市场覆盖情况；

d）商标品牌国际市场竞争力。

b. 法律因素

法律因素可从以下方面进行评价：

a）商标注册使用时间；

b）商标品牌的法律稳定性；

c）商标品牌保护力度。

c. 消费者因素

消费者因素可从以下方面进行评价：

a）商标品牌差异度；

b）商标品牌忠诚度；

c）商标品牌客户满意度；

d）商标品牌文化内涵；

e）商标品牌形象。

d. 发展因素

发展因素可从以下方面进行评价：

a）商标品牌创新；

b）商标品牌质量；

c）商标品牌推广；

d）商标品牌管理。

6.2 指标选取

指标选取需考虑但不限于以下方面：

a. 充分体现商标品牌主体所属行业信息；
b. 通过定性或定量的方法对指标进行评价；
c. 评价数据易获得；
d. 依托时代发展趋势和关注地区特点；
e. 评价指标之间避免高度线性相关。

6.3 指标权重确定

在确定指标权重过程中，充分考虑商标品牌的无形资产特性，根据评价指标对商标品牌价值影响的重要程度，对不同的一级指标赋予相应的权重。

评价指标权重的确定采用专家分析法、基于统计数据的客观赋值法、优序法等方法中的一种或几种方法的组合，结合评价目的确定具体的权重。

指标确定高价值商标品牌价值作为整个层次结构模型的目标层。同时根据指标选取办法，合理构建商标品牌价值组成，建立起4维度16指标的层次结构模型。具体层次见附录A。

7 评价方法

高价值商标品牌的价值采用如下公式（1）进行评价计算，通过对每项要素的评价指标的分值进行加权求和，计算每项要素的评价结果。

计算公式：

$$E = I \times G \times \beta \tag{1}$$

式（1）中：

E——高价值商标品牌价值；

I——商标品牌净收益；

G——商标品牌强度倍数；

β——修正系数。

商标品牌净收益采用如下公式（2）进行计算：

$$I = \frac{I_1 \times a + I_2 \times b + I_3 \times c}{6} \tag{2}$$

式（2）中：

I——商标品牌净收益；
I_1——评价当年商标品牌净收益；
I_2——上一年商标品牌净收益；
I_3——再上一年商标品牌净收益；
a、b、c——常数系数，其中 a 取值为 3，b 取值为 2，c 取值为 1。
修正系数 β 取值范围为 $0<\beta\leqslant 1$，具体如下公式（3）方法进行计算：

$$\beta = \frac{S}{100} \times 100\% \tag{3}$$

式（3）中：
β——修正系数；
S——商标品牌强度综合评价得分。
计算公式：

$$S = \sum_{i=1}^{i} k_i \times w_i \tag{4}$$

式（4）中：
S——商标品牌强度综合评价得分；
k_i——高价值商标中第 i 个一级指标的评价值；
w_i——第 i 个一级指标对所评价的指标对应的影响权重。

如评价指标体系由多级指标构成，商标品牌价值要素得分可通过对各级指标的逐级计算获得，计算公式可参考上式进行扩展。

商标品牌强度倍数 G 取值范围为 $6\leqslant G\leqslant 20$，商标品牌强度倍数计算方法见附录 D。

8 评价程序

8.1 确定评价目的

高价值商标品牌评价目的包括但不限于商标权价值质押融资、商标品牌管理、提高商标品牌运营效率、培育高质量商标品牌、便利商标品牌维权保护等。

8.2 界定评价范围

识别、定义和描述所评价的商标品牌，并将申请人商标品牌与其他无形资产区分开来。

8.3 设计评价指标

厘清影响商标品牌价值的要素，设计评价指标体系。

8.4 采集整理数据

制定评价数据和信息的采集方案，并采集、整理信息。

8.5 开展价值评价

选择适宜方法对数据信息进行分析、测算、评价，得出评价结果。

8.6 出具评价报告

根据评价结果，由评价机构出具评价证书和评价报告。高价值商标品牌评价报告中应明确陈述下列内容：

申请机构和申请评价的商标品牌；

评价机构；

评价原则；

评价目的；

评价方法；

评价依据；

评价的基准时间；

评价数据、资料来源；

被评价商标品牌描述；

评价结果；

使用限制等。

9 评价机构

a. 广东商标协会成立高价值商标品牌评价委员会，专职负责高价值商标品牌评价工作；

b. 评委会负责高价值商标品牌价值评价工作，包括组织完成高价值商标品牌初评、复核、商标强度估算和报告审定，并负责结果确认等。其中，部分技术性工作可以通过组织和授权专业技术人员来完成。

10 证书与标志的使用

10.1 证书及标志使用要求

经评价符合高价值商标品牌条件的组织，由高价值商标品牌评价委员会统一颁发证书，高价值商标品牌证书有效期为3年，有效期届满后，根据《广东高价值商标品牌评价规范》团体标准的有关规定，重新提交材料进行高价值商标品牌的评价。证书和标志的使用条件和范围应符合以下要求：

　　a. 获证组织在有效期内使用其证书和标志；

　　b. 获证组织可在通过评价的高价值商标品牌相关的产品/服务、包装、广告宣传及经营场所等使用其证书和标志；

　　c. 获证组织不得利用高价值商标品牌标志误导公众，使公众认为组织的其他商标品牌也通过高价值商标品牌评价；

　　d. 获证组织发生重大变更时，未经确认，不得使用。

10.2 标志停用及证书撤销要求

发生以下情况，颁证机构应撤销相关证书，作出停止其使用标志的决定，并予以公示：

　　a. 获证组织主动请求撤销；

　　b. 在证书有效期间，组织发生重大质量、安全、环保责任事故、重大侵犯知识产权或消费者权益事件，被相关部门列入严重失信主体名单；

　　c. 其他应撤销的情形。

附录 A
（规范性）
高价值商标品牌强度综合评价

高价值商标品牌强度综合评价指标见表 A.1。数据来源于公司财报、行业研报和各统计数据网站。

表 A.1 高价值商标品牌强度综合评价指标体系

一级指标	二级指标	二级指标明细	二级指标分值
市场竞争力因素（30分）	商标品牌企业领导力	商标品牌企业领导力主要通过企业销售额在行业内排名，与其他企业进行横向比对，可以体现企业在所处行业中的市场地位和竞争优势。	8
	商标品牌或服务相对市场份额	商标品牌或服务相对市场份额主要体现该企业销售额在行业市场销售额中的份额占比。通常，企业的市场份额越大，企业品牌的曝光度也越高，行业品牌认可度越高。	10
	市场覆盖情况	市场覆盖情况是指企业销售网络覆盖的区域面积或范围占总销售市场面积或范围的比例，影响区域品牌划分的重要因素。	7
	商标品牌商品国际市场竞争力	商标品牌商品国际市场竞争力主要参考国际市场销售额占行业出口比重，是指企业在行业中出口产品的销售额占行业总出口额的比例。较高的国际市场销售额占行业出口比重表明企业在国际市场上的销售额较高，相应地代表了企业在海外市场的知名度和国际市场竞争力。	5
法律因素（15分）	商标注册使用时间	《商标法》第39条规定，注册商标的有效期为10年，自核准之日起计算。不同的注册使用时间会影响商标的权属价值。	5
	商标状态稳定	商标状态稳定是指商标的表现形式的连贯性以及法律状态的稳定性。从表现形式上来说，是指商标形象的图案、商标的包装和设计、传播的方式和风格等要保持一贯性和持续性。从法律状态上来说，是指商标不存在被异议、无效宣告、撤销等法律风险或此等风险较低。	5

续表

一级指标	二级指标	二级指标明细	二级指标分值
法律因素（15分）	商标品牌保护力度	当前我国商标品牌保护面临严峻的形势，对商标品牌的保护力度程度可以体现在企业相关法务人员配备或对本企业商标品牌侵权行为的及时法务处理的重视程度等方面（可提交企业建立完备商标品牌保护制度或提供侵权支出台账佐证）。	5
消费者因素（30分）	商标品牌差异度	企业凭借自身的技术优势、管理优势和服务优势，设计并生产出在性能、质量、价格、形象、销售等方面不同于市场同类现有产品的产品，以便于顾客识别和判断，迎合顾客差异化，打造品牌知名度与品牌认知的需求。	4
	客户满意度	客户使用产品或享受服务后对产品或服务的评价。打造品牌美誉度，如网商平台中评价板块的客户后续评价整体情况等。	10
	商标品牌忠诚度	消费者在较长的一段时间内，对于特定品牌保持的选择偏好与重复性购买。体现在用户黏性和复购率等指标。	6
	商标品牌文化内涵	一个成功的品牌不仅要取得用户的认知，而且要营造一种文化氛围，使得用户可以长久地凝聚在品牌周围。同时，文化可以赋予企业差异化的核心竞争力，从而为企业带来丰厚的利润。	5
	商标品牌形象	品牌形象是品牌构成要素在顾客心理的综合反映。比如企业热心公益富有社会责任感，民族企业体现民族担当等给人们留下的或好或坏的印象。	5
发展因素（25分）	商标品牌创新	企业在品牌策略和市场竞争中，对品牌进行创新和改进的能力。品牌创新力度体现在产品设计、品牌推广研发投入等方面，也包括企业在品牌战略、品牌文化等方面的创新。主要为：品牌企业有效授权发明专利数、知识产权存量和增量情况、品牌研发费用支出。	5
	商标品牌质量	企业所生产的产品或提供的服务的质量，产品或服务的质量是企业品牌质量的核心指标，具体可以通过产品质量认证数量，如ISO9000等，产品退货率、产品或服务在抽检中的表现情况等指标进行量化。	10

续表

一级指标	二级指标	二级指标明细	二级指标分值
发展因素（25分）	商标品牌推广	企业为了进一步扩大自身品牌在市场中的知名度、影响力和市场份额而采取的一系列推广活动。该指标主要通过企业宣传费用进行量化，具体数额大小及在销售额中占比，以及该占比与同行业平均水平相比、推广区域差异、推广手段差异情况。	5
	商标品牌管理	企业通过一系列管理和维护手段，对品牌进行规划、建设、管理、维护和保护，以保持品牌的价值和竞争力。主要的品牌管理维护手段包括品牌形象管理、品牌市场定位、品牌溢价管理、品牌危机公关等。	5

附录 B
（规范性）
高价值商标品牌评价申请所需材料

申请高价值商标品牌评价需提交的资料清单见表 B.1。

表 B.1 申请资料清单

资料类别	资料描述或内容	应	有则应	建议	说明
1 申请人基础资料	1.1 申请表（申请人/法定代表人信息，商标基本信息）	√			
	1.2 营业执照（副本）/社团法人登记证/自然人身份证明	√			
	1.3 申请企业的简介（不少于1000字）	√			自然人无需交
	1.4 企业（集团）组织机构图、股权结构图			√	
	1.5 近三年年度工作总结			√	
2 商标权利资料	2.1 商标注册证书、授权文书等法律文件	√			
	2.2 商标的补充描述和说明资料		√		
	2.3 商标的法律诉讼情况		√		
	2.4 驰名商标、（以往）著名商标相关证明文件		√		
	2.5 申请人拥有的其他类似商标资料		√		
	2.6 相关集体商标、地理标志（商标）等其他证明文件		√		
	2.7 商标相关老字号、非物质文化遗产相关证明文件		√		
3 申请人财务资料	3.1 近三年完税证明以及财务年度审计报告（明确使用该商标的份额）	√			自然人无需交
	3.2 主要产品生产经营统计资料（明确使用该商标的部分）	√			自然人无需交
	3.3 历年商标投入统计资料（包括广告、参展等费用）	√			自然人无需交
	3.4 未来三年商标产品规划，追加投资计划		√		
	3.5 未来三年商标产品收益预测以及说明		√		
	3.6 在行业中的地位相关证明和分析材料（基于收入等指标）			√	

续表

资料类别	资料描述或内容	资料提交要求 应	资料提交要求 有则应	资料提交要求 建议	说明
4 申请人经营资料	4.1 商标相关产品和服务销售网络分布情况	√			自然人无需交
	4.2 商标历史、使用持续时间和使用范围的证明材料	√			自然人无需交
	4.3 近三至五年商标实际使用情况的证明	√			建议五年，自然人无需交
	4.4 技术产品研发情况，包括整体情况、科技成果鉴定资料或技术产品说明材料，突出与商标有关的产品技术			√	材料较多时要列表说明
	4.5 研发开支及占销售的比重（突出与商标使用有关部分）		√		
	4.6 政府授牌研发中心、工程中心、博士后流动站等建设情况		√		
	4.7 产品执行标准情况，如为企业标准应提供文本		√		
	4.8 获得专利情况（界定与商标产品有关的专利，突出发明专利）		√		
	4.9 ISO 9001 质量管理体系等相关体系证书		√		
	4.10 组织主导或参与国家、行业、地方和团体标准情况		√		
	4.11 近三至五年承担的主要科技项目资料		√		
	4.12 近三年接受国家和省一级监督抽查情况		√		
	4.13 企业标准体系建设情况			√	
	4.14 企业诚信体系建设情况			√	
	4.15 企业社会责任履行情况资料			√	
	4.16 有关客户满意度、忠诚度、知名度调查数据及资料		√		含第三方资料
	4.17 与客户关系（如共生、共进退）的证明材料			√	
	4.18 企业文化建设资料			√	
	4.19 企业商标品牌管理机构和专兼职人员情况说明材料		√		

续表

资料类别	资料描述或内容	应	有则应	建议	说明
5 相关荣誉和有影响力资料	5.1 政府质量奖、专利奖和标准化创新贡献奖等证书		√		
	5.2 获得各级科技奖励证书及材料		√		
	5.3 政府授予的其他荣誉证书和材料		√		
	5.4 各类非政府组织授予的荣誉证书和材料		√		
	5.5 商标宣传相关证明材料		√		
	5.6 其他机构完成的商标品牌价值评价证明材料		√		
	5.7 关于商标和企业品牌形象的其他证明材料			√	
6 其他资料	6.1 申请人承诺书	√			
	6.2 申请人认为有价值的其他资料			√	

注1：提交资料分为三类：第一类（应）是必需的，第二类（有则应）符合时原则应提交，第三类（建议）是自愿但建议有就提交。提交资料不完整可能会导致商标品牌价值不能被充分认识而低估其价值；提交资料越完备，越有利于充分和客观评价商标品牌价值。

注2：申请人为自然人的，涉及企业的财务、经营应用和荣誉等相关资料均无需提交。

附录 C
（资料性）
高价值商标品牌证书及牌匾

高价值商标品牌证书样式见图 C.1。

图 C.1 高价值商标品牌证书样式

高价值商标品牌牌匾样式见图C.2。

图C.2 高价值商标品牌牌匾样式

附录 D
（规范性）
高价值商标品牌强度得分与倍数对应关系

商标品牌强度得分	品牌强度倍数	商标品牌强度得分	品牌强度倍数
41~44	6	73~76	14
45~48	7	77~80	15
49~52	8	81~84	16
53~56	9	85~88	17
57~60	10	89~92	18
61~64	11	93~96	19
65~68	12	97~100	20
69~72	13	—	—